国家"211工程"·中央民族大学三期重点学科建设项目

中国少数民族高等美术教育系列教材

ZHONGGUO SHAOSHU MINZU GAODENG MEISHU JIAOYU XILIE JIAOCAI

少数民族地区旅游形象设计
——景观色彩设计

 付爱民 / 著

河 北 美 术 出 版 社

编委会主任：殷会利

编　　　委（以姓氏笔画为序）：

王建山　付爱民　甘庭俭　帅民风　向极鼎

吕　霞　杜　巍　何　川　陈　刚　金东云

格桑次仁　高润喜　康书增　奥　迪　潘　梅

主　　　编：殷会利

责任编辑：苏征凯　韩方敏　张　静
　　　　　徐　滨　张洪昌
责任校对：刘燕君　曹玖涛　王素欣　李　宏　董　梅
封面设计：徐占博　苏征凯
装帧设计与制作：翰墨文化

图书在版编目（ＣＩＰ）数据

少数民族地区旅游形象设计：景观色彩设计／付爱民
著.—石家庄：河北美术出版社，2009.12
（中国少数民族高等美术教育系列教材）
ISBN 978-7-5310-3485-8

Ⅰ. 少… Ⅱ. 付… Ⅲ.①少数民族—民族地区—旅游业—
形象—设计—高等学校—教材②旅游点—景观—色彩—
设计—中国—高等学校—教材 Ⅳ. F592.7　J063

中国版本图书馆CIP数据核字（2009）第173361号

中国少数民族高等美术教育系列教材
少数民族地区旅游形象设计——景观色彩设计

付爱民　著

出版发行：河北美术出版社
地　　　址：河北省石家庄市和平西路新文里8号
发行电话：0311-85915035　85915045（传真）
网　　　址：http://www.hebms.com
邮政编码：050071
制　　　版：石家庄翰墨文化艺术设计有限公司
印　　　刷：石家庄石新彩色印刷有限公司
开　　　本：889毫米×1194毫米　1/16
印　　　张：15.5
印　　　数：1～3000
版　　　次：2009年12月第1版
印　　　次：2009年12月第1版印刷

定　　　价：69.00元

序

少数民族美术是我国民族艺术非常重要的组成部分，在艺术学与民族学学科的建设中始终占有着十分重要的地位，也是高等美术教育中一个非常重要的专门领域。我国少数民族高等美术教育的发展水平直接影响着我国当代艺术、少数民族文化艺术、少数民族原生态艺术保护等众多领域的建设发展，其教学与科研成果也是支撑国家整体文化发展战略的一个关键性环节。

当前，新中国少数民族高等美术教育已经经历了50年的发展历史，50年来，不仅为我国少数民族美术事业输送了大量的优秀人才，全国各民族高校美术院系和各民族地区艺术院校，都在教学实践当中积累了宝贵的教学经验和教学成果，从而形成了我们最为重要的办学特色。虽然各民族院校、美术院系，在成立以来一直为发挥少数民族美术特色做着不懈的努力。但从教学现状来看，我们所拥有的少数民族文化艺术资源优势还没有得到充分的发挥，我们的办学特色还未能以体制创新的新模式体现出来。尤其是现今，还没有完成一部系统完备、学术与教学水平一流的民族美术教育系列教材。鉴于此，在2007年1月，由中央民族大学美术学院发起，联合河北美术出版社、中国美术馆共同主办，在北京召开了"首届民族美术教育发展论坛"，会议集中了全国各民族高校美术院系、民族地区美术院校30多家单位的领导和专家，共同就民族美术教育的发展、民族美术教育系列教材的建设等问题展开研讨，最终确定了全国少数民族高等美术教育单位联合编写、出版这套系列教材，以创举共襄盛典。

少数民族美术学科包括三大范畴。一是少数民族传统美术；二是少数民族题材美术创作；三是少数民族地区当代美术实践。在当代中国美术创作、美术教育领域中都占有着非常重要的地位。本次出版的系列教材共11部，全部涵盖了上述三个学科分支，涉及少数民族主题绘画、少数民族建筑、服饰和少数民族传统工艺的各个领域。其中有些是老教授在多年教学经验基础上的总结，有些是作者最近几年最重要的研究成果。他们以直接的少数民族美术实践为引导，探索适合于我国少数民族文化多元性特征的民族艺术教育规律，从而促进当代少数民族高等美术教育的发展和创作的繁荣。

当代民族美术教育，如何更好地在新的历史时期持续为我国民族地区的发展建设输送高级专业人才？如何通过教育保持在全球经济、文化一体化的时代背景下可持续自我发展的特色？这将是全国少数民族高等美术教育工作者一个持久面对的重大课题。这套系列教材的出版，仅仅标志着我们为此迈出的第一步。

殷会利

前言

　　景观色彩设计是景观设计中一个非常重要的设计项目，决定了景观形象在视觉审美方面的评价。在本教材中，主张将景观色彩设计看做是某区域整体形象和旅游形象中的一个重要的组成部分，从区域旅游形象设计的角度来研究景观色彩的设计方法，并初步探讨在设计实践中的应用效果。

　　中国旅游资源区中的70%都是少数民族地区，因此研究少数民族地区旅游形象设计中的景观色彩设计具有非常重要的实践意义。本教材以2003年~2006年之间的滇西南少数民族地区色彩民俗地理研究和云南澜沧拉祜族自治县旅游景观形象设计（色彩设计部分）为实例，具体探索和总结了区域色彩民俗地理研究在少数民族地区旅游形象设计中景观色彩设计的理论意义与方法。

　　教材共分五个部分：第一章对研究课题的实践基础背景"少数民族地区旅游形象设计"各基本概念做简要的介绍，帮助大家从实践需要的角度来理解设计实施时的基本原则；第二章主要从发展史观的角度探讨色彩学研究和色彩设计方法的理论基础，重点介绍从法国色彩地理学到色彩民俗地理研究的发展脉络；第三章具体介绍"滇西南少数民族地区色彩民俗地理"课题研究的成果；第四章主要陈示了《云南澜沧拉祜族自治县旅游景观形象设计编修》（色彩设计部分），并增加了部分研究、设计时的心得体会；第五章为本文课题的方法研究阐述部分，具体论述了关于区域色彩民俗地理研究体系的启动、调查与研究方法、在旅游形象设计中的应用研究以及少数民族地区旅游形象设计中色彩设计的思维方法和技术标准问题。

　　本文课题的研究成果与结论可以简要概括为：一、将少数民族传统美术与视觉形象审美意识作为区域形象建设的依据，提出了具体的可执行的保护民族文化遗产的方式，也为今后的少数民族艺术研究开拓了一个新的思维空间；二、从实践经验的角度系统总结了区域色彩民俗地理研究的理论方法；三、在景观色彩设计实践中摸索了一套行之有效的方法和技术标准，属于实践方法上的创新。

目 录

 绪　论

一、本教材选题的目的和意义：

（一）少数民族地区的旅游产业发展需求与学科创新

从我国各民族的地理分布情况看，北部、西部、南部和东南沿海的边疆各主要省、区均属少数民族聚居地区。其中具有独特地理面貌、自然风光资源的著名旅游区，如长白山、兴安岭、内蒙古草原、贺兰山、新疆天山、昆仑山、青海湖、青藏高原、喜马拉雅山、川北九寨沟、川滇三江并流区、滇西南热带雨林、澜沧江流域、红河流域高原、贵州喀斯特地貌山区、黄果树瀑布、桂林、海南岛等，同时也都是最典型的少数民族民俗旅游区。在1994年班武奇、韩景辉提出的中国旅游资源分区法中，9个旅游资源大区中有6个都是典型的少数民族地区；同年石高俊提出的10个大区的划分法中，有7个大区是少数民族地区，[1]也就是说，少数民族旅游区至少占据了我国旅游资源分区中的70%。因此，作为中国少数民族艺术教育体系中的一项学习与研究课题，"少数民族地区旅游形象设计"具有非常重要的实践应用价值和理论创新意义。

根据中国科学院地理研究所制订的《中国旅游资源普查分类表》（1990）[2]中关于旅游资源的体系分类法，我国大多数少数民族地区都属于第8类"风情胜地"类旅游资源区，在分类号803民俗街区、805乡土建筑、806典型民族村寨、807城乡盛会、808节庆活动、809民族民间艺术、810地方特产等基本资源类型方面具有极大的开发潜力。陈福义、范保宁在编纂高等院校旅游教材《中国旅游资源学》时按照旅游资源学最常用的两分法制订了旅游资源分类法表，其中在人文旅游资源大类之中专门开列了"民族民俗风情类旅游资源"一项基本类型。[3]从旅游学界的各种分类法中可以清晰地看出，少数民族地区的旅游资源在我国旅游资源总量和类型比例中所占有的重要的地位。同时，由于我国各个主要少数民族聚居地区的生态地理条件差异极大，在区域旅游资源开发方面，局部地区的成功经验并不能成为其他少数民族地区的普适方法，必须对少数民族地区旅游资源开发与产业规划设计进行更深入的研究和探索。因此，近期进行科学、合理、优秀的旅游规划设计和形象设计，对未来少数民族地区的经济发展、民族文化建设以及少数民族地区生态、旅游资源合理开发和可持续发展，起着十分关键的规范指导性作用。

各少数民族地区在进行旅游资源开发之前，除了应当认真制订旅游资源的开发、利用规划和旅游产业发展规划，出于突出资源特点与优化资源循环链条的考虑，还必须同时做好规划建设中的整体形象设计——旅游形象设计所要做的就是其中很具体的资源特点优化的整合工作。旅游地区形象设计应包括旅游接待城市与旅游目的地、旅游产品的建筑与环境景观、服装、文化传播制品、视觉识别体系、旅游纪念工艺品等不同形态、层次的综合视觉传达项目，能够高效、最大限度地传达人文传统信息。

在我国少数民族地区，旅游形象设计的缺席或不当，将造成区域旅游形象的遮蔽、不良评价或模糊评价，尤其是形象系统设计的失误往往令区域旅游产品的市场特色不鲜明，不能构成产品推广的良性信息传播，其识别性弱化甚至混同于其他旅游资源区，破坏了旅游产业的顺利发展。更为重要的是，在当代旅游产业发展的初期阶

[1] 丁季华主编，《旅游资源学》，上海三联书店，1999年，第162~163页。

[2] 丁季华主编，《旅游资源学》，第30~31页。

[3] 陈福义、范保宁主编，《中国旅游资源学》，中国旅游出版社2003年，第41页。

段，少数民族地区已经形成了一种自然风光加民族歌舞、民俗饮食、民间工艺的惯用模式。这种完全没有系统市场分析、缺少长期发展规划设计的模式，最初在少数几个旅游区中被简单地拷贝应用，由于当地资源的唯一性，旅游产业发展的规模和收入都比较可观，于是被简单地认为是一个良好的发展模式而被更大范围地拷贝、模仿。在这一模式影响下，区域旅游产品形象往往杂乱无章、主次颠倒，甚至在建设中严重地破坏了传统人文形象，将区域固有的资源优势掩盖。随之而来的是少数民族当代族群文化的变迁和异化，旅游市场的不良审美文化导向正在大肆干扰着传统民间文艺体系，加速文化遗产的变异与消亡。因此，少数民族地区旅游形象设计的研究与实践探索，不仅仅有助于区域旅游资源开发利用时追求其市场效益的最大化，更是以区域经济发展促进文化遗产保护的有力途径，成为少数民族地区探索自己可持续发展模式的有益参考。

从高等专业人才培养和学科发展的角度来看，我国高等美术院校的教学大纲和课程、教材一直以美术技法的掌握作为基本出发点，以往很少开设针对专门社会人才市场需求的专门课程，更加缺乏相关的教材建设。可是，当前少数民族地区社会实践需求的紧迫已经促使民族地区各院校和众多相关专业逐步将教学和科研重点从单纯的技法转向解决专门问题的方向。美术专业的教学存在其自身的专业特点，一般性技法教学是基础，以专门主题的突破整合技法系统是更高层次教学的最佳方法。少数民族地区旅游形象设计任务所涉及的视觉识别系统设计、旅游景观环境设计、旅游纪念品设计正是在统一审美文化建构需要的基础上多项视觉设计的统一体，其设计需求自然具有结构创新的特点，跨越了专业范畴的界限。因此，本教材选题在当前少数民族美术高等教育学科发展的新阶段，属于十分重要的前沿课题，是专业教学结构创新的开拓，扩大了美术专业与社会实践需求系统的各专业之间的接触以及链接面，也更加深化了美术学相关各专业教学的发展，科研课题的实践，还具有指导性研究和探索。

（二）我国色彩艺术教学发展的新阶段

自从1666年英国物理学家艾萨克·牛顿[Isac Newton 1642~1727]使用玻璃三棱镜发现了光色的七色光谱以及18、19世纪间英国画家、雕刻师雅格布·克里斯托弗·卢·布隆[Jacob Christoffel Le Blon]（或詹姆士·查尔斯福·卢·布隆[James Christoph Le Blon]）、英国生物学家摩西·哈里斯[Moses HARRIS]、英国物理学家托马斯·杨恩[Thomas.Young1773~1829]等西方科学家相继发表了关于光色三原色、色相环色彩谱系的科学研究成果以后，我国对色彩科学尤其是光学色彩科学与视觉生理学的认知水平就开始远远落后于西方。其后19世纪法国化学家迈克尔·尤金·雪弗里奥 [Michel Eugene Chevreul 1786~1889]（另译为米咖勒·尤金·谢弗鲁尔）所发表的色彩学研究著作《色彩的调和与对比法则》以及美国物理学家卢德[O.Rood]的著作《现代的色素》中所谈及的关于光色视觉知觉科学视野中的色彩调和与同时对比原理，对印象派和后期印象派画家们色彩表现探索产生了重要的影响。从这一时期开始，西方美术中的色彩表现进入了探索色彩艺术本位特性的时期，色彩不再是造型要素的再现性附庸或简单的概念性色彩分配，而进入了自由表现的审美意象空间。然而一直到20世纪70年代以前，我国绘画色彩的主流还停留于写生色彩的基础范畴里发挥艺术家个性表现的探索时期，色彩独立于自然真实以外的意象性表现既缺少理论研究也缺乏实践的探索。

进入20世纪以后，造型艺术与产品设计的发展都需要有更为科学的、系统的色彩理论和色彩学方法来指导色彩表现和色彩定量测定的标准。美国画家、美术教育家艾伯特·亨利·蒙塞尔[Albert Henry Munsell 1858~1918]在1905年以及德国化学家、诺贝尔奖项的获得者弗里德里希·威廉·奥斯特瓦尔德[Friedrich Wilhelm Ostwald 1853~1932]在1923年，先后发表了色彩的表色分类体系，这两套色彩体系的发明和推广，帮助现代视觉艺术家、设计家、染色技师等色彩从业人员科学地、理性地运用色彩进行创作、生产，是人类对色彩艺术、色彩设计方法的认知进入理性与科学历史阶段的标志。

我国传统美术中的色彩表现手段受认知系统的限制，长期处于概念色彩设定与色彩符号角色对应阶段，色彩表现的主体审美意识以色彩象征模式的社会文化为主导。古代美术的技法系统里，一直缺少对色彩材料表现力的深入研究，颜料研究或染料研究的文献也寥若晨星。公元1103年北宋建筑学家、画家李诫的建筑学著作《营造法式》以小字刻板刊印，按通用敕令形式公诸于世。书中详细介绍和规定了当时的建筑彩绘画作制度：包括画工绘制建筑装饰彩画的格式、使用的颜料制作以及操作方法的规范条例。色彩作为一种"法式"制度在建筑壁画、彩绘行业里传播，其创造力受到人为的制度压制。在文人画中，色彩表现更缺少对材料特性钻研的基础，长期以来文人画作品中只能表现有限的色相，谈不上色彩学研究或色彩美的表现。宫廷院体画风的色彩表现力是中国古代画风中实力最强的流派，但在方法上始终只注重概念性的自然色彩分配，基本是对物象固有色概念的图解。由于缺少钻研、探索丰富色彩表现力的欲求，更因为古代绘画技法师资传授与研究体制的脱节，我国古代自然没有发展出能够表现丰富色调的色彩技法系统。而传统的设计色彩高度抽象和概括，色彩规格性强，从《后汉书》开始，国修正史如二十五史中陆续出现《礼仪志》、《舆服志》等详细介绍服装、车马等礼仪用具的色彩搭配规格的记录，其中色彩设计的使用主要是作为身份地位的标志。这种设计思想缺乏色彩视觉审美意义的探索和色彩本位审美特性的发挥，更没有色彩的科学分类视野，主观认知的色域狭窄，但却统治了我国古代色彩表现的历史主流。

我国系统、科学的视觉艺术色彩教学，肇始于20世纪初。建国后绘画写生色彩教学又一直占有统治地位，研究光源色、环境色和固有色的写生色彩规律和画面具象表现的色调和谐，是长期以来绘画中的主体任务。而科学与艺术相结合的色彩学研究却起步很晚，起初只停留在对西方既得的科学知识的传习。真正的本体色彩艺术教学与色彩学研究，只是1980年前后从西方现代的设计色彩、绘画色彩、装饰色彩方法和理念才传入我国，之后才逐渐兴起的。1980年广州美术学院尹定邦教授引进西方"色彩构成"理论进入全国艺术类院校课程教学，可以看做是中国艺术类专业院校开始进行系统科学色彩基础教育的里程碑。20世纪90年代后期至今的近10年间，现代色彩设计才在广大的设计市场领域里占据了比较重要的席位。1994年，国内第一家色彩艺术研究单位——浙江美术学院（现中国美术学院）色彩研究所成立；1998年旅日色彩专家于西蔓女士在北京创办了国内第一家色彩顾问公司；2004年中国流行色协会色彩教育委员会由33家院校发起并筹备成立。这些新气象说明我国学术界与艺术界正在付出更大的努力来弥补长期以来对色彩设计与色彩学理论研究的不足。在此时期，急需更多的艺术学者投入到色彩设计、色彩学研究领域做大量专业建设的基础工作，尤其与区域经济建设等各实践学科相交叉的城市景观色彩设计实践方法与理论研究，直接关系到社会资源成本的重大问题，显得尤为迫切！

"色彩地理学"［法：La Geographe de La Couleur］是20世纪中期诞生的一个新生色彩学应用理论学说。创始人让·菲力普·郎科罗［Jean-Philippe Lenclos］教授是法国现代工业色彩设计理念的倡导人，他的色彩设计作品已遍布世界各个地区，为许多地区在保持富于民俗特征的传统建筑景观需求上作出了极富创造性的贡献[1]。之后在郎科罗等色彩设计大师的推广下，建筑、景观、工业产品等色彩设计开始在全球范围流行，尤其在区域形象设计方面，色彩设计应用于建筑改造、城市规划、景观设计等领域，发挥着非常重要的作用。我国于近10年才开始关注这一方面的应用研究，特别是在各大城市的景观改造和规划设计中，为了突出地方的人文特色，构建新时期区域景观的人文基础时，建筑景观的色彩规划设计受到了比较普遍的关注。但是，由于职业色彩设计人才匮乏、学科交叉贫弱、机制沟通不力等因素，职业化的景观色彩设计实践与研究仍存在着先天的不足。

二、与教材选题相关的研究状况及最新动态

（一）旅游形象设计学科的发展动态

对旅游目的地形象的策划和设计，目前在我国仍然是一项崭新的专业工作和新兴实践业务，同时也正在逐步成为学者研究的热点课题，旅游地的形象设计、定位、塑造和推广被普遍认为是可以使旅游产品迅速脱颖而出并获得最大化产业效益的有效方法。

美国学者J·D·Hunt，在1971年首次提出了旅游形象的问题，我国国内最早提出旅游形象设计概念的是陈传康教授，他从20世纪90年代以来开始重视旅游地形象［Destination Image，DI］在实践中的作用，并提出了旅游地形象的策划和定位等问题[2]。1994年白祖成在论文《建设北京雄美迷人的旅游形象》（《旅游学刊》，1994.02，第26~31页）里，最早从学术角度对北京市的旅游形象塑造问题展开了讨论。1995年林炎钊在《旅游形象设计:我国旅游城市面临的新课题》（《北京第二外国语学院学报》，1995.03，第122~126页）一文中提出，旅游形象是我国旅游城市所面临的新课题。李克强也在同年的论文《构建城市旅游形象初探》（《旅游研究与实践》，1995.03，第18~20页）中，对城市旅游形象设计问题进行了原则性的理论分析[3]。1995年深圳大学传播学院李蕾蕾的几篇论文展开了当代对旅游形象问题研究的序幕，她的《旅游点形象定位初探》（《旅游学刊》，1995.03，第29~31页）、《论旅游景观的视觉形象及其对景点开发与经营管理的意义》（《旅游学刊》，1995.04，第16~20页）等，是她系统阐释自己对于旅游地形象定位研究观点的开始。随后，李蕾蕾的一系列研究论文引起了学界的重视，如与陈传康教授合作的《风景旅游区与景点的旅游形象策划》（《沿海新潮》［汕头]，1996.06，第81~83页）、《城市旅游形象设计探讨》（《旅游学刊》，

[1] 宋建明著，《色彩设计在法国》，上海人民美术出版社，1999年，第9~10页。
[2] 吴必虎著，《区域旅游规划原理》，中国旅游出版社，2001年，第201页。
[3] 程金龙、吴国清著，《我国旅游形象研究回顾与展望》，《旅游学刊》，2004.02，第92页。

1998.01，第47~49页）、《人–人感知系统：旅游形象设计新领域》（《人文地理》，1999.04，第10~14页）和《旅游目的地形象的空间认知过程与规律》（《地理科学》，2000.06，第561~568页），分别从旅游景点、旅游接待城市以及宏观的形象感知、空间认知系统来深入地探讨旅游地形象设计的方法论，其中已经将一般所理解的旅游地抽象描述的文化形象通过具体的研究而视觉化，构成体系丰富的空间形象和景观要素的组合。1999年李蕾蕾的《旅游地形象策划：理论与实务》（广东旅游出版社）是我国系统研究区域旅游形象设计问题的第一部理论和基础方法论著。20世纪90年代的旅游形象设计研究主要表现为"以任务带学科"式的短期基础课题研究，多属于少数先觉学者在实践中有意的尝试和实验探索，其理论结构是在任务完成的过程中逐步完善的。

进入21世纪以后，旅游形象的策划与设计问题已经不再仅仅是学术界所关注和探讨的课题，而成为城市建设、旅游产业开发、区域经济建设中不可避免的实践业务，从一批重要城市开始，全国各地陆续掀起了数场旅游形象策划运动，许多城市都在功利和舆论的刺激下迫不及待地征集、讨论自己的形象定位目标。与此同时，对旅游形象设计的理论研究开始进入条理更为丰富的多元化繁盛期。在这一时期，虽然大多数研究文献还未能脱离早期的"任务带学科"痕迹，但从省、市、地区到县、旅游景点，各类旅游目的地都开始展开丰富的旅游形象设计问题研究和实践探索，所能借鉴的经验愈来愈丰富多样，理论支点自然愈加完善。2001年北京大学旅游与规划研究中心的吴必虎博士的《区域旅游规划原理》（中国旅游出版社），就从区域旅游资源的开发、利用角度系统地探讨了区域旅游形象的设计与塑造问题，是我国旅游学界目前十分重要的一部详细研究旅游形象与旅游规划关系的理论著作。而继李蕾蕾之后，许多学者都开始在城市建设的风潮中关注城市旅游形象的建设与塑造问题。如2000年杨友孝的论文《绍兴市旅游业发展的区位分析、形象设计与项目策划》（《湘潭师范学院学报》，2000.06）是较早的一篇以区域旅游形象设计实践为依托展开的城市旅游形象设计问题研究文献。他根据绍兴地区旅游业发展的地理区位、经济区位、文化区位和旅游区位等多方面特征，总结了绍兴旅游形象定位的基础理念，并为绍兴设计了总体形象和八个功能区的子形象，同时与形象设计相配合对旅游产品项目做出了适合的组合设计。杨友孝所设计的形象结构构成了一个从整体到局部的体系组合，这种组合同时期也存在不同的观点和方法研究。如，同年徐君亮的论文《广州城市旅游形象定位和建设研究》（《热带地理》2000.01），提出了城市旅游形象设计的三个层次：整体形象、吸引物的特色形象、旅游企业形象，并运用这一方法将广州市的旅游形象定位为"千年港市"而着重发展商都旅游产业。2000年赵毅、陈国生、罗文联名发表的论文《21世纪双江历史文化名镇旅游地形象DI战略》（《经济地理》，2004.04），以源于西方的企业识别系统（CIS）的旅游地形象，成为推动旅游产业发展效应的系统工程为理论基础，借鉴国内外相关开发的实践经验，具体探讨了双江古镇旅游产业发展的形象战略问题，表明城市旅游形象的研究已经深入至县级城市和乡镇单位。2000年宋章海在论文《从旅游者角度对旅游目的地形象的探讨》（《旅游学刊》，2000.01，第63~67页）里开始挖掘课题研究中的感知体系等问题，探讨了旅游目的地形象的可感知性与不可感知性，提出了应该正确运用旅游形象要素进行营销策划的观点。2000

年许宇飞、袁亚忠联名发表的论文《论湖南旅游产品形象设计》（《湘潭大学社会科学学报》，2000.06），是早期开始从旅游地、旅游产品形象设计思维延伸至相对比较抽象的行政区域，以提高湖南省旅游产品的竞争力为出发点，提出湖南省大区域旅游形象应以名山、名城、名人故居观光游为主体，民俗游产品为补充的整体塑造行为。

2001年章锦河、陆林联名发表的论文《资源型城市旅游形象设计研究——以淮南市为例》（《人文地理》，2001.01），初次谈到了资源型城市形象设计问题，通过淮南市的例证，具体分析了城市旅游形象设计与资源型城市可持续发展策略的关系，初步探索了淮南市旅游形象定位的思路。2001年陆林、凌善金、章锦河联名发表的论文《黟县宏村古村落旅游形象设计研究》（《地理学与国土研究》，2001.03），针对安徽黟县宏村古村落旅游规划设计总体实践任务，分析古村落的地理文脉、村落特性、聚落景观、市场感应等多方面设计参考要素，确定定位理念，设计口号和视觉形象、行为形象的形象系统，并从具有探索意义的试验中总结如何协调古村落的保护与开发，这对未来的大量少数民族聚落旅游保护、开发和形象定位设计，都具有重要的参考价值。同年，郑辽吉在其论文《丹东市旅游形象设计》（《丹东师专学报》，2001.04）中，依据丹东市旅游形象设计的原则，提出了丹东市旅游区形象定位设计体系应由四种感受和五种难忘事物组成。四种旅游感受是指旅游满足感、景观奇特感、市民友好亲切感、旅游新奇深刻感。五种难忘事物是指社会环境、民俗文化、山水景观、城市规划、产业部门等五个领域的事物。将丹东市旅游形象定位为"万里海疆第一边城"。虽然丹东市的旅游形象中并未将民族民俗列在最重要的位置，但作为边城旅游区，民俗文化的作用已经在其形象基本定位中有所体现。

2002年何春萍、李萌在联名发表的论文《论旅游地形象建设的内容与方法》（《商业研究》，2002.13）中，提出旅游地形象在旅游市场竞争中正在发挥着日益重要的作用。他们认为"旅游地形象建设主要包括旅游景观形象建设、旅游服务形象建设、旅游管理形象建设和旅游地居民形象建设四个方面的内容，也是旅游地形象建设工作的主要内容"。这是学术界首次在设定旅游地形象时将旅游景观形象置于旅游地形象建设任务中的首位，并特别引入旅游地居民形象的问题。旅游地的宽泛概念有时也是旅游景点和旅游接待城市两类功能交错之下的呈现，尤其是旅游接待城市的形象在整体旅游形象的塑造中显得尤为重要。2002年黄震方、李想在论文《旅游目的地形象的认知与推广模式》（《旅游学刊》，2002.03）中，探讨了旅游目的地形象概念及其认知的多层面性，从旅游目的地形象的形成过程着手分析其适用的推广模式设计，以推广为目的对形象设计的推广组织、形象测量、形象载体和推广整合各方面进行研究。唐礼智在论文《泉州市旅游形象定位与设计研究》（《现代城市研究》，2002.04）中，提出区域旅游形象应从理念识别（MI）、行为识别（BI）、视觉识别（VI）三个方面着手进行设计。

2003年清华大学建筑学院祁黄雄、北京大学环境学院蔡运龙、台州学院社科系魏遐联名发表的论文《区域旅游形象构建与景观规划———以临海市为例》（《生态学杂志》，2003.01，第84~88页），直接将城市景观规划的具体问题与区域旅游形象联系，从旅游形象设计的角度来分析景观的规划方向，核定空间设计的基本要素，并显然已将这些方法研究直接介入了浙江省临海市的旅游形象和城市景观规划实践。苏进在其2003年发表的论文《旅游目的地形象形成机理初探》（《连云港师范高等专科学校学报》，2003.01，第37~38页）中将旅游目的地的形象看做是"影响游客目的地选择的一个重要因素"，并提出了一个"旅游目的地形象影响因子的总体框架"，认为这个框架是决定旅游目的地形象塑造、建设的主导依据。2003年杨振之、陈谨联名发表的论文《"形象遮蔽"与"形象叠加"的理论与实证研究》（《旅游学刊》，2003.03），提出了旅游地形象策划的核心理论"形象遮蔽"与"形象叠加"，构建了旅游地策划和旅游地形象策划的理论框架。同年内舒伯阳、袁继荣的研究具有很重要的启发性，他们在联名发表的论文《政府主导与旅游目的地形象推广研究》（《桂林旅游高等专科学校学报》，2003.05）中，首次开始在旅游地形象推广问题上比较政府主导和市场主导的关系，并通过SARS流行时期的特殊时间段的市场反应，来具体探讨在形象推广上的政府主导作用。这个研究角度和部分结论，对于承担少数民族地区旅游形象推广任务的少数民族自治地方政府来说，也具有一定的参考价值。

旅游目的地形象一般包括旅游景区、旅游接待城市和旅游区地段等不同信息区位构成的整体结构，区域旅游形象就必须在设计塑造时兼顾整体形象的层次性推进。2003年周志红、肖玲在论文《论旅游地形象系统的层次性》（《地理与地理信息科学》，2003.01）中，将旅游地形象的整体层次课题提到研究和实践的前沿，认为旅游地形象是一个形象系统，旅游地形象系统的层次性表现为：地区形象、地段形象与地点形象，以及与其相对应的旅游地的背景形象与前景形象。同期，城市文化形象塑造与城市旅游形象设计问题，同时开始得到更广泛的学术关注。2003年，黄成林、刘昌雪在论文《芜湖市城市旅游发展模式及形象设计研究》（《安徽师范大学学报（自然科学版）》，2003.04）中，谈到："城市旅游的思路是将城市整体而并非个别景区作为旅游目的地,城市旅游发展取决于城市整体形象和综合引力。"同年，吴翔、付邦道在对开封市旅游资源及历史文脉研究、旅游形象认知调查、旅游形象替代性分析等前期基础性研究的基础上，撰写了论文《开封旅游形象策划与构建》（《地域研究与开发》，2003.05），从视觉形象塑造、视觉识别系统形象设计和行为形象设计等方面，对开封旅游形象策划与构建进行了研究。

2004年，李小波、袁霜凌在论文《城市旅游形象设计三元论——以成都市为例》（《四川师范大学学报（社会科学版）》，2004.02）中，将城市旅游形象作为城市整体文化形象的一个十分重要的外向性符号来研究，着重强调了城市旅游形象是城市的名片，对认识城市起着导向性甚至标志性的作用。运用城市学、旅游学的研究成果，结合成都市案例，城市旅游形象设计应以可识别性为中心，形成主体、客体及其感知为支撑的三元结构。同年，赵煌庚在论文《论城市旅游形象定位条件及模式选择——以岳阳市为例》（《云梦学刊》，2004.01）中，对城市旅游形象定位设计归纳了制约要素、支持要素和定位模式类型："城市旅游形象定位受城市区位、文化背景、市场发育、资源吸引、政府行为等条件制约，受政府扶持、科技创新、城市管理、市民行为等因素支持，其定位模式有资源主导型、都市引力型、文化功能型、市场需求型、功能复合型。"

2005年，梁海燕在其论文《城市旅游形象塑造与传播策略》（《福建地理》，

2005.04）中认为："城市旅游形象是当今城市旅游发展的热点探索领域，城市旅游形象的塑造和传播是城市旅游的生命力所在，是促发人们前来旅游的动力，也是城市旅游发展的战略制胜点。"她从城市发展战略的角度所做的分析，也从多样化手段的角度，提出了形成全方位的立体传播网络，使城市旅游保持长久的吸引力的"城市旅游形象塑造原则"。旅游形象的塑造和传播不仅仅成为旅游市场增长的动力，还将直接刺激城市区域经济的吸引力。李雅静在论文《论城市旅游形象与城市营销》（《特区经济》，2005.12）中提出："城市营销在城市经济建设中渐显锋芒，如何设计城市旅游形象，营销城市，把城市推向市场，成为当今城市管理者的重要课题之一。"这类实践性的探索研究近年来越来越呈现其实践应用和指导性原则。如2005年郑昌盛、李水联名发表的《论连云港市地方文脉特征与港城旅游形象的设计》（《连云港师范高等专科学校学报》，2005.02），从港城旅游形象设计的目的出发，讨论了大区域的地方文脉表述系统，对确定形象的理念、视觉、行为三个基本面的作用，其中提出了"强势文脉"的新概念，分析了地方文脉作为基础性的前期研究方法。韩顺法、陶卓民在论文《城市旅游形象问题及系统修正研究》（《现代城市研究》，2005.07）中提出"城市是我国旅游业发生发展的主体和载体"的概念，从旅游城市的发展阶段、替代性、受众分析、城市发展战略、事件的发生和营销理念的创新等六个方面，探讨了城市旅游形象系统的整合形象，作为确立旅游形象准确、合理而有吸引力使城市旅游可持续发展的方法。城市旅游形象不仅仅是在城市文化形象理念定位、设计中起到重要的作用，还是城市建设中对城市建筑景观设计基本原则的根据。刘滨谊、刘琴在论文《服务于城市旅游形象的景观规划——以南京市为例》（《长江流域资源与环境》，2006.02）中，分析了城市旅游形象与城市景观之间的关系，认为："城市旅游形象的塑造离不开城市景观的规划建设，城市景观的优化有助于提高城市旅游形象。"提出了服务于城市旅游形象的景观规划理念和原则，并对服务于城市旅游形象的景观规划结构要素和组成要素进行了研究，归纳其结构要素分为城市景观整体结构、特色城市景观带（区）和城市景观视觉识别系统。钟国庆、谭颖华在论文《论以构建旅游形象为导向的城市景观规划设计——以广东肇庆市为例》（《城市问题》，2006.07）中，认为高质量的城市景观规划设计与城市旅游形象构建原理、方法应是相通的，在城市总体形象定位、游客的需求、游赏行为、生态保护和城市景观的经济价值导向性作用下，城市景观规划设计存在其自身的独特性。

旅游形象中的视觉形象问题越来越受到学者和社会实践的重视，禹贡在论文《中山市五桂山旅游景区形象设计探讨》（《热带地理》，2005.02）中，对广东中山市五桂山旅游景区存在的形象模糊、主题不突出、"灰度区"特征明显等问题做了分析。在研究具体解决方法时提出了旅游景区人地感知形象、人人感知形象的要素设计重点应以标准色及字体、旅游徽标、标识牌、建筑物亭、交通工具、服饰、门票和吉祥物等8大识别要素为视觉形象的主要构成。旅游形象在新时期的研究中普遍被看做是旅游目的地之间竞争的一个有效手段，因此理论研究对区位竞争方法日渐增强，旅游地空间竞争研究时所提出的一些观点，也陆续被旅游形象设计研究领域重视。2006年吴军的论文《"阴影区"内城市旅游形象设计探讨——以山东邹城市为例》（《山东师范大学学报（自然科学版）》，2006.04），就是以王衍用在1993年、1999年先后提出的旅游地空间竞争中形成的阴影区、热影区概念展开研究。吴军将山东邹城作为阴影区城市看待，提出了应对原有形象不佳的区域应采用避免感知形象的新形象定位方法，以增强旅游地的竞争能力。2006年尹隽主编的《高等院校旅游专业教材·旅游目的地形象策划》（人民邮电出版社2006）一书，作为综合十几年来中国旅游目的地形象研究的成果汇集，从旅游目的地形象的基本含义、主体、客体、功能要素、确立过程、策划策略、实态调研策略、公关策略、传播策略、品牌策略、形象创意、CI战略等更为科学系统的理论结构，详细地阐释了策划和设计的方法论，是最近一阶段旅游形象设计研究成果的总结，也是系统教学方法研究、系统性教材建设工作的开始。同年，琚胜利、陆林、杨效忠、操文斌在论文《六安市裕安区旅游形象设计研究》（《安徽师范大学学报（自然科学版）》，2006.06）中，根据对六安市裕安区旅游形象设计实践需求的探索特别提出县域旅游规划中的形象定位原则，认为："与其他空间尺度的旅游规划相比，县域规划的旅游形象更注重理念核心、传播口号和视觉符号的设计。"将视觉符号设计提到一个十分重要的地位。

2007年白丽明、谢铌在联名发表的论文《旅游目的地形象内涵研究》（《广西教育学院学报》，2007.02，第93~97页）中，针对我国旅游目的地形象研究理论基础薄弱的先天不足情况，通过定义及形象维度分析得出旅游目的地形象概念的规律性结论，进而阐释形象主客观构成要素及其形成机理，独创地提出基于形象构成及形成过程的旅游目的地形象概念模型。他们认为，由于多数形象设计的理论研究都是从设计和策划的实际需求中产生的，相关研究不约而同地走了一条实用主义的路线，许多基本概念和内涵的认知仍然会出现模糊和矛盾。同年，李巍、张树夫在论文《旅游形象认知心理分析与测评》（《地理与地理信息科学》，2007.03）中，分析了当前旅游地形象理论研究的局限性，提出"从心理学特别是认知心理角度探索旅游目的地形象问题的作用和意义"。分析旅游地认知形象在旅游消费者心目中形成的机理，从理论和方法上提出针对旅游消费者对旅游地认知形象测评的基本思路。

（二）少数民族地区旅游形象设计的研究与实践探索

少数民族地区旅游形象设计的研究是从20世纪90年代后期就已经在部分少数民族地区的实践任务中逐步涉及到了。1998年，由美国福特基金会资助的、云南大学人文学院人类学系组建项目组承担的"云南民族文化生态村建设项目"正式启动，截至2002年12月，项目组完成的建设项目有"巴卡基诺族文化生态村""仙人洞彝族文化生态村""和顺汉族文化生态村""月湖彝族文化生态村"和"南碱傣族文化生态村"五座民族文化生态村。项目总负责尹绍亭教授在2002年出版的《民族文化生态村云南试点报告》中，初步地阐述了项目建设的理论基础和方法，他将民族文化生态村的建设评价为一个民族文化保护与传承的重要课题。由于项目建设的最终带动了生态村旅游产业的发展，"云南民族文化生态村建设项目"因其把重视民族传统文化保护和传承转变成为一系列有形的操作方法，成为少数民族地区建设和文化形象研究的一个典范。尹绍亭教授通过实践回答了关于文化保护的三个最基本的也是最具有争议的问题：传统文化是否值得保护？传统文化能否保护？如何处理文化保护与发展之间的关系？项目组找到了一个通过前期投入鼓励民间自我传承、挖掘，最终形成一个传统民俗系统自我恢复的机制。当然核心机制还是试图通过文化的"生态博物馆"形态的展示和传习，作为村落吸引游客的条件，形成一个以经济发展促进文化保护的良性链条[1]。用尹绍亭教授自己的话说，这个项目与平常区域自发开发的旅游村、度假村、民俗村和一些低层次的农家乐不同，这个项目必须构建成为"积淀着丰富深厚的文化内涵并能有效保护传承的典范"[2]。项目的启动由民族文化研究的专家和学者挂帅负责，逐步辅导村民如何恢复和传习传统文化系统，是这个项目最成功之处。特别是尹绍亭教授在总结项目成果时谈到的关于对待民族文化变迁问题的观点，给少数民族地区发展建设研究的思路提供了重要的参考，他提出：要"认识文化变迁的绝对性，强调对于文化变迁的适应和认同，无疑是正确的。然而文化的变迁却有其自身的规律。在正常的情况下，即在没有特殊外力的强烈冲击和破坏的情况下，文化的变迁乃是一种渐变的形式，即在自我的基础上，通过与他者发生接触，发生互动和涵化，逐渐衍生出新的景象。这种变化是自我的丰富、发展和完善，而非他者的替换、取代和同化"。因此，可以这样理解，"云南民族文化生态村建设项目"实际上就是通过人为的干扰缓和这种变迁的烈度，重新帮助少数民族村民恢复其文化的自我保护和传承的机制。而在整个项目的逐步深入进程中，实际上也已经逐渐将各个民族生态村的整体形象设计出来，只不过，这个设计过程是不以旅游产业的发展为目的的。但尹绍亭教授的实践和后续的理论研究，已经将旅游和少数民族文化的保护链接在一起。1999年，刘锋在其论文《区域旅游形象设计研究——以宁夏回族自治区为例》（《经济地理》，1999.03，第96~100页）中认为，作为全国唯一的省级回族自治区，其特有集中的回族同胞生活习俗、宗教信仰和性格特征，都将综合衍化为回乡风情，而成为宁夏旅游形象中十分重要的资源特色和优势，以"中国穆斯林省"作为海外宣传口号之一。

盘晓愚、金颖若在论文《贵州旅游资源的灵魂和旅游形象——贵州旅游发展战略思考之一》（《贵州大学学报（社会科学版）》，2000.02）中，批判了当时的贵州省旅游形象定位设计"公园省"的提法，认为："树立旅游形象的根本依据是当地旅游资源的灵魂（旅游资源最突出的特色）。目前政府采纳的贵州旅游形象'公园省'的提法既名不副实又得不到广泛的认同还缺乏吸引力。"作者提出，贵州的岩溶地貌、孑遗生物跟生活在这片神秘土地上的、多姿多彩的、少数民族的以及与众不同的、汉族共同构成的、"山地生态"（自然生态和文化生态）才是贵州省最具特色的旅游资源，是贵州旅游资源的灵魂。认为可以用"神奇贵州""神奇的贵州山地生态"来表述贵州的旅游形象。2000年3月，中央民族大学美术学院的李魁正教授与研究生付爱民、姜蕊赴云南滇西北、滇西南地区开展关于民族色彩民俗文化的田野调查，提出了树立中国"色彩民俗地理研究"的理论研究目标，在这一研究体系中增加了区域景观色彩特质确认过程中的色彩民俗传统的调查，将民族服饰、村社植物景观、宗教礼仪等民俗现象中的色彩审美观念，作为主要的调查对象，目的是系统地整理每个色彩民

---

[1] 尹绍亭主编，《民族文化生态村云南试点报告》，云南民族出版社，2002年。
[2] 同上，第8页。

俗区域的色彩民俗传统层次，提升了人群色彩的审美意识在色彩地理学中的研究价值。色彩民俗地理研究的成果，将主要应用于区域旅游景观设计，尤其是在少数民族地区旅游接待城市的建设规划中，对营造富有典型民族特色视觉景观，起到了十分关键的作用。2001年，游俊在论文《少数民族地区人文旅游产业的营销问题》（《云南民族学院学报（哲学社会科学版）》，2001.03）中认为，"要使民族地区旅游产业的营销获得成功，除要运用各种营销技巧参与市场竞争外，还必须及时推出民族人文旅游产业的营销宣传计划；要凭借民族人文旅游形象的树立去实现游客的分流，以奠定民族人文旅游产业成长的基础；要有效地利用已有的游客为民族人文旅游商品作宣传，以扩大民族人文旅游产业管销的覆盖面，以及要尽早地规范其旅游市场，确保民族人文旅游营销的顺利进行。"方世敏、黄玲联名发表的论文《论中国西部地区旅游目的地形象的塑造》（《财经理论与实践》，2001.06），把西部各少数民族、民俗风情，作为西部丰富的旅游资源中一个比较重要的类型来研究，认真分析了旅游形象现状水平的参差、混乱因素，强调了观念更新和政府主导等思路在长远发展对策中的意义。

2002年，朱丽东在《西宁市旅游形象的设计》（《青海师范大学学报（自然科学版）》，2002.02）一文中，从企业形象识别系统的理论入手，通过旅游地形象的设计，建立了西宁市旅游城市发展中的理念形象、视觉形象和行为形象的模式，并对相关模式的运作提出了对策。是少数民族省份省会城市，关于旅游城市形象设计的重要研究文献，并将视觉形象作为其中一项必要要素来提出。马晓京较早关注到，少数民族地区传统文化在旅游业发展的进程中所受到的消极性影响和冲击问题，她在论文《民族旅游文化商品化与民族传统文化的发展》（《中南民族大学学报（人文社会科学版）》，2002.06）中，分析了这个比较普遍的看法，批驳了民族旅游文化商品化不利于民族传统文化发展的说法，指出："民族旅游文化商品化对民族传统文化的发展既有积极影响，也有消极影响。在商品经济还非常落后的民族地区，其积极影响远远大于消极影响。"王郭俊、蒋丽在联名发表的论文《运用城市设计塑造城市旅游形象——以凌云县城为例》（《规划师》，2002.10）中，依据广西凌云县四条河流交汇于城中的特有的生态地理特征，重点从水系和水街的规划设计角度，深入探讨了这个以瑶族等少数民族居民为主的、"山上水乡石头城"的旅游形象塑造思路。这是早期县一级少数民族地区城市旅游形象设计的探索。2003年，高红艳在论文《民族地区文化生态旅游与民族文化保护》（《贵州师范大学学报（自然科学版）》，2003.01）中，再次关注到少数民族传统文化和生态文化的保护问题，她认为："少数民族传统文化以及人文环境的保护是旅游实现可持续发展的前提。旅游并非无烟工业已形成共识，传统的文化旅游方式已对旅游地的文化、人文生态环境造成损害，众多传统文化在旅游的影响下面临消失的危险，在民族文化地区，发展文化生态旅游的意义在于使当地的民族风俗、传统文化得以完整保存，实现旅游的可持续发展。"温艳玲、林美花联名发表的论文《试论延吉城市旅游形象设计》（《延边大学学报（社会科学版）》，2003.04），特别强调了民族、民俗要素是延吉城市旅游形象诸要素中最重要的要素，主张在整体形象的塑造上必须突出这个特色，并加大宣传的力度。这篇论文可以看作是地级城市少数民族风情旅游形象设计研究的代表。同年，马艺芳发表了论文《广西忻城土司衙署景区旅游形象设计与传播策略探讨》（《广西师范学院学报（自然科学版）》，2003.03），广西忻城土司衙署是全国重点文物保护单位，是国内现存规模最大、保存最完整的少数民族古代土司建筑之一，有"壮乡故宫"的比喻。该文从广西忻城土司衙署景区旅游现状以及形象问题分析入手，对土司衙署景区旅游形象要素进行了分类设计，并对土司衙署景区旅游形象整合与传播策略，进行了较为深入的探讨。2004年，肖星、刘艳、王景波发表的论文《民族地区旅游开发的个性化探析——以甘肃省碌曲县为例》（《中南民族大学学报（人文社会科学版）》，2004.01）中，以甘肃省碌曲县为例特别研究了资源开发的个性化原则，而这个原则实际上还是旅游产品综合形象推广的个性化。他们认为："民族地区旅游开发的个性化是依据对民族地区旅游资源特色的分析和市场需求的研究，通过有意识地创造具有民族风格的主题形象，设计富有魅力的旅游产品，进行合理的区内空间布局及营造良好的旅游氛围等策略，充分展示民族地区旅游区的个性，突出民族特色和地域特色的旅游产品。"许多少数民族地区都是经济不发达地区，往往地处边疆、山区，交通物流不畅。这些经济不发达的少数民族旅游资源地应如何自身发展？如何在发展旅游产业的时候塑造最佳的区域文化形象？这些问题都越来越引起学术界的重视。陆官虎、姚兰发表的论文《不发达地区旅游目的地形象塑造与传播初探——以黔东南为例》（《黔东南民族师范高等专科学校学报》，2004.01）中以黔东南苗族、侗族地区为例，探讨了不发达地区旅游目的地主题形象的塑造与传播是应该综合考虑的因素，初步总结了不发达地区旅游目的地主题形象塑造与传播的对策。吴艳在论文《立足本土文化塑造民族地区形象》（《内蒙古大学学报（人文社会科学版）》，2004.01）中，谈及："民族地区的本土文化是民族地区形象的核心内涵，也是民族地区形象塑造的立足点，民族地区的形象是民族地区本土文化的载体，是促进民族地区社会全面发展的新动力。"在此，旅游形象已经不仅是民族地区发展本土旅游产业、商品经济的需要，也成为区域发展时保持文化生态平衡的需要，更符合"全球地方化"的文化多元化发展趋势。我国少数民族大都拥有许多特色鲜明、趣味性强的传统体育项目，挖掘传统体育项目的资源优势，发展少数民族地区的体育旅游也是一个值得研究的课题。马艺芳、陆元兆在论文《少数民族体育旅游形象设计研究——以广西少数民族体育旅游现状为例》（《西安体育学院学报》，2004.04）中，以广西少数民族体育旅游为例，针对现实中少数民族体育旅游形象的不足之处，从形象背景、民族文化氛围、名人感召力、体验性体育旅游活动策划等方面，对少数民族体育旅游形象的设计，进行探讨并提出了一些具体可操作性的思路。单莉莉、覃建雄在《论彝族服饰对凉山地区旅游形象的强化作用》（《成都理工大学学报（社会科学版）》，2004.03）一文中，介绍了凉山彝族自治州作为全国最大的彝族聚居地的旅游发展条件，十分独特地提出民族服饰也是区域旅游资源中非常重要的一个发展依托条件，认为："彝族服饰对凉山地区旅游形象具有重要的强化作用，凉山地区旅游形象的构建离不开彝族服饰。"邱云志、王瑛在论文《凉山彝族自治州旅游形象研究》（《西南民族大学学报（人文社科版）》，2004.07）中，分析了凉山彝族自治州旅游形象建设现状和形象塑造不足的问题，在此基础提出了凉山州旅游形象建设的措施为："建设国家级旅游景区点，增强凉山州对游客的吸引力；塑造凉山州整体旅游形象，凉山州——火彝文明飞天梦想之州；通过各种策略，特别是争取2008年北京奥运会圣火火种采集权的策略传播提升旅游形象。"同期，同样关注彝族文化的郎玉屏在《试论西昌地区旅游形象的塑造与定位》（《西南民族大学学报（人文社科版）》，2004.12）一文中，剖析了西昌地区旅游资源的现状、开发现状及存在的问题，为西昌地区的旅游形象做了重新的结构设计，特别强调了彝族文化在西昌地区旅游形象中的地位。田俊迁在论文《论少数民族地区旅游业发展对民族关系的影响》（《青海民族研究》，2005.04）中，探讨了少数民族地区旅游业的发展对民族关系的正负面影响，认为"少数民族旅游业的发展，从正面影响来看，促进了汉族与少数民族之间经济、文化及社会生活的交流与融合；从负面影响来看，少数民族传统文化生活面临变迁；旅游地少数民族成员与汉族游客之间因文化差异和资源利益分配产生纠纷。"对于少数民族旅游地来说，保持传统文化与民族特色才能使旅游业得到可持续性发展，和谐的民族关系是使旅游业得以发展的基本人文条件。虽然论文没有采用一般旅游形象设计方法来看待民族文化形象的问题，但其所涉及的矛盾，正是民族地区旅游形象塑造中所需要关注的重要问题。丁赛在论文《民族地区旅游经济可持续发展分析》（《西南民族大学学报（人文社科版）》，2005.04）中，也注意了对同类问题的经济学角度阐释，他认为："旅游业现已成为几乎所有少数民族地区的支柱产业或重点发展的产业。少数民族地区旅游业的崛起和迅猛发展，促进了当地经济、社会的发展。"该文在分析了少数民族地区发展旅游业原因的同时，从自然环境、旅游规划以及文化传统三个方面，指出了发展旅游业对少数民族地区的自然生态和文化生态的负面影响。其结论为：只有在科学发展观的指导下，对目前旅游业存在问题进行改进，才能做到旅游业的可持续发展。2006年，李晓、郭唯在论文《闽西客家文化旅游形象传播及其电视媒介策略》（《西南农业大学学报（社会科学版）》，2006.03）中，就闽西客家文化旅游形象不够突出的现实问题，运用旅游地理学和传播学的理论和方法，展开了关于如何运用闽西客家文化丰富而独特的旅游资源，建设区域最具有竞争力的旅游品牌策略。论文为闽西客家文化旅游形象进行了全面的定位研究，构建了一个包括理念识别系统、视觉识别系统和行为识别系统等较为全面的旅游形象系统，同时探讨了如何运用以电视为代表的大众传播媒介进行旅游形象的宣传和推广。张瑛、高云在论文《少数民族非物质文化遗产保护与旅游行政管理研究——以云南民族歌舞为例》（《贵州民族研究》，2006.04）中，将旅游发展与民族传统文化保护的话题，延伸至流行的非物质文化保护范畴，认为："旅游开发对非物质文化遗产的传承和保护既有积极影响又有消极影响。旅游在为非物质文化遗产提供了保护和展示的窗口，加强了保护资金的力度，培养了群众基础的同时，如果开发不当，其商业性质又可能使得非物质文化遗产的本来面貌扭曲变形。少数民族歌舞是少数民族非物质文化遗产的重要组成部分，政府在非物质文化遗产保护与旅游开发中的特殊作用具有不可替代性。"该文以云南民族歌舞为例，指出在我国少数民族非物质文化遗产旅游开发中，政府应通过加强立法工作、理顺部门关系，建立非物质文化遗产名录体系，加强非物质文化遗产的传承和教育，与旅游业相结合、积极推进产业化等行政管理措施，实现少数民族非物质文化遗产保护与旅游开发利用的双赢。付爱民的博士学位论文《少数民族地区旅游形象设计中的景观色彩设计》（中央民族大学中国少数民族艺术专业博士学位论文，2006.04），是我国第一部专门研究少数民族地区旅游形象设计和视觉设计方法的学位论文，该文将少数民族传统美术与视觉形象审美意识，作为区域形象建设的依据，提出了具体的可执行的保护民族文化遗产的方式，也为今后的少数民族艺术研究，开拓了一个新的思维空间；并从实践经验的角度，系统地总结了区域色彩民俗地理研究的理论方法，在景观色彩设计实践中摸索了一套行之有效的方法和技术标准。同期，中央民族大学美术学院国家十五规划"211"工程重点学科建设项目"滇西南少数民族生态文化艺术研究"项目选题，负责人李魁正教授在2003~2006年期间，组织博士研究生付爱民等十数人前后共三次深入滇西南的澜沧、孟连、沧源、勐腊、景谷等县进行民族生态文化艺术的田野调查，搜集了大量的一手资料，调查组成员逐渐总结出样品采集、色彩景观记录、色彩民俗文化调查、测色分类图像记录、染色植物调查以及总结归纳编谱等色彩民俗地理调查研究方法。这些成果都将对未来的滇西南地区旅游资源开发和形象建设，提供了重要的资料素材源和理论基础。汪威在论文《民族地区旅游形象设计与塑造研究》（《柴达木开发研究》，2006.06）中，以区域旅游形象设计的原理，具体探讨了少数民族地区建设中的区域旅游规划应如何实施民族地区的资源特征研究和调查、旅游形象替代分析、定位策略和口号设计，并论述了对民族地区旅游形象塑造从物质景观形象、社会文化景观形象、旅游地企业形象、核心地段形象、代表人物或事件、视觉识别系统、其他感觉形象这七个主要方式入手的观点。次年，马晟坤、汪威再次发表同题论文《民族地区区域旅游形象设计研究》（《甘肃科技纵横》，2007.01）论文中，大胆地指出："我国大多数民族地区旅游业发展仍处于初级阶段"，强调了区域旅游形象设计工作，对民族地区发展特别是民族风情旅游地区，具有非常现实的意义，为民族地区旅游业发展中形象塑造和推广提供了一些策略性的发展思路。2007年1月，由付爱民负责的"澜沧拉祜族自治县旅游形象设计"通过了专家评审，并正式成为该县未来发展建设中的指导性文件下发，这份设计方案是目前国内第一项由高校专家主持与少数民族自治县政府合作完成的专业旅游形象设计方案，具有重要的实践创新意义。

（三）色彩学研究与色彩设计的实践与教学

色彩学研究与色彩设计的实践应用在当代欧美、日、韩等发达国家和地区，本身就已经构成了一个规模庞大、跨越多种学科和行业范畴的视觉艺术职业设计市场，不仅在一般所理解的建筑、汽车、服装、纺织品等众所熟知的现代色彩设计应用行业中流行着，还在家具、电器、出版物、影视、美容与个人形象设计等各个现代生活的需求领域里，拓展出一批批更为职业化的色彩设计与色彩顾问等新的视觉设计行业，并且在当代区域和企业形象设计中占有举足轻重的地位。

目前在国际上已经成立的并具有相当学术和设计实践影响力的色彩学科研机构（包括研究色彩设计学、色彩审美文化、色彩历史、色彩应用科学技术、色彩科学原理、色彩心理学、色彩生理科学、色彩材料科学等），有国际流行色协会、国际色彩联盟、国际色彩协会、国际照明委员会、瑞典斯堪的纳维亚色彩研究所、英国色彩协会、美国纺织品色彩技术协会、日本色彩设计研究所、日本色彩研究所、英国德贝大学色彩与图像研究所，还有中国流行色协会、中国美术学院色彩研究所、北京理工大学颜色科学与工程实验室等数十家之多，下面就其中很有代表性的部分机构做一下简要的介绍：

1. 国际流行色协会[International Commission for Color in Fashion and Textiles]、[Inter color]及各成员国分会

1963年由英国、联邦德国、比利时、日本等十多个国家的流行色界人士、研究机构联合成立，总部设在法国巴黎。国际流行色协会各成员国专家每年召开两次会议，讨论未来流行色趋向，从各提案中讨论、表决，从中选定三组色彩（男装、女装、休闲装）为当季的流行色[1]。

流行色的研究与利用，促进了全世界色彩"文化"的进程。随着时尚界对流行色概念认同度与痴迷度的增加，色彩的知识产业逐渐形成具有一定说服力的文化市场，色彩的形象信息作用有史以来被社会文化最大限度地扩大化。国际流行色协会发布流行色定案的主要依据是：专家凭借区域产品市场和传统艺术的视觉经验所作的直觉判断，以个人的才华和创造力发挥来设计能够代表国际潮流的色彩方案。流行色专家们都很关注对区域色彩文化特征的研究，并形成一套流行色预测分析的理论基点，分别是时代性基点、自然地理基点、民族传统基点、视觉心理基点、结构优选基点。国际流行色的预测研究方法，对于色彩学的研究，具有非常重要的启示作用，构成当代最具权威性的色彩学研究理论基础。

2. 国际色彩联盟[International Color Consortium：ICC]（另译为国际色彩顾问会或国际色彩协会）

联盟公会成立于1993年，主要会员由Microsoft（微软）、Adobe、Apple（苹果）、Kodak（柯达）等跨国集团公司组成，协会的研究以建立色彩管理系统[Color Management System][2]标准描述格式为主要的任务，通称为ICC标准格式，它主要应用于跨平台、跨系统的数字色彩表述工作流程。它产生的根源是由于各个品牌设备的色彩输出系统对于光源色R.G.B.或染料色C.M.Y.K.色彩的初始定义不同，使得相同的色彩数据档案在不同的系统、设备上输出的实际色彩效果不同。因此需要建立ICC标准格式，作为不同设备间色彩转换时的参照依据，争取使色彩能一致地表现在不同的输出设备终端上。

3. 国际色彩协会[International Colour Association：ICA]

主要成员以从事光学和色度学方面研究的大学教授为主，协会每四年换届，经常召开国际性的学术会议，在不同的国家和地区轮流举办。与前面两个国际色彩组织最主要的区别是，国际色彩协会的会议内容比较多地探讨了色彩艺术、色彩视觉心理与教育的人文话题，并十分关注人居环境、建筑、城市区域色彩的文化内涵建设。是国

---

[1]　无味咖啡，《流行色》，2004.4.4，六艺中文网：http://www.6art.net/2004/4-4/141534.shtml。

[2]　色彩管理系统[Color Management System]是针对色彩描述定义制定一套通用数字信息标准，当色彩在扫描仪、数字相机、显示器、彩色打印机、印刷机等计算机、印刷流程外设产品之间转换时，可以运用这个数字标准，平衡各单元在表述相同色彩数据时的差异，将色彩转换时所可能产生的色偏、色差减少到目前技术能力范围的最低点。

际色彩学研究领域中的一个主要流派代表。

4. 国际照明委员会[International Commission on Illumination：CIE]

委员会成立于1913年，主要从事照明技术的科研、设计、生产、开发、教学以及推广应用工作。组织中设置有专门研究视觉与色彩专业的机构，是研究色彩视觉环境的一个主要的学术阵营，更强调视觉心理学与生理学的反映和审美效应，并注重科学标准的推进。

5. 英国色彩评议会[British Colour Council：BCC]（另译为英国色彩顾问会）

成立于20世纪初，设于英国伦敦。主要工作是组织色彩学学者、专家进行色彩文化的各专项课题研究，总结区域色彩的使用惯例和标准，并向社会颁布。成立以来主要颁布和出版的色彩使用标准著作有：《英国传统色彩惯例》[British Traditional Colours]（1937）、《标准色词典》[Dictionary of Colour Standards]（1934~1946）、《室内装饰色彩词典》[Dictionary of Colours for Interior Decoration. London]（1949）、《园林景观色彩规划图谱》[Horticultural Colour Chart]（1938~1940）等。

6. 英国印染人员学会[Society of Dyers and Colorists：SDC]（另译作英国染色家工作者学会或英国染色家学会）

学会创建于1884年，是世界上最具权威的也是唯一的国际性染色学专业性组织，以专门研究印染色彩的表现技术与形式手段著称，学会将"让色彩走向科学"作为全体成员活动的宗旨。学会的主要工作是每年组织行业人员进行的专业考试，对世界各地染色师资历做权威认证。同时学会还大力推广新的染色技术、色彩测量法，在世界各地促进专业的色彩培训与教育事业，搜集色彩科学信息，建立色彩研究中心、色彩博物馆和色彩档案，并出版专业的色彩杂志和色卡、色标索引等。

7. 斯堪的纳维亚色彩研究所[Scandinavian Colour Institute：SCI]

位于瑞典首都斯德哥尔摩，创编了广泛应用于设计、研究、教育、建筑、工业、公司形象、软件和商贸等领域的NCS自然色彩系统[Natural Colour System]语言以及NCS色彩编号。NCS系统是国际两大色彩系统之一，也是色彩心理学派色彩心理计量系统研究的代表，是基于视觉直观效应的逻辑色彩系统，精确的NCS编号易于普通使用者理解和相互沟通，目前已成为色彩交流的国际化语言之一。目前，NCS系统已通过了ISO9001国际质量认证（No.17888），每年均公布色差检验报告，是目前色差控制最严格的色卡。

8. 美国纺织品色彩技术协会[American Association of Textile Chemists and Colorists：AATCC]

协会成立于1921年，技术中心设置在美国的北卡罗来纳州三角园研究所[Research Triangle Park]中，协会主要工作是对纺织品行业的色彩化学技术应用与设计进行科学研究、技术培训、教育和奖励推广，目前已经拥有全世界的270多个成员社团和65个成员国。

9. 美国图像科学与技术协会[The Society for Imaging Science and Technology：SI&T]

是一个国际数字图像专业的非赢利性组织，协会设立于美国弗吉尼亚州的Springfield，每年组织数字图像领域里的色彩专家和企业界人士召开全世界范围的专业技术、科学成果交流会议，议题主要包括：数字图像成像技术、印刷输出、数字色彩管理、银卤化物色彩化学等图像专业的科技题目。协会经常组织专业成果的出版与发表，办有《图像科学与技术杂志》[The Journal of Imaging Science and Technology：JIST]，并在每年的国际大会上颁发对图像科技有突出贡献的奖励，如戴维斯奖学金、伙伴关系奖、荣誉成员奖等。协会还组织出版数量可观的著作，主要方向与图像色彩科技密切相关，包括许多近年来国际权威性著作。

10. 日本色彩设计研究所[Nippon Color & Design Research Institute –NCD]

创办于1966年，"色彩图像指标[Color Image Scale]"，也译作"色彩意象量表"，是日本著名的色彩学家小林重顺[Shigenobu Kobayashi 1925~今]教授开创和提出的研究和色彩设计方法，他早年毕业于广岛科技大学后进入早稻田研究所从事色彩心理学的研究工作，于1966年创办日本色彩设计研究所后，成为色彩心理学领域中的专家。日本色彩设计研究所运用色彩意象量表在色彩心理学方面的研究与应用，在日本为汽车、家庭用品、建筑业等超过三十家大型企业承担色彩咨询工作。同时色彩意象量表也被运用在许多色彩应用软件作为程序开发的基础。

11. 日本色彩研究所[Japan Color Research Institute：JCRI]

研究所创办于1945年，隶属于教育部科学文化委员会，成立的初衷是研究色彩的教育和色彩标准分类问题。1951年研究所首先发布了1062色标准色卡，20世纪70年代以后研究所开始关注空间中的环境色彩文化等课题，并开始更多的国际合作与研讨，组织色彩学论著的出版。1994年研究所对色度值测验的研究成果首度出版，紧接着1996年发布了第二版，并在20世纪90年代后期发行了《色彩标准图谱》[Standard Color Chart]（国防部）、《日本园林景观色彩标准图谱》[Japanese Standard Color Chart of Garden Plants]（农业部）、《下关港地区景观色彩指导方案》[Shimane Prefectural Landscape Color Guide Book]等。后期除色标的研究与发表以外，研究所主要致力于色彩的材料化学、物理学、心理学、色彩文化、色彩设计与色彩艺术、色彩教育等问题的研究，出版期刊有《色彩研究》等。

12. 中国美术学院色彩研究所

中国美术学院色彩研究所成立于1994年，由从法国学成归国的宋建明教授创办，以揭示色彩现象及其成因问题为主要的理论研究对象，并且致力于提出具有实践意义的解决方案研究。研究范围涉及色彩基础理论、色彩艺术表现力、色彩文化史、色彩美学、色彩设计及其系统应用等等多个方面的领域。研究所在景观与建筑、城市色彩调查与规划、文化古城改造以及建筑色彩设计方面作了卓有成效的工作[1]。

研究所负责人宋建明教授在1990~1993年应邀赴法讲学，受聘于巴黎国立高等装饰艺术学院学术委员会第三阶段色彩研究所研究员，师从著名色彩大师、色彩地理学创始人郎科罗教授，并获博士学位。主要著作有：《中国色彩文化史纲》、《设计造型基础》、《色彩设计在法国》和《摄影辞典·色彩词条部分》[2]。

13. 中国流行色协会[China Fashion Colour Association]

中国流行色协会经国家民政部批准于1982年成立，是由全国从事流行色研究、预

---

[1] 中国美术学院网：http://www.chinaacademyofart.com/learning/indite/20031218。

[2] 中国流行色协会官方网站：http://www.colorchina.com.cn/expert.htm。

测、设计、应用等机构和人员组成的法人社会团体，1983年代表中国加入国际流行色委员会。作为中国科学技术协会直属的全国性协会，挂靠中国纺织工业协会。

中国流行色协会目前的主要业务是：开展国内外市场色彩调研，预测和发布色彩流行趋势、代表中国参加国际流行色委员会专家会议，提交中国色彩预测提案，进行色彩咨询服务，承担有关色彩项目委托、成果鉴定和技术职称评定等、开展色彩学术交流、教育和培训等工作，普及流行色知识，向社会推荐流行色应用的优秀企业和个人，开展中国应用色彩标准的研制、应用和推广，编辑出版流行色期刊和流行色应用工具及资料，开展国际交流活动，发展同国际色彩团体和机构的友好往来[1]。

14. 南开大学色彩与公共艺术研究中心

中心成立于2004年11月，是我国首家专门研究色彩与公共艺术的科研机构。该中心经过两年的筹建，组成了一支集经济学、心理学、色彩学、传播学等各研究学科领域专业人才的色彩应用设计团队。

15. 北京理工大学颜色科学与工程实验室[National Color Science and Engineering Laboratory:CSE]

是目前我国唯一专门从事颜色科学研究、色度仪器开发、颜色计量、颜色高级人才培养的重点专业实验室。1989年6月作为世行贷款重点学科发展项目中的"国家重点学科专业实验室"立项。1995年5月成立以母国光院士为主任委员的学术委员会。1996年4月通过国家验收。实验室以北京理工大学信息科学技术学院为依托，主要研究方向有：颜色科学理论、颜色测试技术与仪器、数字视频颜色技术、新型成像光谱技术、电脑测配色技术等。

经过世界各地的色彩学家与色彩设计师们近百年的探索和研究，先后总结了许多思路敏锐、极具创造力和跨学科综合性的色彩学研究与色彩设计方法，其中多数在市场实践和学术延传中演化为色彩学的经典和设计执行标准。

在色彩设计实践中应用性比较强的色彩学研究方法主要分为三大流派，最早产生的是色彩物理学派，以牛顿为首创，紧接着歌德发表的色彩理论与牛顿的物理学基础的光色学说针锋相对，色彩心理学派开始产生。真正将色彩心理学研究纳入正轨的是20世纪美国的画家兼美术教育家鲁道夫·阿恩海姆[Rudolf Arnheim1904~?]，他在视觉心理学研究著作《艺术与视知觉——视觉形象心理学》[2]中，将色彩学的心理研究纳入视觉知觉心理研究的科学系统中。

"色彩地理学"学说由法国工业设计家郎科罗教授在20世纪60年代创立后，在美国、日本、欧洲等许多国家和地区得到了大量的实践和推广。目前色彩地理学以及郎科罗教授的色彩设计方法，在全球是最受瞩目的色彩学研究和色彩设计方法之一。美国的设计家莱斯利·卡巴伽[Leslie Cabarga]运用光色RGB和染料色CMYK两种色彩数据标准，对全世界包括美洲、亚洲、欧洲、中东等8个地区的色彩文化习惯和民俗心理，做了细致的分类和实例分析，给色彩地理学、色彩民俗的深入研究提供了数字图

[1] 中国流行色协会官方网站：http://www.colorchina.com.cn/about.htm。
[2] 滕守尧、朱疆源译，[美]鲁道夫·阿恩海姆《艺术与视知觉——视觉形象心理学》，中国社会科学出版社，1984年。

像的方法标准依据[1]。

色彩地理学概念和研究、设计方法，由郎科罗的学生宋建明输入到了国内，但在少数民族地区的应用研究和设计实践一直没有开始。在日本同类研究的影响下，白庚胜的《色彩与纳西族民俗》[2]，是我国第一部用色彩民俗学观念研究少数民族色彩文化的专著，所涉猎的民俗文化事项很全面，由于出发点的不同，仅限于从民俗研究的角度进行，未从美术学的视觉审美方面予以实践意义的剖析、总结。因此，将少数民族地区的色彩地理学研究展开，并应用于未来的区域经济建设开发，在传统民俗文化迅速消失的当代，尽最大努力地保护传统视觉景观的工作亟待进行。

2003年6月以后，尹思谨博士开始在申请清华大学工学博士学位的学位论文基础上，整理完成了《城市色彩景观规划设计》[3]书稿，并于2004年5月，由南京东南大学出版社出版，该书属《中国城市艺术发展战略丛书》之一，是国内第一部从城市规划设计和景观设计角度，研究色彩设计方法的著作。尹思谨的研究是以建筑设计学为基点的，纯粹从城市色彩景观规划设计的角度着手研究的概念、历史背景、理论框架、技术手段、方法论与操作方法等问题的。因为是仅仅从建筑、环境景观的角度出发，故没有对区域性的整体形象加以讨论。这一点也是当前景观色彩行业中的一类普遍的缺憾。

三、本教材内容涉及的主要研究方法

1. 区域旅游形象定位设计方法

主要参考已经成熟的区域旅游规划学中的形象定位设计方法，为少数民族地区设定基本形象定位和理念设计提供理论依据。

2. 景观规划设计方法

主要吸收景观设计、环境艺术设计等，设计方法和技术针对民族地区的旅游景观形象设计需求，分析所应注意的部分。

3. 视觉形象系统的设计[VI]方法

主要吸收一般视觉传达设计的系统方法，组织旅游形象的一般视觉传播品和视觉符号设计。

4. 色彩民俗地理研究的调查方法

主要解决如何进行少数民族地区色彩民俗的调查和图像记录、样品采集等。

5. 民族学与人类学基本调查、研究方法

主要在调查传统民俗文化与审美观念等民俗现象时，能够遵循民族学规律和人类学的研究思路，提供更为深入的研究进程基础。

6. 数字图像中的虚拟图像技术

在每一步的调查设计工作、具体设计方案，都是一个比较复杂的时空交错的表现系统，由于有了现代数字技术做保障，方案图像化有了相对的可靠标准。

---

[1] 吴飞飞、谭宝全译，[美]莱斯利·卡巴伽[Leslie Cabarga]《环球配色惯例》，上海人民美术出版社，2003年。

[2] 白庚胜著，《色彩与纳西族民俗》，社会科学文献出版社，2001年。

[3] 尹思谨著，《城市色彩景观规划设计》，东南大学出版社，2004年。

第一章

少数民族地区
旅游形象设计概述

第一节　区域旅游形象设计引论

区域旅游形象设计，属于区域旅游规划执行中的具体设计项目，主要承担在体现区域旅游总规精神基础上的旅游区文化形象定位、视觉形象审美与视觉识别体系等设计任务。区域旅游形象有时也容易被理解为区域整体形象，在大多数情况下，由于使用需求的类似，这二者是可以混同的。只有当区域旅游产品的主要功能与区域最主要的经济发展战略、历史文脉相去甚远时，二者才可能产生较大的错位。

区域旅游形象设计将直接影响到区域旅游业的发展方向和市场营销水平，同时也会间接地对区域经济的各类产业发展产生影响。成功的旅游形象设计方案，能够做到在最短的时间内提升旅游地的形象评价水平，能够令大众迅速记住、识别旅游地的主体形象符号，对旅游地构成形象突出的印象、概念，并在此基础上形成审美的评价体系。失败的旅游形象设计，很可能会使大众淡忘了旅游地的主要特征，从而无法明确旅游产品的个性，缺乏消费的冲动。随后，旅游形象设计方案，还将直接干扰外界对旅游地区域特色产品形象的评价、判断、记忆和识别。因此，挖掘旅游地最具有代表性的、最具有吸引力的形象符号，成为旅游形象设计最重要的工作。

一、旅游形象设计的概念群

"旅游形象"指以旅游目的地所在区域的区域形象为主，包括旅游景点、旅游服务、旅游设施、旅游文化、旅游娱乐、旅游纪念品、旅游宣传等，从而感知、消费旅游产品时的综合信息和人们心目中形成的各种形象。如果更扩大一点，应该说，包括该区域在历史上所积累的一切有关区域人文特点的、生态地理特征的、鲜明的社会文化符号，这些都将成为构成区域旅游形象的要素。Crompton将"旅游形象"定义为一个人对一个目的地的信任、意见及印象的总和[1]。20世纪90年代以来，陈传康教授就已在重视旅游地形象[Destination Image，DI]在实践中的作用，提出了旅游地形象的策划和定位等问题[2]。区域旅游形象策划[Tourism Destination Identity System, TDIS]是受企业CI策划的启发和广告业的影响带动，以及国内旅游业的迅猛发展（同时伴随有强大的市场竞争）等综合因素的作用下，在对旅游地和旅游景点传统意义认识基础上形成的一种全新的形象识别和营销系统。

进行旅游目的地营销[destination marketing]规划，是区域旅游规划中一项非常重要的工作，其包括旅游形象设计、旅游形象推广两个基本步骤，构成总体规划基础上的一个设计、推广的系统工程。北京大学旅游与规划、研究中心的吴必虎博士在描述旅游目的地营销的系统工程时，认为应划分为四个连续的组成部分：

（1）旅游形象设计与构建问题；

（2）在此基础上设计、生产旅游吸引物；

（3）并将这些产品布局在适合的空间结构内；

（4）向市场促销这些"有理念（形象）、有载体（吸引物）、有结构（布

---

[1]　邹统钎著，《旅游开发与规划》，广东旅游出版社，1999年，第97页。

[2]　吴必虎著，《区域旅游规划原理》，中国旅游出版社，2001年，第201页。

局）"的旅游产品[1]。

近几十年来，对旅游地形象问题研究已经在西方成为一个热门话题，旅游形象设计也已经成为各个区域发展旅游业时首要考虑的一个重大的决策性问题。吴必虎说："纵观国际上旅游业发达的国家和地区，无不具有鲜明的旅游形象。"[2]如瑞士的"世界公园"和"永久中立国"；西班牙的"阳光海岸""黄金海岸"、斗牛士；纽约对外宣称的"美国最好的和最坏的东西都集中在这里，不来纽约就不能说到过美国"等。在很多情况下，区域旅游形象就是区域形象的浓缩，可以替代区域形象，也是区域企业形象的原型。区域形象往往具有悠久的历史文脉基础，有些地区的形象早已在大众心里形成定式，如"汉唐古都"西安、"明清园林博物馆"苏州、"热带雨林中人与自然和谐共生"的西双版纳等。这些区域形象的形成过程中有三种因素发挥作用：一是历史上人文建设的积累结果，如西安；二是人与自然地理条件合作之后的共同结果，如苏州；三是以区域生态地理环境特征为主的生态资源，如西双版纳。从区域文化整体的角度看，区域生态地理特质是应当首先得到重视的，它是决定旅游区基本建设方向的基础条件；其次是人与自然的合作特性，它是区别该旅游区与其他区域基本形象特征的前提；最后是人文建设的历史积累，它是确认该区域最突出的人文特征的依据。

视觉设计是旅游形象设计中非常重要的一个组成部分。但在旅游规划专业的范畴内一般不受重视，与专业学科之间缺少人才交流和沟通的体制现状有关。李蕾蕾在研究中指出，"旅游景区景观还包括加强固定景点的视觉识别和活动型因素的视觉识别，前者指景点造型及其标志、标准字、标准色的赋予；后者指景区内演员和员工的标准服装和规范行为。标识符号系统的设计原则是，体现地方特色，简练、艺术性强、识别度高"[3]。在未来的旅游形象设计中，视觉形象的设计应当占有更大的比例，现代图像学的研究认为，视觉信息的传播效率远远高于其他信息，视觉信息的审美评价影响力也远远强于其他信息。旅游形象的视觉体系应包括：旅游地的景点景观和接待城市；景观、旅游视觉识别符号；系统、旅游活动型形象的视觉；系统（服饰、演出形象等）、旅游形象记忆推广系统（宣传、纪念品、特色礼品等）四大类。

景观部分是旅游形象的视觉环境信息，是旅游产品价值的一个重要体现。其必须为游客提供一个尽可能完美的视觉景观环境，同时，借助景观条件提升区域的审美评价指数。识别符号系统主要是区域形象的一种浓缩意象性表现，不仅仅要代表区域形象的主要特征，还必须是能够迅速被记忆整合为一种不容易混淆的、便于联想的视觉形象。活动型形象是旅游形象中一个重要的兴奋点，往往最容易构成游客对区域形象的第一印象，同时围绕着服饰等活动型形象也最容易构成旅游纪念品的主要市场。旅游形象记忆推广系统包括一部分识别符号系统的应用，之所以单独提出来是因为它主要是一种应用于旅游消费行为的前期和后期的视觉记忆设计，与形象符号最大的区别就是重在审美、记忆，而轻识别、概括。以上四类旅游形象视觉系统要素之间必须形

[1]　吴必虎著，《区域旅游规划原理》，第201页。

[2]　同上。

[3]　李蕾蕾著，《论旅游景观的视觉形象及其对景点开发与经营管理的意义》，载于《旅游学刊》，1995年，第4期，第16~20页。

成整体协调互补的动态关系。

二、旅游形象设计研究理论的核心问题

吴必虎也曾将对区域旅游形象的设计用"确立地方风格"来简括，提出："在确定地方风格过程中，既要从当地的实际情况着手调查研究，即内部研究，也要对区域以外的旅游者的情况进行摸底，了解他们是如何看待旅游区的形象的，因为旅游形象的建立，最终还得面向旅游者，而不是仅仅为地区自身准备的。在传播学中，我们称这种面向外来顾客的调查为受众调查。此外，确立地方风格和建立区域形象时，还要考虑到上级政府对本地区的定位要求，要从国家或地方整体的地域分工和区域合作角度考虑调子的确定。围绕这样一个区域旅游形象来设计产品、规范操作，才能在买方市场的前提下，将旅游区作为一个整体推向客源市场"[1]。吴必虎所谈到的"地方风格"的确立问题，实际上一直是我国全国各个省、市、县所普遍面临的一个发展规划的重要的问题。

邹统钎在《旅游开发与规划》一书中就旅游形象与主题的设计提出差异与垄断力的重要性："主题与形象是旅游区的生命，也是形成竞争优势的最有力的工具。一个良好的、个性鲜明的主题可以形成较长时间的垄断地位，其垄断力的来源是产品与服务的差异化。而旅游区产品与服务雷同，主题形象模糊混乱，很容易使游客经历平淡，自然回头率就低。在旅游区的规划中主题与形象的塑造是核心问题。"[2]实际上，除了差异性以外，所谓"垄断力"就是在强调区域资源特点的不可重复性——即具有一些独特的资源导致其他旅游区无法模拟该产品的主体优点，确认本区的唯一性和差异性得以永续。

李蕾蕾在《城市旅游形象设计探讨》一文中提出："城市旅游形象设计的核心应当是解决城市旅游的基本定位问题，即城市将在旅游者心目中树立并传播怎样的一种形象，它到底是怎样的一座旅游城市，这种形象如何成为吸引人们前来旅游的动力源泉"[3]。也就是说，一座城市在旅游者心中所构成的形象才是产生其旅游市场感召力的根本要素。孙文昌、郭伟在《现代旅游学》一书中认为，一个旅游目的地如果没有"独立的、有特色的旅游形象，是很难在竞争激烈的旅游市场上站稳脚跟的，也就不可能有较强的生命力和竞争力"[4]。那么，特色究竟从何而来？一个区域形象或旅游形象如何才能准确、科学、合理地找出对其原有特点的描述？换句话说，这个被描述出来的形象，人们又应当如何来检验其是否是一个成功的形象设计？市场直观的效果是否就是唯一有效的试金石？

许多学者都试图在时常检验发生之前捕捉到这个内在的规律，李蕾蕾在《城市旅游形象设计探讨》一文中，曾谈到在确定旅游区主题口号时应遵循"内容源自文脉"的原则。她将"地方文脉"定义为"是指城市所在地域的地理背景，包括地质、地

---

[1] 吴必虎著，《地方旅游开发与管理》，科学出版社，2000年，第62页。

[2] 邹统钎著，《旅游开发与规划》，第97页。

[3] 李蕾蕾著，《城市旅游形象设计探讨》，载于《旅游学刊》，1998年，第1期，第48页。

[4] 孙文昌、郭伟著，《现代旅游学》，青岛出版社，2000年，第48页。

貌、气候、土壤、水文等自然环境特征，也包括当地的历史、社会、经济、文化等人文地理特征，因而是一种综合性的、地域性的自然地理基础、历史文化传统和社会心理积淀的四维时空组合"[1]。只有对地方文脉的充分挖掘和分析，才是体现城市（区域）独特个性的方法。吴必虎认为对"地方文脉"的把握性研究属于对一个旅游目的地的"地格"[placeeality]的确定，或简称"地方性"的研究。所谓的"地格"即这个区域的人性化形象品格，也即诺伯舒兹所说的"场所精神"[Genius Loci]，可以把它理解为一种由区域多种物质形态、区位特色的精神形态整合体现的"氛围"。吴必虎强调对"地格"解读时要防止过去偏见的影响和精确的提炼，他总结了确定地格所需要进行深入研究的三类要素：自然地理特征、历史文化特征和现代民族民俗文化[2]，与李蕾蕾的观点基本一致。综合大家所探讨的地格和文脉的内涵，实际就是一个区域历史上人与大地关系的资源问题。

那么，区域生态特质又成为在这一层意义上的重要元素，只有区域最独特的生态特质是其他区域所无法模拟的，如果在这个生态特质的基础上再融合以具有一定历史含量的人文要素——传统生态文化，这种不可重复性就更加牢固了。例如澜沧县景迈乡的千年万亩古茶园，首先是一种生态资源——古茶都是生长于村寨周围的原始森林生态系统内的；其次作为普洱茶的一个著名产地，全国其他产茶区无法模拟其雄厚的人文历史资源；再次，作为少数民族布朗族、傣族自行开发的大面积茶林生态产业与茶文化，在普洱茶茶山体系中也是唯一的。如果更深入地研究，这种人地关系可以概括为以下三个支点，也是前面谈到过的区域形象形成中的三个要素：

（一）自然地理的先决条件——生态地理特征

即李蕾蕾所说的"自然地理基础"和吴必虎的"自然地理特征"，这个条件应形容为一种先决性的条件，虽然不同的人群对这个条件的创造方式会有所不同，但这个条件的限制性还是有相当地位的，可以理解为一切区域内人地文化的基础。在考虑这一特征时，实际是把时间一维的因素抽象出来进行分析的，即在人类的生产性参与之前，区域自然环境所提供的生态循环链条特点。在关键词的设定上用"生态"替换了李蕾蕾和吴必虎的"自然"，是想说明，在区域特色的塑造、展现、推广过程中，真正能引起受众关注的并不是僵化的自然物质存在，而是区域最有特点的生态循环结构。

例如，在云南思茅镇沅县的九甲乡千家寨，有一株目前已发现的世界上树龄最古老的野生茶树"王"，笔者曾在2003年进行了实地调查，至今这个具有明确唯一性的旅游资源地仍然没有显著的进展。除了一般的开发难度和交通等条件限制之外，当地政府片面强调古茶树本身的唯一性——即将这株最古老的野生茶树"王"作为区域旅游形象本身的策略发生了不小的失误。因为这个形象策划只强调了生物自身生长单元中的一个唯一性，却忽略了区域生态整体循环的唯一性，游客不可能仅仅因为一株野生古茶树就构成旅游消费的欲望。实际上，根据笔者对该地区的初步调查，仅仅九甲

[1] 李蕾蕾著，《城市旅游形象设计探讨》，载于《旅游学刊》，1998年，第1期，第48页。
[2] 吴必虎著，《区域旅游规划原理》，第205~208页。

一地，就拥有哀牢山原始山地森林、野生动植物、茶马古道瓦桥、少数民族民俗等一系列的、唯一性的循环结构资源，而野生茶树王只是其中一个最亮的亮点而已，它的价值应当是体现区域仍然维持的一种原生形态的森林生态系统的明证，而不应当塑造为旅游的最终目的地——因为想要亲眼看到这株野生古茶树非常困难。

（二）人与大地的协作秩序——人文地理特征

作为一种设计依据同时也是检验的理论依据，人文地理特征又是人地关系的核心。在这一层关系上，实际上也是借助理论手段抽象出了人的社会性因素，把人与人之间的相互影响暂时剥离综合的关系之外来思考和研究人地之间单纯的协作关系。也就是说，当人类对自然改造能力还十分有限的时候，人们只能做出对自然妥协的策略来，而不是设法干扰自然的运行秩序来获得自己单方面的利益。

如，各个人类文化区域，在古代都曾在不同程度上，形成过对生态资源环境实施合理开发、限度开发的宏观生态伦理制度。中国古人积累了大量的注重生态系统保护的经验，并根据需要制订了一种族群必须共同遵守的传统行为规范——"时禁"，主张对于自然资源的攫取——猎兽或伐树不能肆意而为，而要适时而为，并通过适时而为来达到适量而为的目的。如《礼记·祭义》中记曾子曰："树木以时伐焉，禽兽以时杀焉。"

在这一层的支点上，"人文地理特征"的用意是突出人与地之间的协调性传统，削弱人自身的创造性传统。因为历史的面貌虽有不同，但是历史的内在结构却是极具重复性的，在形象确认的过程中还必须时刻警惕着历史关系的内在重复性所造成的疲倦心理反应。比如同是中国的北方民族，蒙古族和满族都是曾经统一中国掌握政权的少数民族，如果在对一些典型的历史古迹性的旅游目的地——成吉思汗陵和沈阳故宫，单方面强调这种历史的唯一性特征，却有可能抵消了其间的主要个性。因此，在这种情况下，蒙古族对草原生态系统的适应——包括蒙古包、游牧景观的人地关系差异性才是造就区域形象个性的主要依据。因此，不主张在这一层支点上混淆了人的社会历史和人地之间的历史积累，强调地缘性的作用和人对地的感性发展。

（三）社会性人文历史积淀——民俗传统特征

在这一层的支点上，更突出人对人的相互影响对人地关系的作用。比如同是在黄河流域的几大古都，西安、开封、洛阳构成了个性差异很大的区域形象。这个问题的核心之一就是"民俗"，但是我们习惯上所说的民俗，常是针对社会上层文化而言的中下层的民间习俗文化，另一个核心就是传统。在这一层支点的设计上增加了李蕾蕾和吴必虎所说的历史传统因素，其实质也就是李蕾蕾说得社会心理积淀。

人群之间的相互影响程度，也是说明区域特征的一个很重要的因素。比如纽约的"美国最好的和最坏的东西都集中在这里，不来纽约就不能说到过美国"的口号，其最根本的背景还是纽约市强大的包容性历史积淀，这是在区域形象塑造过程中强调人与人之间影响程度密切到极至的典型例子。反之，也很容易构成形象的典型个性特征。比如云南的泸沽湖旅游区，以"世界上最后一个女儿国——现实中的母系氏族社会"为口号，构成了旅游目的地的重要的形象吸引力，其真正的潜在台词，就是用母系氏族社会遗存来证明"这里是一个与世隔绝的世外桃源"。最后，人群独特的创造性行为特点，是确定这个人群所居住地区的重要外在表现手段。例如，云南利用马帮贩运过程发酵生产的普洱茶，就是人群根据自己行为积淀和需求特征（沉茶）综合创造的一种传统文化。

三、区域旅游形象设计原理与内容结构

从目前的情况来看，上一小节中所谈到的泸沽湖旅游区摩梭文化的形象宣传，确实是成功的，它的确在许多地方形成了一定强势的吸引效应。但是从近几年所听到的反馈来看，当地也确实存在打着"走婚"民俗的旗号，实行带有擦边球性质的色情旅游嫌疑，这种倾向使得多数游客对旅游目的地的形象评价大打折扣。这里涉及到了一个旅游形象设计的重要原理——形象的"原生"层次和"引致"层次、"复合"层次理论。

Goodwall在研究中强调旅游目的地的形象并不是不变的，而是一个可变的事物，既受到公共媒介的影响，也受人们在实地旅游经历中的感受评价影响，既而推衍出旅游形象的"可操纵性"。Fakeye和Crompton提出了形象的层次说，即原生形象、引致形象和复合形象[Complex]。原生形象指游客在旅游动机还没有任何萌动的情况下对旅游目的地所形成的形象认知；引致形象即游客因原生形象的吸引力效应产生对该旅游目的地的兴趣之后，都会有一个对目的地资料进行理性的分析和阅读的过程，这是一个有意识的信息加工和比较过程；复合形象是通过自己亲身经历之后，综合以前对目的地所形成的全部形象重新获得的一个带有审美评价性质的全新形象，这个层次的形象具有了旅游地市场的巩固作用，因为它既可以被有力地传播，也可以被作为携带者决定下次旅游消费目的地的参考依据[1]。

形象形成的层次概念揭示了受众参与本身在旅游形象建设、塑造、完成过程中的地位。吴必虎对区域旅游形象设计的研究也十分重视对受众的调查，他认为区域旅游形象设计的前期基础研究共有三个组成部分：其一就是前面说的地方性研究——地格的确定；其二就是受众调查；其三是形象替代分析。吴必虎认为"旅游形象的构建主要目的是为了向潜在旅游者推销旅游目的地，帮助旅游者更清晰、更方便地了解地方的特点和特异之处，促使其产生旅游动机，由潜在旅客变为现实旅客"[2]。为此，就要针对传播的受众研究旅游"原生形象"的感知情况。旅游本质是区域的一种特殊的产品和服务，因此就自然存在着区域之间的市场竞争环境问题，对竞争环境的考虑也是影响发展战略的一个重要因素，所以吴必虎最后把"替代分析"也作为前期研究工作中的一项。所谓的"替代"就是在形象定位之时充分预测周边区域、同纬度地区等其他资源类似的地区是否存在破坏或替代本区域现有的垄断性资源优势？假如存在着这样的风险，策划者就必须通过分析、研究找出适当的对策。按照吴必虎对区域旅游形象设计工作所做的程序设计，其基本结构（图1-1）。

————————————

[1]　Fakeye & CromptOn（1991）,Image Difference between Perspective，first-time and Repeat Visitorst to the lower RiO Grand Valley.Journal 0f Travel Research，Fall.转引自邹统钎《旅游开发与规划》，第97~98页。

[2]　吴必虎著，《区域旅游规划原理》，第210页。

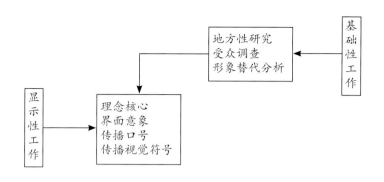

图1-1 区域旅游形象的
建立程序[1]

前期基础性研究工作完成以后，就是根据这些基础研究来进行设计的后期显示性工作，也就是将设计根据的诸多要素具体形象化，完成设计本身、显示出形象。第一步工作就是针对理念核心的形象定位，许多学者都提出了具体的定位方法和策略思路：

（1）领先定位

适用于独一无二的旅游资源地，当然这个"第一性"或"唯一性"也可以冠以一个不同层级的区域范围，如中国第一、世界第一等。

（2）比附定位

自觉不去争夺第一，而是去抢占第二性或替代性，如塞上江南——银川、东方威尼斯——苏州等。

（3）逆向定位

与一个已经基本成型的形象概念对立起来，树立与其完全相反的心理需求的市场。如近年来云南丽江开始借助既得的资源优势刻意向城镇对各种文化的包容性发展，打造异域文化交织起来的民族古镇形象，与普通的片面强调历史线性传承的古镇完全不同，收到很好的效果。

（4）空隙定位

完全设立一个与众不同的形象，以新取胜。

（5）重新定位（再定位）

也叫"模糊定位"，当旧有的目的地形象已经明显不能满足区域发展的需要，或造成了目的地的衰落，就应当重新设计新的形象来替换旧的形象定位，这种做法有时候倒会增加游客对目的地的印象[2]。

旅游目的地的界面意象是能够体现这个区域旅游形象理念核心内涵的、经过高度概括后的传播符号设计，它包括产品形象、宣传口号、视觉形象与识别系统等，具有直观、具体、便于传播和记忆的特点。

综合各家的观点，我认为旅游形象设计所要完成的工作结构总体上首先分为两大类，一是主题设计部分；一是表达形式设计部分。前期基础性工作中的地方性调查和后期研究的理念核心都是主题性设计，而前期的受众调查、替代分析以及后期的界面

[1] 吴必虎著，《区域旅游规划原理》，第205页。

[2] 吴必虎著，《区域旅游规划原理》，第217页；钟林生、赵士洞、向宝惠著，《生态旅游规划原理与方法》，化学工业出版社环境科学与工程出版中心，2004年，第223页。

意象设计则都是关于表达形式的设计。表达形式的设计所要注意的有受众的需求与接受程度（受众调查）、设计的语言问题、符合市场营销规律，视觉形象设计是从属于表达形式设计中的一个部分，但是也显然不能离开对主题内容的考虑。

主题与形式之外，还存在着一种要素结构的关系。对于要素设计部分的结构描述应主张提一下Echtner和Ritchie在1989年编创的一个旅游目的地形象的概念性框架，这个框架由三个链条组成：属性与整体链、功能与心理链、共同性与唯一性链[1]。

（1）属性与整体链

这个链条就是消费者对目的地的局部形象"属性"与整体形象的"整体"的感受链条，从其结构的体质可以判断出区域旅游形象主题的整体性、系统性是否良好，是否需要进行结构编排上的修正。

（2）功能与心理链

这个链条就是检验形象传播中可测量的有形的"功能"与不可测量的无形的"心理反应"之间关系的工具。

（3）共同性与唯一性链

将目的地形象中划分为共性特征的组合和个性特殊的组合两大部分，构成了这个链条。

再简化地说，Echtner和Ritchie所编写的这个框架就是将形象设计的主题要素部分又细致地注意了对其整体与局部、有形物与无形心理、共性与个性的关系结构，其关注的核心其实是整体形象、总体的心理体验和目的地的突出个性。就少数民族地区来说，这个结构概念框架显然发挥了作用，第一个链条提示我们注意设计之前研究区域民族的个体与族际共享的地域性整体的形象要素关系；第二个链条指导我们注意对民俗心理内涵的挖掘和把握，不能只停留在表面的观看上；第三个链条关系帮助我们从反面——这个民族地区与其他地区在文化上的共性来观瞻自身的个性所在。

综上，得出旅游形象设计内容的结构序列图（图1-2）。

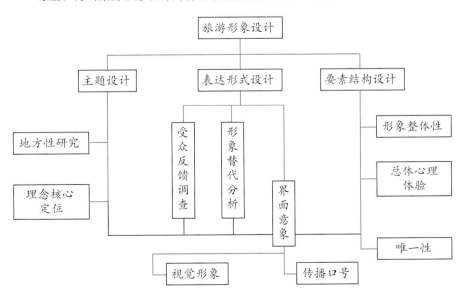

图1-2 旅游形象设计内容结构序列

[1] 邹统钎著，《旅游开发与规划》，第101页。

在目前多数旅游形象设计的理论体系中，视觉形象设计从属于表达形式设计中的"界面意象"设计，而界面意象设计也可以看做是对其他表达形式研究的一种整合设计，并同时必须吸收主题设计和要素结构设计的研究成果。

第二节　少数民族地区旅游形象设计的特性

少数民族地区的旅游形象设计，是在区域旅游形象设计一般方法的基础上又增加了民族学、人类学和民俗学的研究方法，用民族学等学科视角来审视"地方性研究""理念核心定位""受众调查""总体心理体验"以及设计富有民族风情特色的"界面意象"。因此少数民族地区的旅游形象设计和区域整体形象设计必须重新构划设计的原则特性，包括理论基础上的民族学研究特性、民族自治区域实践上的文化建设特性、民俗社会文化的传统特性，从视觉形象设计的角度上还应该增加一个民族、民间美术的视觉形式特征研究。

一、民族学研究的理论基础特性

如果仅仅把民族地区的旅游形象定位为一种具有文化差异性的"民俗风情"旅游，在一般区域旅游形象设计的基础上打上一个民族、民俗的图章模式的话，这种形象设计最终将毁灭中国丰富的少数民族文化资源，将其重新组合为一种新形式的"全球一体化"样式：即外观形式上维持着原有格式化的面貌，而内涵结构已经被同化为一种唯一可持续的方式——取悦于旅游消费者，民族传统文化集体转化为一种消遣和满足猎奇需求的"观光秀"[1]。本文主张立足于民族学研究的任务，研究旅游形象设计对于少数民族社会的实际意义。

（一）民族学的主要任务

王庆仁在《民族学通论》一书中，提出近期中国民族学研究的八项主要任务：如"继续加强少数民族和民族地区现代化建设问题的研究""进一步深入开展国内各民族的研究""加强世界民族的研究""继续开展国外民族学理论的研究""开展民族文物研究和建立民族学博物馆"等[2]。黄淑娉、龚佩华在《文化人类学理论方法研究》一书中，概括性地总结人类学的长期任务应是"加强对人的研究以适应未来的变化，以发挥人的主观能动性，改造世界、改造人本身"[3]。民族学、人类学都把研究解决发展、建设的问题放在重要的位置上。按照王庆仁的观点，因为国情基础的不同，各个国家的民族学其主要任务各不相同，而一个国家内由于历史进程的区别，也

---

[1]　杨晋涛著，《民族遭遇与民族艺术：变迁社会中的少数民族艺术实践》，载于《民族艺术》1998年第4期、总第53期，第120页。

[2]　林耀华主编，《民族学通论》（修订本），中央民族大学出版社，1997年，第178~184页。

[3]　黄淑娉、龚佩华著，《文化人类学理论方法研究》，广东高等教育出版社，2004年，第12页。

造成各个时期的主要任务有所不同。总体来看，王庆仁的八项主要任务中用了两个"进一步"、三个"继续"和一个"加强"，即新时期的民族学任务应是在已经完成的民族识别和少数民族社会历史调查的基础上深入开展各项研究。

承上，立足于民族学基础的发展研究首先应以保护和推进各民族文化意识的多元并存体系为根本。少数民族地区的现代化建设不仅不能损伤民族自我认知、自我确认的信心，反而更应该借以加强。

（二）旅游形象设计对于民族学文化研究的促进

白振声在《民族学通论》一书中分析了民族学文化研究的意义，包括对于民族识别的帮助、更准确地揭示民族社会、推动我国各民族社会主义物质文明和精神文明的建设以及有利于各地区、各民族之间的相互了解与交往[1]。

少数民族地区的旅游形象设计是必须建立在这种民族学文化研究的基础上的，通过对民族学文化研究找到区域特色之中交织的民族特色与民族精神，利用形象塑造重建民族精神的族群复归是民族学研究的一个终极理想。经过仔细研究和审慎选择后推出一个少数民族地区具有代表性的区域旅游形象体系，如果它确实起到了对区域整体形象的概括、提炼、审美升华，并得到了最广大民族群众的认同，且具有科研的验证基础，那么这个形象也将借助旅游媒介传播，成为该民族或族群的一个具有感召力、凝聚力的社会符号，使得少数民族群众对自我的认识更形象化，更有助于抵抗低俗、杂乱的消费趣味影响。因此，少数民族地区的旅游形象设计，首先必须是一个严肃的、理性的、有责任感的设计工作，需要付出比其他区域更大的研究精力和设计劳动。

（三）民族文化保护与旅游开发的关系

当前，文化的多样性保护是一个更大的社会课题，是社会各界都在着手研究和关注的一个全球范围的课题。

我国大部分少数民族地区的文化资源非常丰富，与历史上的族群迁徙、文化交流、文化变迁、族系混融等复杂的社会历史关系有关。尤其是在云南滇西南地区的调查过程中，对这一点有很深的体会。不仅仅是民族内部的各个支系之间存在着不同的服饰艺术与视觉识别系统，甚至几乎每个行政村[2]区域都会形成一个相对独立的服饰艺术体系。但是，这种原生形态正在接受着区域文化变迁的重塑，如许多村寨的原生服饰艺术系正在被区域中流行的"本民族服饰"所同化，而少数民族群众心目中所一致认同的"本民族服饰"的正宗，实际上就是在传播媒介中出现频次最多的那种。发现这种现象是在1999年，当时那个村寨还不存在什么旅游业开发的问题。后来又通过近5年的观察，发现风靡各地的民族歌舞表演节目对这一现象也同样起到了推波助澜的作用。例如有一些村中的青年曾经被招聘到城市或者旅游区里的一些表演场演出本民族的歌舞节目，编排好的节目当然不会是原生的，而就连服装也是原来表演场准备

---

[1]　林耀华主编，《民族学通论》（修订本），中央民族大学出版社，1997年，第401～405页。

[2]　目前云南滇西南地区所确定的各行政村一般都是该区域内最早建立的民族、族群发源的祖寨，这样的村寨一般占地最广，旁系复杂，周围一般都有十几个发展出去的亲缘村寨，形成一个历史上就有密切来往、通婚传统的村社集团区。

好的。那种款式一则属于舞台表演装；二则往往只是这个民族中一个支系、一个局部区域的服饰样式。于是，通过传播媒介和民族歌舞表演场的信息反馈，这些青年认识到"本民族服饰"的正宗应该是一个什么样的。一旦他（她）们回到家乡，就会把这种认识带到本土。最近2年的调查中，这样的例子变得越来越多。

在研究视野中，这种现象正是不少民族旅游片区从未进行过专业和全面的民族学角度的旅游规划、旅游形象设计所导致的。如果一个少数民族地区有了一份可行的旅游形象设计方案，实际上就有了一个在具体执行时如何表现民族艺术的准则，这份准则如果是按照民族学调查和研究的成果来进行设计，那么就不会出现上述那种在各个表演场地内将民族服饰艺术单一化的错误。从这个角度来说，一个成功的少数民族地区旅游形象设计，是能够对保护民族文化遗产起到积极的作用。

二、民族自治地方的文化建设特性

我国的各少数民族居住地多数都实行民族区域自治制度，行政区划按照单一民族自治或多民族联合自治等，每个地区都有每个地区的具体情况，应该区别对待。正如吴必虎所说的，在为地区进行旅游形象的定位设计时，既要考虑"受众调查"，也要"考虑到上级政府对本地区的定位要求，要从国家或地方整体的地域分工和区域合作角度考虑调子的确定"[1]。

比如在滇西南地区，就我在1994~2005年之间的研究观察，其区域整体真正具有唯一性、垄断性的旅游资源点和形象定位应该是"山地原始民族活态博物馆"，所谓"原始"，特指其直到20世纪50年代还保存着完整的原始信仰和生产、生活文化体系，而这种体系化的影响至今还没有完全断代，是以一种活态方式传承着的。而这个理念上的"博物馆"中心区位，就是民族学研究中著名的围绕着"阿佤山中心区"[2]构成的一个辐射状态的民族文化区，其边缘地带呈现明显的文化交融性，而中心腹地的族群原始性完整。在为澜沧县做最初的旅游形象定位时，曾经首先考虑到这一点。但从民族自治县的建设基础考虑，澜沧是全国唯一的一个拉祜族自治县，根据《中共澜沧县委九届三次全委（扩大）会议工作报告》（2004．2．4）："澜沧是全国唯一的拉祜族自治县，是拉祜族人口聚居最多的"拉祜山乡"，用拉祜文化来定位以拉祜族文化为主、包容各民族文化特点在内的澜沧地域文化和民族文化，最具有代表性和说服力，最具有文化含量和文化品位，最具有打造的价值。"因此，在澜沧县城市建设中，首先应以"拉祜山乡"为其区域旅游形象的"行政核心定位"。在这个基础定位的指导思想下，我为县域形象表现设计了不同的功能分区，强调了在"城市主体综合文化功能区"建设中重点体现"拉祜文化"的视觉形象特点，"城市主体综合文化功能区"即包括：城市中心文化广场、城市主要出入交通路口景观区、政府行政办公区、城市公共交通主站区等。从这一点上来讲，各地政府对本地区最基本的形象定位是不能也不应被动摇的，因为作为民族自治的区域体制和整体资源优势，已经在过去

[1] 吴必虎著，《地方旅游开发与管理》，第62页。
[2] 习指今云南思茅市的西盟县大部分地区、澜沧县西北部与西南部、孟连县北部、沧源县南部以及缅甸佤邦东部的山区地带。

几十年中走过了一个原始积累期，形成了一定程度上的区域个性和历史传统。旅游业在这些地方，实际是作为一种文化产业的形象出现和发展的，那么从各区域自身的需要看，突出其行政主体民族和民族文化是十分必要的。

于是，将"原始民族活态博物馆"的形象定位，重新设计为县域的文化核心定位，其主要呈现方式由"显"转为"密"，不做大面积、大规模的铺陈，其形象设计主要应用于一些关键的符号识别设计、文化展出场所中，反而更突出了这一形象定位自身的优点。

三、民族、民俗社会文化的传统特性

传统文化是一种流变体，随着时代的变化发生着结构内部的调整或变迁。只不过，当现代传播媒介还没有在其中发生如此大的作用、民族之间的交往还没有像今天这样频繁、旅游节目还没有成为少数民族族群自我检视的参考时，民族传统文化的变迁是一个缓慢的、调节式的、以内省方式为主的价值重组。而在当代，这种传统的自足系统遭到了毁灭性的打击，传统文化的变迁和消失正在以快节奏的、变异式的、被动外借方式令传统价值崩盘。面对这样的现实，尹绍亭教授的观点是通过民族学、人类学、少数民族艺术研究的介入，提升少数民族原生态文化艺术的价值，利用旅游等区域文化产业的建设杠杆将这种变迁的速度降下来，逐渐恢复其传统的自我循环系统——即民族文化的"生态系统"，从而恢复民族文化的传统价值体系、重塑民族精神。

令人欣慰的是，目前在广大少数民族地区，传统的力量还没有完全地退出文化舞台。在澜沧县糯福地区考察民族艺术资源时，发现在南段、龙竹棚、芒糯、南波底等拉祜族村社中，甚至还维系着传统的"卡列卡些"村社权力体制遗迹。在这些村寨中，过去形式上的"头人""卓八"（即宗教头领、巫师，或作召八）和"波库"（神媒）的领导结构仍然存在，他们与村委领导小组共同构成全村的领导团体。村子里涉及到法律和基本生产资源分配等行政事务之外的事情，都归老人们来管理。也正因为这种新型的权力话语体制的保存，这些村寨的节祭、服饰、建筑、聚落、宗教艺术等传统文化艺术系统基本保存完好，是一个理想的民族传统文化生态保护区。

因此，少数民族地区的旅游形象设计是另一种方式的文化介入，符合现代图像学"看与被看"的原理，即首先通过改变外来者的视角设法纠正此前因为外来者视角所造成的"被看者"传统文化的剧烈变迁。这个介入首先需要建立的是对真实传统的尊重机制，在这个尊重机制里，提倡民族社会内部的自我更新。

四、民族、民间美术的视觉形式特性

形象设计的主体最终要落实到视觉性的表现上，在这一点上，少数民族地区比起其他地区可能存在更多需要做前期调查的内容，因为在少数民族地区，"民族性"特征总是被特别地强调出来，是区域"地方性研究"所必须认真对待的一个依据。相反的例证比如北京的旅游视觉形象，无论采用长城还是天坛作为造型符号，设计师只需解决准确传达其原始造型的突出特点，能够被一般大众所识别就可以了，不必特别强调其造型手法、配色是否一定符合北京的区域特质。实际上，由于北京地区族群的复

杂性，这种能全面概括的造型艺术模式确实也很难找到。但是，少数民族地区往往由一个民族或两三个地缘接近的民族组成族群团体，这个族群结构是区域文化建构的底质，如果不能取得充分的证据表明设计作品中的造型、构图、色彩搭配具有深厚的民族文化底蕴，设计方案也很难获得族群代言者们的认可。

在视觉识别符号系统的设计上，色彩的搭配设计多数时候比图形更重要。由于符号、标志设计的特性，许多图形不是简单地传达一个具有代表性的区域造型特点，就能满足全部视觉识别的需要的，还必须具有多向解释和联想的歧义性空间以及数字、文字、象征符号的因素。但在色彩关系的设计上，人们总是采取很严格的眼光，希望能够一眼就感受到区域、民族文化的特点。

因此，在进行设计之前，必须展开充分的民族、民间美术资源的调查和分析研究。这个工作分为两步，首先是对民族、民间视觉艺术材料的"广泛搜集"，尽最大可能地全面搜集资料，以覆盖面的"全"来保证资料序列的准确性；第二步就是根据对资料的分类整理来判断少数民族传统视觉形式的内在规律。例如，在澜沧县针对南北两地傣族有代表性的4座缅寺建筑装饰造型系统做了比较研究，总结了其中最普遍的造型惯例。如，屋顶的歇山式、壁画的位置、装饰图形的圆线组合等等，这些总结出来的要素，可以运用到傣族风格的视觉形象符号中。而在拉祜族的传统造型惯例中，出现最多的就是二方连续的平行排列，虽然很多民族的服饰艺术中也经常出现这样的图形安排，但只有拉祜族是将这种图形风格，普遍地运用到斜向开襟处、挎包处等，甚至在建筑装饰和宗教祭祀艺术中也多见这种方式，足以说明这种图形的代表性。

在澜沧还出现了这样的问题：由于拉祜族的"创世纪史诗"中传说人类是从葫芦里诞生的。所以不知道从什么时候开始，澜沧县开始在建设中大肆建造葫芦景观，县政府大院里的葫芦广场是一个最典型的例子。其后这种葫芦造型在其他地方越来越频繁出现。通过研究，拉祜族传统视觉形式体系中不存在任何使用葫芦造型的痕迹，而拉祜族传统文化中出现葫芦主题的也只有在《牡帕密帕》这部民族"创世纪史诗"中，说明"拉祜葫芦"只是一种理念中的符号，而不是一种视觉符号，不宜在视觉形象建设中大规模使用。

第三节　旅游形象设计中的视觉形象设计

几乎所有的游客对自己的旅游行为都简化为"到某地去看看"，刺激旅游消费的一个最主要的动机就是对某地风景或某目标的"眼见为实"，说明旅游形象的主体应当是一种以视觉性印象为主的综合形象感受。

视觉形象设计有一个整体性原则，尤其是在旅游形象生成的过程中，对旅游目的地的全部视觉形象将构成一个完整的认知、识别和审美评价的流程。吴必虎对这种旅游产品综合体验范畴的流程命名为"意境流"[1]，那么旅游视觉形象体系也不妨就

---

[1]　吴必虎著，《区域旅游规划原理》，第316页。

称之为"旅游视觉意境流"。我在实践中把旅游视觉形象的整体意境流归纳为"旅游景点形象"（景观为主）、"接待城市形象"（景观为主）、"旅游视觉识别符号系统"（主体标志与传播媒介为主）、"活体视觉形象系统"（服饰、演出形象等）、"记忆推广系统"（宣传媒介、纪念品、特色礼品等）五类应用项目，综合合并起来，主要是"景观""符号"和"形象美感"三项设计。

一、旅游形象中的整体景观设计

（一）景观的基本含义

景观不仅属于旅游业，而且是区域最重要的形象建设和无形资产。景观设计[Landscape Design]目前已经发展成为一个前景广阔、十分紧俏的专业，"从市政议会大厅到社区管理委员会，来自专业的景观设计师的专业建议都日益受到重视"[1]。北京大学景观设计学研究院的俞孔坚、李迪华在《景观设计：专业学科与教育》一书中，对景观设计学中的"景观"[Landscape]一词的定义是"指土地及土地上的空间和物体所构成的综合体。它是复杂的自然过程和人类活动在大地上的烙印"，并主张将作为多种功能载体的景观理解和表现为"风景""栖居地""生态系统""符号"四类概念的复合体[2]。从不同学科的角度，对景观的认识常有本质的不同，俞孔坚则在《景观的含义》一文中从四个层面揭示了景观的含义为"视觉审美的对象""物我一体、生活其中的栖息地""科学客观解读的系统对象""人类历史、理想、人与自然、人与人关系的符号"[3]。概括地说，即景观的艺术性、场所性、科学性和符号性。同济大学建筑城规学院的刘滨谊从国际景观规划设计理论与实践发展的角度总结了景观规划设计所蕴涵的三个不同的层面：基于视觉的感受层面——狭义的景观设计；环境与生态、资源层面——大地景观规划；人类行为及与之有关的文化历史与艺术层面——行为精神景观规划设计，并以此理论基础引出景观规划设计的"三元论"："景观环境形象""环境生态绿化""大众行为心理"[4]。刘滨谊"三元论"与俞孔坚的景观四层含义理论的基本结构是一致的，只是"三元论"更倾向于从实践经验的角度出发，合并了"物我一体"的栖居地场所性与符号性，笼统地归纳为大众行为心理。刘蔓在《景观艺术设计》一书中，从景观的应用功能角度阐述了景观设计对"人文思想"的体现、"城市环境"的功能优化与美化、"旅游景点"的规划和再创造、"环境保护"理想的延伸[5]。作为区域形象建设中的景观设计，应主要从景观的"艺术性""场所性""符号性"三个层面来考虑，从应用功能上来看，也正是旅游景点、城市环境和人文思想这三个焦点上所体现出来的。

---

[1] 《美国景观设计师协会关于景观设计专业的论述》，北京大学景观设计学研究院俞孔坚、李迪华主编《景观设计：专业学科与教育》，中国建筑工业出版社，2003年，第8页。

[2] 同上，第6页。

[3] 同上，第12页。

[4] 同上，第110~111页。

[5] 刘蔓著，《景观艺术设计》，西南师范大学出版社，2000年，第1~15页。

（二）旅游景点景观设计

旅游景点的景观常被视为是旅游产品的一个组成部分，因此也就常常被认为是旅游整体形象中最重要的一个项目。即使是一些著名的自然风景区、文物古迹，表面看来似乎不需要再对景观进行什么设计了，但在安排游览线路、旅游服务等景点功能区的规划时，景观设计仍然是一项必须认真对待的工作。因为一些管理单位擅自做主增加景点建设，破坏了景点景观质量的报道，到目前还是不绝于耳。

刘蔓在《景观艺术设计》一书中，还专门讨论了旅游景点中的景观设计，她认为景观设计有"点缀美化景点""建立游客集结观景场所""深化和升华景点主题""丰富旅游内容和增加文化色彩"等功能[1]。显然，俞孔坚的景观四层含义理论在这里仍然有所体现，"点缀美化景点"即视觉感受的艺术性表现；"建立游客集结观景场所"即栖息地的场所性表现；"深化和升华景点主题"即符号性的表现。中国古代一直传承着丰富的旅游景观设计文化，例如，名山登山游览路线中的亭、台、楼、阁，正是旅游景点游憩意境流设计中的"休止点"和"点题升华点"设计，认为增加了景点中的审美要素，同时为游客设计了游览时的游憩节奏。中国的传统山地游览中的亭、台、楼、阁正与西方景观生态学中的空间结构原理相合，李蕾蕾首次在研究中将这个景观生态学的原理应用于旅游规划的理论中[2]，将版块[patch]比喻为旅游区中的点和具有主题意味的块面；将廊道[corridor]（也译作廊道）比喻为连接点与点之间的路线；将基质[matrix]比喻为承载点的背景，由此构成旅游景观空间的网络结构。吴必虎在研究中提出也可以把景观生态学后期增加的缘[edge]的概念引进，用来概括旅游区中与廊道性质不同的过渡带、保护地带等带状区域。[3]

如果把这个景观生态学的空间原理再进行一个程度的展开，就会发现，围绕或连结旅游景点的接待城市和周边的非典型游览区，也是基质的一部分，或者说是基质外延的拓展，与旅游景点的景观一同构成旅游形象区的整体景观结构。

（三）旅游区整体景观设计

旅游形象概念中的整体景观并不全是被实际消费的对象，而且从理论上讲，应当更支持一些潜在的、不被直接消费的景观建设出现在旅游目的地的范围内。景点景观设计的目的，是为了改造环境以增强游客在旅游活动中对目的地的审美评价指数，标志性的景观设计实际也同一般意义的标志符号一样起到强化游客对目的地的识别和记忆作用。而景点之外的景观恰恰由于不是被直接消费的对象，如果也能够给予游客一种环境优美的享受，往往比景点景观更令人记忆犹新、难以忘怀。用区域旅游规划中的意境流原理来看待这个问题，不难发现，旅游行为本身是一个"流"态的整体，旅游形象的审美评价决不只是景点记忆的整合，还包括对目的地接待城市的自然环境、人文环境等综合因素的整合评价。因此，旅游形象的景观设计必须将区域景观作为一个整体来进行设计。

---

[1]　刘蔓著，《景观艺术设计》，西南师范大学出版社，2000年，第10~13页。

[2]　李蕾蕾著，《从景观生态学构建城市旅游开发与规划的操作模式》，载于《地理研究》，1995年第3期，第69~73页。

[3]　著，吴必虎《区域旅游规划原理》，第32页。

整体景观设计并不只是需要区域内的景观风格单一化，而是强调这个整体设计的观念。在一个旅游片区内，景观完全可以出现不同主题、不同形式、不同风格的亮点，甚至也允许出现一些与整体风格并不协调的单元，但其中联系的整体性或者说意境流的连接方式不能忽略。比如在澜沧县的城市建筑造型模式设计中，一个"拉祜文化广场"的设计单元，在这一组中要将拉祜族、傣族、佤族等代表区域内三大族系的景观因素融入到这一个设计区内，这是主题设计所必须的。比如，在广场一侧的休息场所内，既安排了傣族传统的笋塔和撒拉房，供傣族群众游憩时休息使用的小专题区，也在不远处安排了拉祜族大公房风格的休息场所，但在功能分区和出入路线上有明确的标示。这样的安排使得各个不同族系的群众在重大的节日前来参加集体性的表演活动中，有了自己的休息空间，能够通过建筑环境的设计直接体会到本族系被尊重的感觉。这种分区处理方法是从主题和内容的需要来设计的，也可以完全从形式角度出发，安排城市中各个不同形式的风格区，只要设计师对整体关系有一个合理、协调的节奏性掌握。更稳妥和普遍的做法是将区域景观设计为一种在形式上完全统一的面貌，这也是一种设计风格。例如崔唯在《当代欧洲色彩艺术设计》一书中，谈到的比利时港口城市布鲁日，就以营造了"其他欧洲大城市少有的浑然天成的朴实感及历史的积淀感"的砖红色构成城市建筑景观的主要基调[1]。这种形式上的统一就必然要求设计方案的精练，必须让游客在旅行结束以后，对该区域的视觉景观能够构成一种深刻的整体性的印象，这个印象的审美评价将直接影响到区域形象的美誉度。

旅游接待城市的景观设计还有一个重要的特点，就是要起到对旅游产品要素的浓缩、凝练和提示作用。例如，在景观街道上安排主题壁画、景观雕塑、造景、特色建筑小品等等。这些景观亮点主要是对区域旅游主题的提示，同时还可以超现实地总结旅游目的地的历史、地理优势资源背景。例如，云南思茅市在城市中心的路口建起一尊诸葛亮的雕塑，是根据此地区关于诸葛亮教会少数民族群众种茶的传说和当地各民族群众流行祭茶祖孔明的习俗制订的方案，就把城市背后的历史背景和民俗背景通过这样的设计方案昭示了出来，是对城市、区域文化形象的一种凝练化的提升。虽然这尊雕塑后来引起了各方面的争议，但是这个基本思路还是正确的，只是在雕塑设计上还可以再贴近一些区域造型艺术的方式，表现手法再含蓄一些会更好。思茅的实例也提醒我们，除了主题设计，表现形式的设计也是很重要的一个方面。景观表现形式是对区域形象总体定位的一种暗示性手段，用多区段重复出现的方式增强观者对区域形象的识别、记忆。而这种关乎形象记忆的设计，也就是对景观"符号性"的重点发挥。

（四）活体景观设计

活体景观是针对不动景观（自然景物、建筑等）而言的，它总体上隶属于活体视觉形象系统，而活体视觉形象系统也完全可以理解为就是活体景观。凡可以进行设计的、对旅游区整体形象能够起到影响和美化作用、活动型的形象部分，统称为活体视

---

[1]　崔唯著，《当代欧洲色彩艺术设计》，福建美术出版社，2004年，第13页。

觉形象系统。其包容广泛，最典型的内容有，旅游景点与旅游服务企业的员工服饰、活动型旅游服务设施、娱乐集会会场导示系统、接送车辆、临时购物市场等。

活体景观也是旅游景观形象设计中非常重要的一个项目，一般来讲，最能检验一个旅游目的地的形象塑造、建设水平。许多旅游景点给人印象不好的根源，往往不是因为旅游产品本身的问题，而是活体视觉形象的混乱不容易识别、媚俗、低级等等，有些临时购物市场盲目求洋气或脏乱不堪，总是给游客造成很差的印象。

二、旅游形象中的符号系统设计

符号系统设计很容易被理解为标识设计。

在吴必虎的研究中，视觉识别系统属于旅游形象塑造中的一个设计项目，最终以徽标设计体现。李蕾蕾也在研究中认为标识符号系统的设计原则应是"体现地方特色、简练、艺术性强、识别度高"。[1]吴必虎认为，1983年国家旅游局通知推行的中国旅游图形标志"马超龙雀"是一个失误，理由是作为一个文物图形，它过于生僻和专业，而且其图形设计也不能充分地体现出中国文化的精髓。[2]在旅游规划学者的视野里，所关注的往往是这样的主题选择问题。而作为视觉设计的工作者，所主要关注的是图形的形式感是否符合区域造型特质、色彩搭配是否与整体形象呼应等等形式上的问题。

符号系统设计最主要的用途就是为游客建立一个长久的、直观的视觉形象记忆体系，而这个体系将成为该区域未来发展中一个可利用的非常重要的无形资本。其一是对旅游业持续发展的支持，游客的审美评价将进入传播体系中，游客自身也会转换为传播工具，为区域知名度、美誉度提升品质；其二是更深一层次的作用，突破了旅游业的概念限制。区域形象记忆体系将不仅仅运用于区域的旅游服务窗口，还将在区域特色产品中进行连续性的标注和表现。张鸿雁在《城市形象与城市文化资本论》一书中，探讨了城市形象、地区形象与城市文化资本的运作、城市文化符号的资本意义以及城市形象视觉系统构建与城市文化资本开发及创新的一系列问题。[3]张鸿雁通过具体的方法讨论揭示了未来区域与城市建设的一个最重要的主题——构建本城市（区域）文化资本意义上的形象和区域文化，这个形象和形象符号背后的文化理念如同企业形象一样在全球的市场经济活动中发挥效用。[4]

从形象和文化资本的角度来理解旅游形象，理解为一个区域的旅游形象也就是这个区域整体形象的一种对外表现性的形象，是一种必须被推广的形象系统。旅游形象凭借旅游活动本身构成了这个推广行为的时空条件，并借助旅游意境的审美构成，而完成了形象的识别、记忆、审美感受三个过程，并通过旅游纪念品等巩固记忆系统的持续发挥。从此旅游形象逐渐转化为区域形象，并为本区域的特色产品、特色经济做了最完美的信息传播和推广。因此，将一个区域的旅游业看作是该区域集约型的广告业，是一种不用支付成本，反而可以获取利润的形象推广产业。

[1] 吴必虎著，《区域旅游规划原理》，第224页。
[2] 同上。
[3] 张鸿雁著，《城市形象与城市文化资本论》，东南大学出版社，2002年。
[4] 张鸿雁著，《城市形象与城市文化资本论》，第265页。

从这一层意义上来审视符号系统设计，"符号"不是简单的视觉标识所能概括的，应与俞孔坚景观含义理论中的符号性相同，其指的是一种对区域形象中的符号性的设计，是一种对可感知形象的特殊含义的设计。这种含义的设计将一般形象赋予了提升的力量，使观看、感受的人群受到形象信息的感染，获得旅行过程中的愉悦、忧伤、感悟、遐想……东美红在《视觉传达基础设计》一书中总结符号分为三种层次：概念性、形象性、象征性。[1]其中概念性的符号一般都是使用抽象的图形或文字符号来表示；形象性的符号一般都是使用具体形象来表述形象与形象之间的关系；象征性的符号多利用形象的比喻性暗示或启发观众的联想。在旅游形象符号系统的设计中，符号的三种层次有不同的使用：

（1）概念性符号

多用于旅游景点与旅游接待城市的导示服务系统，除与标准符号相符合以外，应设计一些区域特殊代表的简洁符号配合使用。

（2）形象性符号

通过具体形象的设计、表现来明确区域典型形象的特征。例如，在西双版纳街头排列的热带棕榈类植物，等于是在重复提示着该区域的热带特征，一些街心雕塑以大象、孔雀等区域特色动物为主题形象，与景观植物构成了一组形象链。形象性符号多用于景观形象设计和纪念品、工艺品。

（3）象征性符号

象征符号往往都拥有深厚的文化背景，可以浓缩区域文化的形象精华，其含义丰富。色彩的象征作用更为明显。象征性的符号主要用作标志、识别系统设计。

一些以该区域为故事背景的知名文艺作品，往往构成了区域的综合性形象符号，绘画、电影或摄影的视觉性最强，小说具有生动的意象性。这种符号超越了上述三种类型的范围，如云南的《五朵金花》、《孔雀公主》等。

三、旅游形象中的形象美感设计

形象美感附着于各种视觉形象的设计中，是形象审美评价最关键的一个根据。形象形式美感的设计，主要依靠设计师设计能力来把握图形、色彩之间的协调感，包括西蒙·贝尔在《景观的视觉设计要素》一书中所总结的图形基本要素部分的点、线、面、形体、空间；图形变量部分的数量（面积）、位置、方向、纹理、密度、色彩、光线、时间等；视觉成分组织的多样性、统一性、空间暗示、结构要素、布置等。[2]色彩主要从明度、纯度、色度的色彩三属性和心理感受的冷暖关系与图形的数量（面积）、位置、方向、形状等各项关系综合进行设计。

形象的主题性美感主要依据为区域传统视觉艺术和文化的特质，比如传统的自然景观与人文景观的基础素质，将作为旅游景观设计的主要再现目标。笔者在设计澜沧县的主题文化广场项目时，就主要依据了拉祜族拉祜纳与拉祜西两个支系所共同拥有

---

[1]　东美红著，《视觉传达基础设计》，岭南美术出版社，2000年，第12页。

[2]　王文彤译，[英] 西蒙·贝尔著，《景观的视觉设计要素》，中国建筑工业出版社，2004年，第8~9页。

的佛堂场所环境艺术特质，充分发挥了中轴、逐层抬升、中心位置居高、原始森林为
背景天际线等主要的传统风格，将其融入现代广场建筑的功能中，景观设计应主要展
现拉祜族传统建筑群结构的美感。

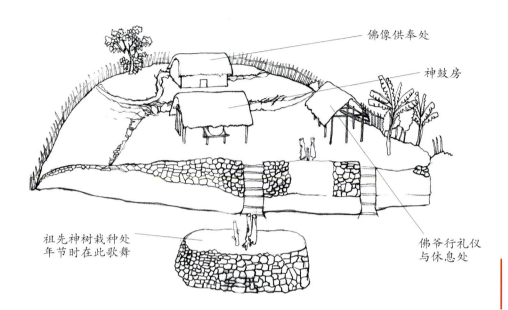

图1-3　澜沧县木戛乡班
　　　利大寨的佛房建
　　　筑群示意图

图1-4　澜沧县旅游景观形
　　　象设计作品——拉
　　　祜文化广场

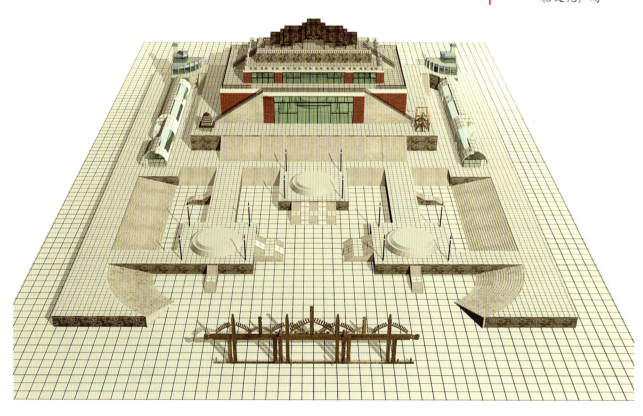

第二章 景观色彩设计方法与色彩学理论基础

色彩学研究与色彩艺术设计发展的历史与现状

色彩设计的基础理论与实践方法

从色彩地理学到色彩民俗地理研究

城市景观设计、旅游形象设计中的色彩设计

色彩学[Colour Theory]研究成果直接为色彩设计方法的实践探索提供了科学认知的理论基础。

色彩设计是将"颜色"——这一人类视觉信息感知工具，通过一定主观的创造、次序编排转化为一种超越自然结构序列的优质信息载体，并最终通过这个载体传达必要的色彩类信息，以取得相应的效益——直接的商业利润或者间接的文化诉求、环境信息评价等效应。

形成色彩设计行为的基础，是在大众对色彩环境的优劣评价已经取得的一定共识的基础上，而这种共识的积累就升华为色彩文化的"传统"或"习俗"，从而使色彩审美超越了原始直观的优劣评价本身，转型为集体的审美意识。在大众审美意识基础上的深层次色彩评价与色彩设计，就已不再是一般直观感受的经验总结和个性运用了，它使色彩审美判断进入了规则主导的历史阶段。

色彩设计师设计能力和创新能力的提高，都离不开其自身的色彩学修养和色彩学研究的支撑。色彩学的理论水平和创新研究，直接决定了设计中总体规划的思维度，表现在市场实践中的直接效应，就是设计工作效率的提高、设计产品质量的标准保证和创新性的发挥，而这些条件也正是使"色彩"本身也能够营造为一种独立的产业所必备的。

本章将整理、陈言人类对色彩的认知、运用、艺术化设计等问题的探索历程，描述当今色彩学研究所完成的理论模型体系和色彩设计实践的一些具体经验性成果，并简要介绍色彩民俗地理研究的提出、诞生、实践的过程和初步进行实践时一些重要的理论基础点。

第一节　色彩学研究与色彩艺术设计发展的历史与现状

造型与色彩是视觉形象感知的两个基本要素，色彩学与透视学、解剖学一度构成美术学的三个基础理论学科。然而早期的艺术家们普遍重视对造型手段的研究而轻视对色彩表现力的发掘，在相当长的视觉艺术历史进程中色彩一直被看做是令造型手法锦上添花的附属性技巧。

这种失衡关系的形成首先与人们认知色彩的难度有关。认知色彩要求对色彩光学物理规律的认识必须达到一定的水平，其次需要生理物理学、视觉生理学、心理学等方面研究的同步进展，表现色彩还需要有颜色材料化学知识做准备。尤其光学色彩的认知水平为色彩学研究设置了藩篱，直到1666年牛顿使用三棱镜发现了光色的七色光谱，人们才开始认识到色彩原来是一个光色整体结构的分离结果。色彩科学与艺术发展的历史实例证明，色彩学研究水平提高以后的色彩艺术表现力也随之得到了本质的推进。

色彩现象发生的完形结构应为：光源→对象→视觉→意识→色彩信息。色彩学研究按照这五要素的链接关系划分为光学物理学、颜色材料技术、视觉生理学、视觉心理学、色彩文化学五个最基本的研究方向。广义概念下的色彩设计包括一切视觉艺术应用中的色彩构思、规划、实施设计工作，它所涉及的应用范围应包括：绘画、手工艺、日用品装饰、服装、建筑、环境景观、标志、传播品、摄影、数字影像等各个艺术门类。在整理色彩学研究与色彩设计发展的历史概况时，我们遵循以上的结构划分方法搜集资料并分类整理，用发展阶段形态描述和年表两种形式来说明。

一、人类认知色彩和色彩艺术表现、色彩材料运用的历史阶段

人类对色彩科学认知和色彩艺术表现、运用色彩材料的重要发展阶段为：

（一）原始材料技术掌握与粗率运用阶段

这一阶段一般处于人类社会发展历史中的原始社会时期，人类的生产技术水平比较低下，只是初步掌握了几种色彩材料的简单使用方法。在装饰色彩的使用中也只掌握了很少种类的色彩材料，赋色主要是为区别装饰图形使用。在晚期的器皿设计中，由于长期的积累也形成了一定程度的审美观念模式。最早掌握的颜料是铁红色、赭红色、黄色，其次掌握了黑色、白色和青色。

约公元前20000年至前10000年间的欧洲旧石器时期，居住于西班牙拉斯科、法国阿尔塔米拉洞窟的原始先民，开始普遍使用矿物、动物材料为颜料绘制岩画的技术。这些岩画一般使用赭石矿石研磨出的红、黄、棕三种颜色来描绘，以木炭为黑色，以动物脂肪、血液为调和胶[1]。而不同质地的岩石成为人与自然最初合作时的底色材料。说明这一阶段，人类还没有形成明确的运用色彩的审美观念，却可能逐渐产生了一些感受色彩的审美观。

在距今约为11000年至18000年的中国北京地区山顶洞人遗址中，出现了具有明确装饰作用的染色文化迹象，主要染料为赤铁矿粉。[2]中国新石器时期（公元前6000年~前2000年）的一千余处遗址中都出现了彩陶，分布几乎遍于全国。距今6000年至7000年的浙江余姚河姆渡遗址第三文化层中，曾发掘到一件木碗，外壁残留着一点朱红色涂料。经科学鉴定，涂料物质性能与汉代漆器的漆皮相似。可以认定此时以朱红为涂料的漆器雏形已经形成。

这一阶段的色彩审美观念形态很微妙，只是基本区分图与底、此图与彼图的基础材料，少数形成了一种超越普通材料的装饰性法则。至于究竟存在着多少装饰性审美愉悦的心理成分在内？所有结论都只是猜测。可靠的结论只是"人类已经在使用超越自然分配意义上的色彩材料了"，从全球各地的遗迹出土状况看，似乎大家普遍对红色和黑色发生了与众不同的情感，几乎所有原始文化和民族学学者都认为，应与血液的色彩有着直接的关系。因此，在这一阶段中是否产生色彩的审美观念，还缺少明确

[1] 李尧译，[英]温迪·贝克特嬷嬷著，[Sister Wendy Beckett]《绘画的故事》[The Story Of Painting]，生活·读书·新知三联书店，1999.6，第10~11页。

[2] 山顶洞人的装饰品丰富多彩，有穿孔的兽牙、小砾石、鱼的眶上骨、短的骨管和去除横突和棘突的鱼类脊椎骨等，牙齿和砾石的孔是从两面对钻或挖而成，孔的周围多带红色，可能是用红色的条带串连所致。人骨的周围也散布着许多赤铁矿粉，经研究是埋葬死人的标志。根据维基百科网/自由的百科全书/中国史前文化/考古学：http://zh.wikipedia.org/wiki/%E5%B1%B1%E9%A1%B6%E6%B4%9E%E4%BA%BA

的证据，但色彩作为一种图像识别性的视觉语言，肯定已经被熟练地掌握和运用了。

（二）概念色彩的表现阶段

这一阶段人类对色彩材料的应用技术有了很大的进步，材料技术进一步细化，能够运用更多的色相来制作工艺品或进行粗浅的绘画。在绘画里，人们已经懂得在勾线以后填涂适当的色彩来描绘写实的形象，但还没有明确的光影手法。色彩表现时只有对相应自然色彩基本色相概念的确定，而没有准确的色相把握。

概念色彩表现阶段也划分为各个不同层级，初级阶段这种色彩的概念首先被应用于装饰行为之中，表示人们对色彩审美功能有所认识，初期就已经普遍应用超越自然材料的色彩来装饰自己的生活。例如公元前5000年至前1000年之间古埃及、爱琴海地区的居民已经开始在建筑中使用纯度较高的装饰性色彩，是历史上最早的有明确装饰意识的景观色彩规划设计行为。

中级阶段是少数经济、文化发达的地区率先发展起用色彩进行写实表现的绘画。如，公元前2600年前后时的古埃及人已经学会在表现男、女肤色做基本色相的区别时，由于男子经常在户外劳动晒太阳而普遍使用棕红色描绘肤色，女子则使用黄色。这种用色在以后形成一种规范程式，但它首先是作画者对自然现象的观察结果，并能够用颜色材料的明度变化再现、模拟现实的表现。

高级阶段首先表现在色彩应用技术的手工专业化，在中国兰州的新石器时代文化遗址中，出土了公元前2350年前后的陶质调色盘，盘中还有遗留的紫红色颜料[1]。稍早的公元前2500年前后，古埃及陵墓壁画中的鸟、兽等动物身上已经开始运用灰度适当的色彩了。这说明人类已经对色彩的纯度变化有所认识和适当地使用了，至公元前1500年时，这种对纯度变化的掌握也在爱琴海地区的弥诺斯文明遗址中出现。

（三）色彩社会文化符号民俗性形成阶段

公元前11世纪以后，中国人逐渐形成了五行、五方、五色相匹配的数术学说，色彩成为划分地理方位和族群的形象符号。而黑、白、青、赤、黄五色本身也确实是对光学三原色和黑、白两无彩色极端的正确概括，也说明此时人类对于色彩全光谱的结构有了基本的认识。《夏书·禹贡》中已有土之五色说法："厥贡惟土五色，羽畎夏翟，峄阳孤桐，泗滨浮磬，淮夷蠙珠暨鱼。"而在《仪礼·觐礼第十》中记载当时的诸侯觐于天子礼仪时，与中央点相对应的黄色又分为两色："方明者，木也。方四尺，设六色：东方青；南方赤；西方白；北方黑；上玄下黄。"玄色按后来的《说文解字》，即黑中有红之色，实为中国古代的深紫色。

根据对中国古代少数民族色彩文化的研究，远古时期氐羌民族的先民曾逐渐分化为黑、白两大族系，与原始的色彩材料基础有一定的关系。如白色部落多为牧养白马、白羊，黑色部落可能是豢养牦牛的主要牧人群体。因此色彩早期也是被作为一种色彩图腾象征手段来使用的，至春秋之时，华夏五方各族群已轮流在中原角逐，民族融合和交流决定了族群视觉符号的建立需求，因此五色与五方的匹配应是一种族群与地理划分的工具。尔后演变成为色彩地理学中的文化符号和阴阳哲学中的审美符号。

---

[1] 吴诗池著，《中国原始艺术》，紫禁城出版社，1996年，第110页。

公元前1000年至前612年，两河流域亚述时期的祭祀建筑设计中出现了用红、白、蓝、褐、黑、银白、金黄的色彩次序作为祭坛建筑的等级划分，表示色彩作为一种划分事物层级的抽象符号已经产生。

到这一阶段，色彩的视觉识别性功能得到了比较充分的发挥，并且产生了超越一般视觉的形式审美，发展为文化符号审美和意象审美文化层次。这一阶段各个主要文明区域都在色彩基础符号、色彩材料技术上逐渐形成了自成体系的色彩符号系统，为区域色彩传统奠定了重要的基础。

（四）科学认知光与色的初级阶段

古希腊哲学家苏格拉底[Socrates约前470~前399]在同当时的艺术家们讨论艺术时曾说："绘画是对所见之物的描绘……（画家）借助颜色模仿凹陷与凸起、阴影与光亮、坚硬与柔软、平与不平，准确地把它们再现出来。"[1]从中我们能够看出当时的画家已经观察到了光与色的关系、掌握了光与影的画法。公元前350年前后，在古希腊出土的一幅陵墓壁画中，已经可以清晰地看到画家在起稿的时候对人物身体、服装衣褶的光影效果表现。[2]嗣后罗马人完全继承了希腊的艺术传统，在古罗马的许多壁画中画家显然已经发现了不同背光环境下的色彩变化并运用在他们的作品中。

但从能够代表这一时期画风的有限的画迹来看，阴影法在古希腊、古罗马时期还没有达到立体逼真的水平，而且看上去的视觉效果很可能是从浮雕作品中吸收的光影灵感。一些文献对公元前4世纪的雅典画家尼基亚斯[Nikias]创作的描述时说：他的阴影法使人物有从背景中突出来的效果。

他（尼基亚斯）反复不断地在光暗方面加工，并且特别精心地使他的形象浮雕般地从背景上突现出来。[3]

在公元前2~1世纪的罗马绘画里，已经出现了圆雕式的光影描绘，尤其是人物出现了投影，但光源是不统一的，透视法也没有发现唯一的消失焦点。同时，人物的肌体及服装衣褶的立体表现上仍离完美成熟尚远，多数还是停留在凹凸起伏的塑造上。西方画家对更为科学、高妙的立体技巧是在15世纪的文艺复兴盛期才有了系统的发明和总结——掌握了焦点透视法和统一光源法。

对于人类来讲，这是一个非常重要的进步，人类发现了现实世界色彩的明度变化来自于光线的受、背、侧照射角度的变化，并感受到了色彩对于空间塑造的意义。但也因为这种观察的发展，色彩的独立审美价值在绘画中一度被暂时放在了次要的位置上。

在公元前468年至376年的中国，墨子也开始研究光与影子的规律，从墨子开始产生了明确反对以五色附会五行、五方数术迷信说法的思想。在《墨子·卷十二·贵义第四十七》中记载着墨子批判滥用五色比附的事：

子墨子北之齐，遇日者。日者曰："帝以今日杀黑龙于北方，而先生之色黑，不可以北。"子墨子不听，遂北，至淄水，不遂而反焉。日者曰："我谓先生不可以

---

[1] 杨身源、张弘昕编，《西方画论辑要》，江苏美术出版社，1990年，第21页。

[2] 李尧译，[英]温迪·贝克特嬷嬷著，[Sister Wendy Beckett]《绘画的故事》[The Story Of Painting]，生活·读书·新知三联书店，1999年，第19页。

[3] 杨身源、张弘昕编，《西方画论辑要》，第35页。

北 。"子墨子曰："南之人不得北，北之人不得南，其色有黑者有白者，何故皆不遂也？且帝以甲乙杀青龙于东方，以丙丁杀赤龙于南方，以庚辛杀白龙于西方，以壬癸杀黑龙于北方，若用子之言，则是禁天下之行者也。是围心而虚天下也，子之言不可用也。"

（五）色彩本体审美规律的探索阶段

所谓色彩的本体审美就是视觉感受的美感评价与接受，要使色彩的视觉感受得到比较好的美感评价，就必须进行有意识的色彩设计。因此，这一阶段也可以被看作是色彩设计的产生阶段。

许慎在《说文解字》里记载了已为汉代时人所熟知的39种色彩名，说明当时染色和绘画可以使用的颜料已经很丰富，对色相丰富程度的拓展是进行色彩设计的必要条件。我国的正史史书编撰从《后汉书》开始专门开设了"舆服志"作为"礼仪志"的补充，开始对当时规定的不同级别、时间、应用场合的车舆装饰、冠带、绶带、佩饰、服装等色彩规范设计做详细的记录。这些设计由于集中了当时最好的材料和染色工艺，因此可以推断色彩搭配的美感也能够达到一定的水平。如《后汉书·志第三十·舆服下》所记：

公主、贵人、妃以上，嫁娶得服锦绮罗縠缯，采十二色，重缘袍。特进、列侯以上锦缯，采十二色。六百石以上重练，采九色，禁丹紫绀。三百石以上五色采，青绛黄红绿。二百石以上四采，青黄红绿。贾人，缃缥而已。

从中已不难想象色彩斑斓的视觉效果。由于许多应用主要还是为了区分身份、地位所设计的，因此色彩审美的独立性还嫌不足。

在公元400年~公元1400年中世纪的欧洲，拜占庭艺术以小块彩色玻璃和石子镶嵌而成的建筑装饰绘画是当时基督教教堂装饰的主要形式。这种建筑装饰绘画不再强调对物体体积感的描绘，而是努力追求平面化的装饰效果、追求色彩的独立审美，其普遍的成功经验是将色彩的明度对比与整体纯度值提高，加上与琐碎的线条分割构图，镶嵌画创造了一种无与伦比的华丽、浪漫的色彩设计风格。中世纪的末期公元1100年~公元1400年期间，受这种传统镶嵌画色彩设计风格的影响，哥特式绘画艺术的色彩表现极其强烈。画家在镶嵌画的色彩运用中找到了使色彩对比强烈并和谐的规律，通常采用深暗而强烈的色彩。如，蓝色为背景，以墨绿、金黄为主色调，以紫罗兰等色为补色，以褐色和桃红色来表现人体。

中国古代的卷本绘画虽然并不善于运用丰富的色彩材料，但在画面的色彩设计上也逐渐积累了一些重要的经验，最典型的是重视墨色的使用。早在魏晋南北朝时期，东晋画家顾恺之[约346~407]在《论画》一文中曾记叙过当时绘画设色技法的程序："竹、木、土，可令墨色轻而松竹叶浓也。凡胶清于彩色，不可进素之上下也……"已经提出了墨色与浓厚色彩之间的分离运用经验。唐朝美术理论家张彦远在他所著述的《历代名画记》中，曾谈及运用墨色的重要性问题："山不待空青而翠，凤不待五色而綷，是故运墨而五色具，谓之得意。意在五色，则物象乖矣。"表示他主张重用墨色，慎重使用浓丽色彩的观点。宋以后，中国画设色的重墨、轻色观点非常流行，画面色彩设计趋向清淡，形成了中国画色彩设计的典型风格。古代山水画艺术经验对中国古代园林设计产生了很大的影响，明朝的园林设计家计成在其著作《园治》中提倡"巧于因借、精在体宜"的原则，其园林建筑色彩规划多用简单的粉刷白色，"鄙于巧绘"，彩色多借用材料的原始色彩，构成了明代江南园林与水墨山水画意味相近的视觉效果。

1715年至1774年，法国路易十五[Louis XV 1710~1774]时期，受到中国瓷器色彩的影响，以法国为中心整个欧洲开始流行色调轻柔、雅致的洛可可[Rococo]艺术风格，这种风格后来还衍生于建筑、室内装饰、绘画、手工艺、音乐诸门类，其视觉艺术以色彩的精微细致、金镶、贝饰等修饰精妙而著称。

（六）科学认识光色原理与色彩调和原理阶段

中、外科学家很早就对光与色的规律产生了兴趣，这种探索到17世纪前后有了触及本质的发现。明、清物理学家方以智的自然科学著作《物理小识》于1664年刊行。受西方自然科学知识影响很深，他在该书中记述了自己所研究涉及的力、光、声、热、磁等各个科学学科分支的内容，其中记录着他用棱宝石、三棱水晶把光分成五色的试验，并指出这与五色彩虹同理。

几乎同时，西方的色彩科学有了突破性进展。1666年，英国数学家、科学家、哲学家牛顿以棱镜实验系统地揭示了光色的本质形态。随后，卢·布隆、乔治·帕勒墨[George Palmer]等物理学家陆续发表色彩减法混合三原色的发现和色彩色觉三原色等色彩分类的研究成果。这些物理科学的科研成果对人类认识色彩的本质起到了最关键的作用，从此，人类对光学色彩学的认识进入了最重要的一个历史阶段。

19世纪初，德国的文豪、哲学家、科学家约翰·沃尔夫冈·冯·歌德[Johann Wolfgang Von Go-ethe 1749~1832]发表了《色彩论》，全书共分为三部分。第一部分是对色彩论的阐述；第二部分是对牛顿的宇宙机械观理论提出批判；第三部分是色彩论的沿革。可见牛顿的色彩学试验对后来整个西方学界的影响，这种影响也自然波及到了美术界。几乎同时，德国画家菲力普·奥托·龙格[Philippe Otto Runge 1717~1810]，发表了用球体色标表示的色彩系统，这是最早的色彩立体系统研究，表明画家也在参与着光色自然规律的研究。1839年，法国的化学家迈克尔·尤金·雪弗里奥 [Michel Eugene Chevreul 1786~1889]（另译为米咖勒·尤金·谢弗鲁尔），发表《色彩调和与对比的法则及其在艺术中的应用：绘画、室内装饰、马赛克、挂毯与壁毯编织、棉布印花、女性服装、纸品印刷等》[De la loi du contraste simultané des couleurs et de l'assortiment des objets colorés considéré d'après cette loi dans ses rapports avec la peinture, etc.]，[1]他在著作中深刻揭示了色彩的"同时对比法则"。他的色彩调和、对比观点对后来的印象派画家产生很大的影响。事情的起因是雪弗里奥在担任法国葛布兰染织研究所所长时，接手了一批壁毯的定单，客户要求在红、紫、蓝三种颜色底子上编织同样的黑色图案。结果在制作完成以后，各色底子上的黑色各有不同的色彩倾向：红底色上显出一种绿味；紫底色上显出了黄味；蓝底色上有一种橘黄味。而当雪弗里奥将

[1]　CHEVREUL, Michel Eugène [1786~1889]. 1839. De la loi du contraste simultané des couleurs et de l'assortiment des objets colorés considéréd'après cette loi dans ses rapports avec la peinture, etc. French （Paris, France: Pitois-Levrault）.

三块壁毯上的黑线取下来放在白纸上看，则都是同一种黑色。于是雪弗里奥开始认真地研究产生这个现象的原理，最终得出了色彩同时对比的法则。[1]

法国浪漫主义画家欧仁·德拉克罗瓦[Eugène Delacroix 1798~1863]首先发现了色彩的补色现象对于色彩对比的重要性，并运用于创作中取得了意外的效果。德拉克罗瓦的色彩经验更直接地被印象派画家们所借鉴。英国画家透纳首先用色彩冷暖的关系去发现、表现自然中的光色和大气的效果。

（七）色彩艺术表现的自由突破阶段

19世纪末，德国生理、心理学家赫林[E.Hering 1834~1918]，发表了心理四原色理论，提出"对立色"的理论模型。美国物理学家路德[O.Rood]编著的《现代色素》一书，对印象派之后画家的色彩表现产生了重要的影响。

这一阶段，印象派画家开始观察和表现光与色彩的瞬间微妙变化，将外光的复杂光影效果作为创作最主要的兴趣点。一些印象派画家到晚年成为色彩表现的艺术大师，如莫奈、雷诺阿、毕莎罗等，而后期印象派或称印象派之后的重要画家，高更、凡·高、塞尚都是在色彩表现上全力追求脱离传统模式限制，写生逻辑限制，光影要素限制的自由色彩艺术表现的巨匠，他们的作品成为人类绘画史上最引人注目的闪光点。其中，色彩的作用至关重要。

在这一阶段的绘画艺术中，人类对色彩美的全部渴望由一些很具天赋的艺术家发挥到了顶点。同时，色彩彻底放掉了历史上一直背负的重重包袱，不再为了说明物体、不再为了表示明暗、不再为了照顾角色的身份……在新型色彩艺术中，即使仍然是写实性比较强的绘画，也完全可以超脱具体形象的束缚，自由发挥出色彩关系的美感、自由设计自己画面的色调。这个过程至今整整经过了100年，艺术家用自己的探索验证了人类对于色彩审美的世界的发现还拥有更为广阔的空间。

（八）色彩标准体系建立与市场应用阶段

20世纪初，画家、美术教育家艾伯特·亨利·蒙塞尔[Albert Henry Munsell 1858~1918]，发表了即蒙塞尔色彩表色体系，随后有奥斯特瓦尔德[Ostwald 1853~1952]色彩体系、NCS等色序系统被全世界各地的色彩学家所研究、开发出来。

色彩表色体系的诞生标志着人类对色彩的认识进入了全面和系统化、理性化的历史阶段，人类已经可以通过科学方法、技术手段将全光谱中所包含的大多数眼睛所能感知的色彩复制出来，其色相再现的技术标准越来越精微。在这一阶段，由于色彩产品具有了全球通用的可参照系统，使色彩产品成为全球化统一产业成为可能。人类对色彩的描述也由于过去的感性阶段进入现代的理性、严格、精确阶段。色彩设计的成果也不再是一个可变系统，在发展后期，无论建筑材料、服装染色、彩色纸张印染、颜料制作、印刷等各类色彩工艺，都可以通过色彩表示体系的控制做到几乎不存在色偏的误差。

（九）色彩学研究与社会实践的数字色彩语言整合阶段

随着数字科技的进步与发展，20世纪80年代以后至今，是人类的数字色貌模型研

---

[1] 吴士元著，《色彩构成》，黑龙江美术出版社，1995年，第13页。

究阶段。[1]数字色彩技术的推广和应用，又再次促进了色彩设计、色彩艺术表现的发展，数字色彩设计比传统色彩设计具有更可靠的色值稳定性、行业统一性，极大地提高了色彩产业循环中的运行效率。

色彩学研究是人类对色彩认知的知识总汇。历史证明所有色彩学研究的重要成果都在艺术领域的色彩创作和设计中立刻发挥出重要作用。色彩学研究首先是关于光、色的物理科学研究，其次是关于人类视觉规律的生理学与心理学研究，再次是关于色彩材料应用的光学、化学与数字科技研究。在以上三类学科研究的深度发展下，形成了色彩学领域三百多年来积累的特殊的学科研究基础，构成了当代色彩学与色彩设计实践研究的高层框架。从历史回顾的情况看，艺术家和设计家总是能从色彩科学的研究成果中获益，并通过这种思想与眼界的解放取得一步一步革命性的创造。从人类驾驭色彩艺术能力的发展历程可以很清晰地看出这个规律：认知局限行为——人类对物质材料的认知水平直接决定了行为能力的范围，在这个范围里，个人的主观能动力——艺术家的创造性发挥是绝对受到约束的。因此，开拓视野的界限，是当代艺术家、设计家所必须一同努力的方向。

二、人类色彩学研究与色彩艺术发展规律述要（人类色彩学研究与色彩艺术史大事年表见附录1）

通过上述对人类认知色彩和运用色彩材料的几个重要发展阶段的总结，观瞻人类色彩学研究与色彩艺术发展史，发现色彩设计的几个重要要素是这样发展起来的：

（一）色彩的视觉识别性

在色彩发展史的第一阶段，人类显然在还没有掌握色彩的写实性描绘之前，就先学会用它来区分不同的图形了，与其相类似的是低龄幼童对绘画材料的掌握发展规律也是这样，他们在描绘一个事物群时，开始并不在意色彩的直观概念对应问题，而是彼此之间的区分问题。儿童在涂绘的过程中往往表现出很兴奋的情绪，其实是在色块生成的过程中感受到了图与底的区分越来越清晰的原因。

色彩的识别效率明显高于图形。一幅色彩对比弱的画面，我们很难一下子识别出画面的构图规律。因此，原始先民在使用了红色的颜料之后，不会马上想到去开发另一种红色颜料，而是迅速去找一种黑色的或蓝色的——与红色对比强烈的颜料。所以说，在这一历史阶段内的各个色相，主要是为了区别彼此，而不是为了再现某事物的色彩关系。从原始绘画与儿童绘画的规律对应情况来分析，人类的色彩视觉识别性功能优先得到了发展。这种视觉识别性正是色彩设计的第一项主要任务。

（二）色彩的概念性分配

所谓概念色彩，即指物象色彩的基本认识，只能表现出色相基本类属的色彩能力。在人类色彩发展史的第二发展阶段中，人类开始学会将写实的色彩分配给所描绘的各个对象了，只是在赋色时，这种色相远不够精确。

概念色彩也是人们认识物象色彩的一个很主要的方式。初期与人们运用色彩的

---

[1]　以上资料主要引自廖宁放著，《数字颜色技术基础》，北京理工大学信息科学技术学院颜色科学与国家重点学科专业实验室，作者根据阐述需要有改动调整。

材料水平、视觉经验有关，后期的一些概念色彩文化也与日常使用的性质有关。例如我们经常听到人们说"脸红了""叶子黄了""皮肤被晒黑了"……这些句子里的色彩只代表着一种结果，这个结果可以用色彩概念来概括而已，所以不需要确定什么色彩的具体色相。概念色彩也是色彩设计实践中必须掌握的一个设计类项。作者认为，在现代色彩设计的过程中恰恰可以发挥概念色彩的这种色相模糊性，将所设计的色彩色相不确定为具体色相值，而是指定其色相调整范围，即确定概念色彩中的一个色相群。例如中国红，人们对它只存在一个基本的鼓红、大红或宫墙深红等庞大的概念群，[1]在实际设计时，完全可以根据需要建立一个可调节的色相群，提供给未来的具体设计项目来实施。

（三）色彩的社会符号性

一部分概念色彩后来就形成了色彩的社会符号，但大多数色彩符号是由区域色彩文化的历史习惯来确定的。在全世界各国古代，几乎都产生过这种重要的色彩符号，人们用色彩来区分方位、族群体系、占卜吉凶、阶级等级、身份地位、告知标志等。

色彩的社会符号性是建立在以上两个要素基础上的复合性要素，即视觉识别性为前提，概念分配为文化基础，社会集体意识的凝聚为最终表现。色彩符号未必与色彩的视觉美感有直接关系，但与社会审美意识有着必然的联系。例如黄色在中国古代一旦形成了中央的方位关系，则就构成了以黄为尊荣的审美观念基础，随后形成了明黄服色的禁忌符号。又如南下的尚黑氏羌族系各民族，都是早期豢养牦牛的"牦牛羌"后裔，由于早期大量使用牦牛毛制作的黑色物品，所以对传统色彩习惯形成了一种依恋式的审美风尚，再加上材料的便利，黑色就成为羌氏族系各民族的符号色。这些集体意识中所普遍认同的区域、民族色彩符号，是色彩设计最重要的原始素材。

（四）色彩美感的自由形式和本体规律

在人类还没有认识到色彩的本体审美、色彩自身的美感之前，人们只在上述三种色彩设计要素的基础上开发色彩的审美意义的。比如，写实地描绘一组色彩鲜艳的花篮，人们所欣赏的色彩美并不是画家色彩意象的美感，而是花的色彩美感，是概念色彩的美感关系。在人类还没有认识到色彩自身的结构、色相环的规律之前，人们只在上述三种色彩设计要素的基础上开发色彩的序列结构关系。比如人物群组之中的服色关系，在古代中国和欧洲表现宗教场面的绘画作品中，这种关系非常重要。

色彩的冷暖关系和补色关系被感知、发现，并用色相环的色彩结构关系所解释之后，人类进入了色彩表现的全新境界。那么，什么是色彩的本体规律和美感？我们的教学系统中有写生色彩和装饰色彩之分，那是色彩训练的递进过程，[2]并不是说写生色彩就不是色彩的本体美感表现，而装饰色彩就是。概括色彩本体美感的关键词是"色调"，准确地说是色彩的"调性"。当艺术家们在设计色调的时候充分考虑到了色彩的"调性"关系——色相关系、纯度关系、明度关系、冷暖关系的时候，色彩的审美感受就和色彩的本体结构产生了理性认知的关系，人们逐渐找到了色彩关系美感

[1] 宋文雯著，《中国红的魅力》，载于《美术观察》，2006年第2期，第15~16页。

[2] 李魁正主编，《时代与民族精神——中央民族大学美术学院李魁正教学新思维与创作研究论文集》，中央民族大学出版社，2005年，第90~96页。

表现的内在规律。这个要素的成熟经历了四个阶段，其后作品的色彩美不再是主题本身的色彩美，而是画面色调关系的形式美，两者是有本质区别的。

（五）色彩表现的标准

进入信息时代以后，数字图像技术的进步和广泛应用导致视觉艺术发生了有史以来的最大革新——无损复制与高效传播。

现代色彩设计与以往历史上任一时期的色彩设计最大的不同就是色彩复制数据的标准化，色彩复制有数据可依，保证了在全世界任一地点、任一媒材、任一时间段所呈现出的色彩面貌都是统一的、标准的。"标准"使色彩设计成为全球化的产业成为可能。

纵览色彩发展史中的五个要素，可以找到一个更具体的色彩设计的方法序列，即：识别、概念、符号、形式美、描述标准。这五个要素除描述标准以外，都是干扰人们对一组色彩关系做审美判断的要素。

三、当前色彩学研究与色彩设计基本方法探索的主要学派

进入20世纪60年代以后，色彩学研究成果开始在色彩设计实践市场上得到广泛的推广，色彩学的研究主要是针对如何在市场设计中应用，而不再是关注如何在绘画中发挥艺术家更好的色彩感觉。在这一阶段，最时尚的色彩学研究论题是如何使色彩成为知识产业的核心支柱？如何将色彩的运用国际标准化？以及如何让色彩成为信息传播中的主要要素并占有更多的市场……当然，这一切的基础应该首先在于是否能够设计出令人满意的色彩环境或色彩产品。

（一）国际流行色研究与预测、方案设计的基本方法

时尚色彩文化与流行色的研究实际也就是对区域色彩民俗的研究，国际流行色协会发布流行色定案的主要依据是专家的直觉判断，法、德两国的专家是西欧地区凭直觉预测流行色的主要代表，一直是国际流行色界的先驱。他们凭借着对欧洲产品市场和传统艺术的视觉经验，仅以个人的才华和创造力来设计能够代表国际潮流的色彩方案。在四十多年的发展历程里，经过不断的摸索、分析，流行色预测专家们总结出一套从科学的角度来进行预测分析的理论基点：

1. 时代性基点

某些色彩与色彩组合关系从视觉心理上符合了时代文化的典型性特征，抽象为代表大众认知心理、审美理想、生活情趣等视觉符号的联想线索，于是这些具有特殊感召力的色彩与色彩组合关系就会具有被普遍关注和流行的社会倾向。

2. 自然地理基点

在不同的季节、自然地理环境下，人们喜爱的颜色往往存在着显著的差异。

3. 民族传统基点

各个民族共同体、民族、族群由于政治、经济、文化、宗教信仰、生活习惯、艺术、教育等人文传统文化要素的构建历史中，逐渐积淀形成了独特的色彩文化。其中核心部分的色彩审美意识可以超越历史与地理条件的局限，甚至成为民族永久的标志性色彩。

4. 视觉心理基点

纯粹从形式需求角度进行预测研究的理论基点。色彩的视觉信息读取具有一定的时

间性，即人们反复受到一种或一类颜色的视觉刺激会感到视觉疲倦，从色彩心理学的角度来说，当一些与以往的颜色刺激类型有区别的色彩出现，更容易引起人们的注意。

5. 结构优选基点

流行色体系的年度之间并不存在天然的屏障，每年被大众所公认的主流流行色是流行色结构中的重要环节，不会因人为的总结或预测而停止流行价值。因此根据色彩心理的惯性规律，专家经常将前一年的关键流行色作为下一年流行色谱系的主要结构要素。[1]

国际流行色预测研究方法对于色彩学的研究具有非常重要的启示作用，构成当代最具权威性的色彩学研究理论基础。实际上，当代所最为流行的色彩学研究与应用学派如"色彩心理学""色彩民俗学""色彩地理学"等，在以上五项基点理论体系中都能够寻得到原始依据。

（二）NCS自然色彩系统语言的设计运用

"NCS"是"自然色彩系统"[Natural Colour System]的简称，最早由科学家 A.S. Forsius 在1611年发表的著作《自然》[Physica]中提出。其后由瑞典斯堪的纳维亚色彩研究所组织当时的色彩学、心理学、物理学以及建筑学等十几位专家，从1920年开始至1979年的几十年中合作研发，此后NCS系统成为瑞典的国家色彩语言系统标准，目前NCS是世界上享有盛名的色彩语言体系，已经成为国际通用的色彩语言标准。

NCS系统已经成为瑞典、挪威、西班牙等国的国家检验标准，它是欧洲使用最广泛的色彩系统，并正在被全球范围采用。NCS广泛应用于设计、研究、教育、建筑、工业、公司形象、软件和商贸等领域。NCS基于人对色彩的视觉感应，因而极易掌握和便于记忆NCS色彩编号系统[2]，使使用者可以不必借助其他语言，就能够准确描述颜色的色相值，进行自由的色彩语言交流。

NCS系统方法是最早的探索色彩属性结构、色彩描述、表示语言的色彩学体系理论与设计方法，早期由建筑设计师采用，后期的应用领域愈加广泛。NCS系统注重视觉直观对色彩的感受指标，每年均公布色差检验报告，是目前色差控制最严格的色卡。

---

[1] 以上内容参考"无味咖啡"《流行色》中的文章内容，作者对类项顺序和名称做了必要的修改，2004. 4. 4，六艺中文网：http://www.6art.net/2004/4-4/141534.shtml。

[2] NCS系统描述包括：六个基准色——白色（W）、黑色（S）、以及黄色（Y）、红色（R）、蓝色（B）、绿色（G）。这6个基准色是理想色，是人们头脑中固有的颜色感知特性，而且它们彼此之间没有相似性。NCS色彩编号系统描述的是我们所看到的颜色与这6个基准色的对应关系。NCS色彩空间——NCS色彩空间有如两个圆锥相扣，纵轴W-S表示非彩色，顶端是白色（W），底端是黑色（S），中部水平周长是纯彩色形成的色彩圆环。NCS色彩圆环——在NCS色彩空间的水平中间位置取水平断面，得到由不含黑色和白色纯彩色形成的NCS色彩圆环，它表示颜色的色相关系。NCS色彩三角——NCS色彩三角是经过NCS色彩空间的纵轴（W-S）和色彩圆环上纯彩色而形成的垂直剖面，它表示颜色的黑度、白度及彩度等关系。 NCS色彩编号——以NCS色彩编号S 2030-Y90R为例，2030表示黑度和彩度，也就是纯黑占20%，而纯彩色占30%，Y90R表示色相，也就是色相为90%红色和10%黄色。NCS色彩编号前的字母S表示NCS第2版，此外还代表标准色样[Standard]。

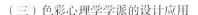

（三）色彩心理学学派的设计应用

20世纪初，美国著名的画家、美术教育家和美术理论家鲁道夫·阿恩海姆[Rudolf Arnheim1904~?]，在他的视觉心理学研究著作《艺术与视知觉—视觉形象心理学》中，将色彩学的心理研究纳入视觉、知觉心理研究的科学系统中，分别对"形状和色彩""对色彩的反应""冷暖""色彩的表现性""对色彩的喜好""对和谐的追求""色彩混合"等问题做了讨论。[1]

"色彩图像指标[Color Image Scale]"，也译作"色彩意象量表"，是日本著名的色彩学家小林重顺教授开创和提出的研究和色彩设计方法，他早年毕业于广岛科技大学后，进入早稻田研究所从事色彩心理学的研究工作，于1966年创办日本色彩与设计研究所后，成为色彩心理学领域中的专家。NCD运用色彩意象量表在色彩心理学方面的研究与应用，在日本为汽车、家庭用品、建筑业等超过三十家大型企业承担色彩咨询工作。同时色彩意象量表也被运用在许多色彩应用软件作为程序开发的基础。

（四）色彩民俗学研究的基本方法

2001年4月，白庚胜的《色彩与纳西族民俗》出版，这是我国第一部研究色彩民俗的专著。白庚胜研究色彩民俗的契机是1988年在日本大阪大学图书馆借阅了《原初的思考——白色的民俗》之后，这部日本色彩民俗著作的作者后来成为了他的博士导师——日本民俗学会会长宫田登，当时日本色彩民俗研究已经形成了比较成熟的学科研究氛围。[2]白庚胜的方法借鉴了导师宫田登和合作学者小林忠雄，根据白庚胜的介绍，他所搜集到的日本色彩民俗研究著作有吉田常雄的《日本的色》、长崎盛辉的《色·彩饰的日本史》、户井田道三的《色彩与光泽之日本文化》、杉下龙一郎的《色彩·历史·风土》、村上道三郎的《色彩所讲述的日本史》、大冈信编的《日本的色彩》、原三正的《黑齿研究》、大岛建彦编的《大黑信仰》、小林忠雄《色彩民俗》、"国立历史民俗博物馆研究报告第62集·共同研究"的《日本人色彩感觉之历史性研究》、杉本正年的《原色日本服饰史》等，[3]可见其传统色彩民俗研究的规模。

白庚胜的色彩民俗研究是立足于色彩民俗事象的调查基础上进行的，他首先从自己的本民族纳西族的民族民俗事象开始着手，包括对纳西族的色彩认知、命名词汇与色彩、文字与色彩、仪礼与色彩、服饰与色彩、建筑与色彩、占卜与色彩、空间与色彩、神鬼形象与色彩九个类项，来分析纳西族色彩民俗事象中所投射出来的色彩民俗观念，最终根据这些具体的分析总结纳西族色彩文化的特征、演变过程、功能、制约机制。其中关于色彩文化的功能分析最具有创新性价值，白庚胜提出了纳西族色彩文化的图腾、巫术、区别、审美四种功能的概念，对色彩民俗研究的结构框架搭建有很重要的启示作用。

---

[1]　滕守尧、朱疆源译，[美]鲁道夫·阿恩海姆著，《艺术与视知觉——视觉形象心理学》。

[2]　白庚胜著，《色彩与纳西族民俗》，第307~308页。

[3]　同上，第304~306页。

第二节　色彩设计的基础理论与实践方法

　　色彩设计的基础理论应包括色彩属性结构、色彩表示体系结构、色彩的视觉心理结构。色彩设计的实践方法应包括色彩对比法则、色彩调和法则、色彩彩色关系、色彩造型形式关系。

一、色彩的属性结构认识与色彩本体审美体验的关系

　　色彩的原始属性有三：

　　（一）色度[Hue:H]

　　即习惯所称的"色相"，是一种能够确切表示色彩色别的名称或数据，[1]在数字图像软件的调色板工具中，目前一般提供出256~380种明确的带有数字标号的色度值。

　　（二）明度[Value:V]

　　明度即表示颜色深浅量度的概念，也称作"亮度"。

　　（三）纯度[Chroma:C]

　　即平常所说的饱和度或彩度，表示颜色从彩色色性到无彩色色性的量度变量。

　　色彩的心理属性结构还包括色彩的冷暖关系，这是一组基于色彩感受而成立的色彩关系，相对的一组色，其中青色成分多的属于偏冷色，而红或黄的成分多一些的则为偏暖色，这种分辨主要是相互比较而言的，没有绝对的数据做标准。同等色彩数值的情况下，亮色比重色显得冷一些。

　　色彩本体审美表现需要对色彩原始属性有个全面的了解，因为色彩属性完整地描述了色彩的能量范围，帮助我们认识了色彩表现能力的空间。通过对色彩属性的认识才能帮助我们从经验上的色彩审美记忆进入到理念层面的色彩审美分析阶段，我们可以清晰地认识色彩明度对比、纯度对比、色度对比和冷暖对比的具体关系程度，判断出色彩关系的实质情况。

　　同时，决定一组色彩关系的根本要素除了色度、明度、纯度和冷暖四组彩色关系外，造型形式的位置、方向、面积（数量）、形状四组关系也是不可缺少的。色彩的本体审美是在这八组关系的对比与调和关系调整中求得的。

二、色彩表示体系[Color System]的标准建立

　　色彩表示体系是一种更科学、系统、全面理解色彩关系的方法和工具，便于确认色彩色度的标准。目前国际色彩设计领域里公认和通用的色彩表示体系有三个，也是各国自制国际标准色的国家规定色彩标准。其分别为德国奥斯特瓦尔德[Ostwald]色彩体系、美国蒙塞尔[Munsell]色彩体系和日本的日本色彩研究所[P.C.C.S]三种，且均以数字或符号来表色。这三种方式，适用于染色物、涂装物、陶瓷物等类均一表面色的物品，但不能表现透明、半透明的颜色。

　　（一）奥斯特瓦尔德[Ostwald]色彩体系

　　奥斯特瓦尔德色彩体系的色相以黄、橙、红、紫、蓝、蓝绿、绿、黄绿这8个基

---

[1]　赵周明著，《色彩设计》，第16页。

本色相为基础，每一色相再分3个层次，得到24个分割开的色相，明度阶段由白到黑，以a、c、e、g、i、l、n、p记号表示，a表示最明亮的色标白，p表示最暗的色标黑，其间有6个阶段的灰色。该色彩体系所有色彩均为C纯色量＋W白色量＋B黑色量=100，从而形成等色相正三角形。

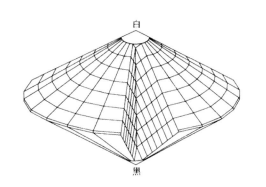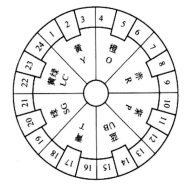

图2-1　奥斯特瓦尔德色系的颜色立体模型（左）与色相环[1]

将色彩体系中的明度阶梯看做一个垂直的轴，将纯度最高级看做是最外端的顶点，于是就形成了围绕着明度轴心的24个等色相关系的三角形，这个三角形就是奥斯特瓦尔德等色相三角形。奥斯特瓦尔德把每个三角形共分为28个菱形，每个菱形都附以记号，用来表示该色标所含白与黑的量。

奥斯特瓦尔德色系是一种通俗易懂的表色体系，为色彩设计者理解色彩之间的具体数位关系提供了一个非常便捷的测量工具。此外，等色相三角形几何关系的统一性也为色彩搭配特性显示了清晰的规律性变化。

奥斯特瓦尔德色系的缺陷也正在于它的简洁结构上，奥斯特瓦尔德色系建立了一个数理关系严谨的色彩数据系统，但却不能从视觉心理上完全平衡色彩之间的关系，比如，在该系统内处于同一明度水平上的各色相之间实际具有各自不同的明度值和明度感受，但在这个体系中其数据值却是完全相同的，显然还不符合色彩的心理规律。

（二）蒙塞尔[Munsell]色彩体系

蒙塞尔所创建的色彩系统是用基于视觉感受的色彩立体模型表示色彩数位的方法，故又称蒙塞尔色立体。它是一个类似球体的三维色彩数位空间模型，通过球体上的位置和距离关系把物体各种表面色的色相、明度、饱和度色彩三种基本属性全部表示出来。以颜色的视觉特性来制定颜色分类和标定系统，以按目视色彩感觉等间隔的方式，把各种表面色的特征表示出来。目前国际上已广泛采用蒙塞尔颜色系统作为分类和标定表面色的方法。

蒙塞尔颜色立体的中央轴代表无彩色黑白系列中性色的明度等级，黑色在底部，白色在顶部，称为蒙塞尔明度值。它将理想白色定为10，将理想黑色定为0。蒙塞尔明度值由0~10，共分为11个在视觉上等距离的等级。中央轴上的中性色彩度为0，离开中央轴愈远，彩度数值愈大。各种颜色的最大彩度是不相同的，个别颜色彩度可达到

[1]　张宪荣、张萱著，《设计色彩学》，化工工业出版社，2003年，第78页。

20。外围基础色相分为10个，为5种原色：红（R）、黄（Y）、绿（G）、蓝（B）、紫（P）和5种间色：黄红（YR）、绿黄（GY）、蓝绿（BG）、紫蓝（PB）、红紫（RP）。每色相再细分为10个，共有100个色相，色相之多几乎是人类分辨色相的极限。蒙塞尔的明度共分为11阶段，N1、N2、N3……N10，而彩度也因各纯色而长短不同，其表色树状体也因而呈不规则状，是一种符合视觉心理感受的表色体系。

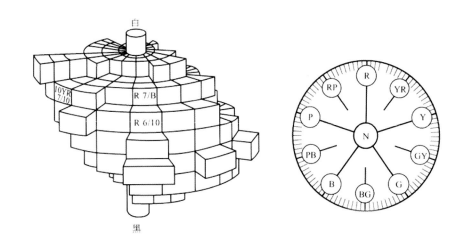

图2-2　蒙塞尔色系的颜色立体模型（左）与色相环[1]

（三）日本色彩研究所[P.C.C.S]色彩体系

日本色彩研究所表色体系全名为实用色彩调和系统[Practical color co-ordinate system]，色相分为24个，明度则以垂直阶段为九个，由黑到白分级。彩度阶段由无彩色到纯色共10个阶段，日本色研所把明度和彩度的变化综合起来成为色调的变化，无彩色有5个色调：白、浅灰、中灰、暗灰、黑，有彩色则分为鲜色调、和加白的明色调、浅色调、淡色调以及加黑的深色调、暗色调、加灰的纯色调、浅灰调、灰色调、暗灰色调。由于其色标用色调分类为主要方式，便于依据色彩感觉来进行色彩设计。

日本色彩研究所表色体系是综合了前述两种经典表色体系优点而折中的新型表色体系，坐标与蒙塞尔色系相同，而纯度外延色值的处理与奥斯特瓦尔德色系相同，也同样采取了24色的补色环构成。[2]

色彩表示体系的建立和在设计中的推广，使我们在具体的设计中有了重要的数理根据，甚至可以通过色彩体系找到色彩调和的一些常用法则公式。例如法国当代著名画家凯特琳，他主要的配色习惯是选取近似黑与白的明度两极色，并同时配同类的彩色系与其组合。这样的配色习惯等于是在色立体中描述了一个数位三角形，其两端处于明度轴心的上下两极附近，三角形的第三角端则在其他位置旋转，任意选取彩色系列。

---

[1]　张宪荣、张萱著，《设计色彩学》，化工工业出版社，2003年，第69页。

[2]　以上资料根据科印网：《泛论色彩与色彩管理色彩表示法（Color Expression）》：http://www.keyin.cn/input/Article/Html/2005-06-01/2005060136753. html，以及张宪荣、张萱著，《设计色彩学》，赵周明著，《色彩设计》，吴镇宝、张闻彩著，《色彩理论与应用》，江苏美术出版社，1992年等资料。

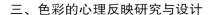

三、色彩的心理反映研究与设计

色彩的视觉心理影响力是绝对不能忽略的。德国包豪斯艺术学校最著名的基础课教师约翰内斯·伊顿[Johannes Itten]在他的色彩学著作《色彩艺术》一书中曾说："色彩就是力量，就是对我们起正面或反面影响的辐射能量，而无论我们对它觉察与否。着色玻璃艺术家们使用色彩来创造一种神秘的气氛，它能把崇拜者的冥想转化到一个精神的画面上。色彩效果不仅应该在视觉上，而且应该在心理上和象征上得到体会和理解"。[1]正因为如此，色彩是所有设计语言中最便于用于符号设计的元素。目前色彩心理学主要揭示的原理包括：

（一）色彩的恒常性

色彩视知觉的恒常性[Constance]是由色彩视知觉的适应[Adaptation of color vision]特征所决定的。人眼在不同环境下，包括照明条件（满足基本照明要求的）、角度、距离的变化，都能够在瞬间判断物体色彩的色相，这种特性被称作恒常性。最典型的实例为黄昏光线条件下，色温偏差极大，所有物体的基本色相都发生了实际的变化。肉眼虽然也能感知这种强烈的变化，但仍然能准确地分辨基本色相，不至于因为蓝色被渲染了一层黄光而感知为绿色。这个原理在光源色彩环境的设计中很重要。

（二）主观感色现象

这一色彩视觉现象是在实验中被发现的，目前还没有更合理的解释，实验结果证明人眼在观察黑、白两色图案的旋转中圆盘时，会产生红到蓝的色谱视觉幻觉。这个现象说明了色彩心理投射与实际的色彩呈现还有另一层传播纽带，即视觉对色彩的反映。许多艺术家利用类似原理创造了著名的"光效应艺术"。[2]

（三）色彩的情感联想

这是一种最显著的色彩心理现象，从色彩的具象特征联想到一种情感指示方向，比如红色往往被联想为火热、吉祥、血腥等；黄色常常被联想为富贵、丰收、水果味道等；绿色经常与春天、青春有关。

（四）色彩的符号象征

建立在前一组色彩心理原理的基础上，一旦色彩的联想具有了某种普遍性，则色彩就构成了联想的符号单元。如色彩的交通标志、警告标志、职业装、职业环境色等等。

（五）色彩的心理感受

陈夏洁等在《色彩学》一书中，总结了色彩的视觉心理感受共体现在冷暖感、轻重感、空间感、动力感、透明感、音乐感六个方面。[3]赵周明在《色彩设计》一书中，认为心理感受有冷暖、兴奋与安静、华丽与质朴、活泼与抑郁、柔软与刚硬六

[1] 杜定宇译，[德]约翰内斯·伊顿著，《色彩艺术》，上海人民美术出版社，1985年，第8页。

[2] 古大治、傅师申、杨仁鸣著，《色彩与图形视觉原理》，科学出版社，2000年，第31页。

[3] 色彩学编写组（陈夏洁、程杰铭、顾揩）著，《色彩学》，科学出版社，2001年，第20~21页。

种；而音乐、味觉、形状则属于色彩的通感 。[1]

（六）色彩的同时对比原理

当不同的色彩真正组合到一起来观看的时候，几乎所有色彩对人的心理感受都会发生与单独观看时不同的变化。所以想要确定一组色彩关系的效果，只有做试验，这个规律即同时对比原则。

许多人将色彩的同时对比当做色彩的一组对比关系来谈，我认为是一种错误的做法。由法国化学家雪弗里奥发现的这个色彩对比规律实际上是揭示了色彩设计方法的一个最基本的原则，即必须将需要搭配的颜色"同时"放置到模拟设计完成的空间环境中做试验，才能真正知道这个设计方案是否成功？色调设计是否调和？

第三节　从色彩地理学到色彩民俗地理研究

一、色彩的文化学研究

将色彩作为一种文化来进行研究，就是针对色彩心理感受中的符号象征等问题继续深入研究的结果。它首先是人们探索色彩美的结果，纯粹的色彩虽然没有什么主题的指向，但色彩的美感显然也决不仅仅是一种形式的问题。在大多数地区，传统色彩的美感和凝聚力、感召力主要起源于一种色彩背后的文化因素，因为某种历史的积累或地理等条件的烘托，一些特殊的色彩组合超越了形式关系，成为了"美"的色彩。

色彩文化的存在使对色彩的想象变得更为具体，比如在大面积的黑色底色上描绘朱红、大红色的线状图形，许多人都会产生一种产生于东方的传统漆器色彩的印象。而如果只使用黑色一种颜色在白纸上作画，再多用柔软的线条的话，几乎所有人都会联想到中国传统的水墨画。这些色彩组合的定向性联想都是因为在它们的背后存在着一组庞大的文化基质，影响着人们的判断。对色彩的好恶更是在很多方面由对色彩的联想和文化基质来决定的，如爱尔兰人普遍喜欢传统的漆柱草绿色，因为漆柱草是他们的国花，而对接近英国国旗的红、白、蓝等色表示很不欢迎。[2]印度显然非常喜欢暖色系，尤其喜欢纯度高的红色和黄色，但对黑色、白色和灰色有一定程度的禁忌。影响色彩文化心理反映的还与年龄、性别、文化水平、职业、民族、地区有很重要的关系。德国的社会学、心理学学者爱娃·海勒曾经对不同年龄、身份的人就色彩的情感、特征等200个概念性的问题做了一次大规模的访问调查，编辑调查成果完成了一部《色彩的文化》，根据她的观察，发现形成色彩"效果"的最主要的根本因素就是文化的差异，而造成文化差异的就是地区、民族和宗教的差异[3]。美国的设计家莱斯利·卡巴伽[Leslie Cabarga]曾经对美洲、亚洲、欧洲、中东等8个地区的色彩文化习惯和色彩民俗心理做了细致的分类和实例分析研究，他的研究是色彩文化学研究最典型

[1] 赵周明著，《色彩设计》，第103~109页。

[2] 黄国松著，《色彩设计学》，中国纺织出版社，2001年，第141页。

[3] 吴彤译，[德]爱娃·海勒著，《色彩的文化》，中央编译出版社，2004年。

的一种方向。[1]德国学者汉斯·比德曼在《世界文化象征辞典》一书中，详细记录了世界各地对白色、黄色、红色、黑色、绿色、蓝色等主要颜色的象征观念，其中就谈到了非常有趣的色彩文化差异现象：中国在婚庆时候往往要求新娘换上红色的服饰，而西方却总是将红色的服饰与水性杨花的女子联系起来。[2]

二、色彩地理学的创立与应用

"色彩地理学"学说由法国工业设计家郎科罗教授在20世纪60年代创立后，在美国、日本、欧洲等许多国家和地区得到了大量的实践和推广。郎科罗教授是法国著名的3D色彩工作室的创始人之一，多年来他一直从事着一种重视色彩在三维环境里感受效果设计的"3D色彩"设计，在城市环境、建筑和工业产品等领域里取得了良好的效果和名誉。

色彩地理学的研究方法也就是对各个不同的人文地理分区进行色彩景观特质的调查和总结、列谱方法，并在进一步的研究中得到区域的色彩文化习俗和现代景观设计依据。色彩地理学派最有创意的工作是在现代城市建筑群设计中，在不改变建筑构造的前提下最大限度地恢复了传统的景观，用现代的建设技术维护了传统的色彩景观。郎科罗教授的设计方法主要分为两个步骤：第一阶段被称作"景观分析"阶段；第二阶段为色彩视觉效果的概括总结。[3]其最终目的是确认这个区域的"景观色彩特质"，阐述这个区域居民的色彩审美心理。在第一阶段郎科罗教授主张对一切可能对景观色彩效果发生影响的色彩素材数据都列入调查的范围，目的是期望能够全面掌握重要的色彩数据。他的主要研究和设计的方法为：选址、调查、取证、归纳、编谱、小结。[4]这项研究的创立与郎科罗教授本人社会实践的成功促进了跨专业操作的色彩设计方法在色彩学、色彩设计界的推广，使得职业化的色彩设计师日益同专业设计师的行业里分化出来。在色彩设计的过程中，自然、人文环境因素对区域人群色彩审美心理的影响越来越受到关注。

三、色彩民俗地理研究目标的提出

1999年3月至4月，笔者与同学随导师李魁正教授一同赴云南对少数民族民俗文化、民间美术做田野调查之时，先后走访了滇西北和滇西南各地，当时就已经开始对色彩民俗的人文地理特性有所感悟。开始是在滇西北地区对当地的少数民族色彩文化产生了不小的兴趣，例如，在中甸（现已更名为香格里拉）的松赞林寺，发现藏族佛教建筑中广泛运用了红色与白色搭配关系，很具有宗教景观艺术语言的代表性。之后在丽江玉峰寺的万朵山茶树下拍摄茶花时，又发现了藏族和纳西族服饰中经常出现的

[1]　吴飞飞、谭宝全译，[美]莱斯利·卡巴伽[Leslie Cabarga]著，《环球配色惯例》，上海人民美术出版社，2003年。

[2]　刘玉红等译，[德]汉斯·比德曼著，《世界文化象征辞典》，漓江出版社，2000年，第119页。

[3]　尹思谨著，《城市色彩景观规划设计》，第44页。

[4]　宋建明著，《色彩设计在法国》，第11页。

冷玫瑰红色、高山杜鹃和山茶花之间的色彩呼应现象。开始，这些还只是旅行中一些有意思的话题，并没有形成什么具体的研究目标。后期全体人员到西双版纳勐仑镇的中科院热带植物园写生，在写生期间，再次明确地发现傣族的服饰用色与本土的许多特色植物的直观色彩存在着一定的对应关系。最典型的是冷玫瑰色的叶子花，与这种花色几乎完全一致的一种服装色彩也同叶子花一样，是当地经常出现的活的色彩景观。回到北京以后，师生对照上千幅照片进行整理、比较研究，发现确实存在着明确的对应关系，遂决定作为今后的一个研究目标开始做准备。

1999年4月，由中国美术学院宋建明教授编著的《色彩设计在法国》一书，由上海人民美术出版社出版，为我国色彩学界详细地介绍了郎科罗教授"色彩地理学"的研究成果和实践业绩，为我们的研究设想提供了一个重要的理论依据。

2000年3月至5月的泼水节前后，笔者与李魁正教授及同学王宏伟一起再次赴西双版纳勐仑地区写生、调查民族植物等生态文化艺术，通过前次调查的观察积累、图像资料的比对，在郎科罗色彩地理学理论认知的基础上系统地提出了进行中国"色彩民俗地理"研究的学术目标。这一研究体系增加了区域景观色彩特质确认过程中的色彩民俗传统的调查，将民族服饰、村社植物景观、宗教礼仪等民俗现象中的色彩审美观念作为主要的调查对象，目的是系统地整理每个色彩民俗区域的色彩民俗传统层次，提升了色彩的审美意识在色彩地理学中的研究价值。所设计的"色彩民俗地理研究"的成果，将主要应用于区域旅游形象设计中的景观设计，尤其在少数民族地区旅游接待城市的建设规划中，对营造富有典型民族特色视觉景观起到十分关键的作用。

2002年，李魁正教授得到中央民族大学211工程重点学科建设项目资助，确立了"滇西南少数民族生态文化艺术研究"的子项目课题，其中以滇西南少数民族的色彩民俗为主要的研究内容之一。2003年至2005年，项目调查组成员由笔者带队前后共三次深入滇西南的澜沧、西盟、孟连、沧源、勐海、勐腊、思茅、普洱、镇沅、景谷等县进行民族生态文化艺术的田野调查。2004年6月始，由澜沧拉祜族自治县与中央民族大学美术学院合作的"澜沧拉祜族自治县少数民族风情旅游形象设计"项目正式启动，该项目仍由我和另一位民族学博士研究生郭锐共同负责。于是又组建调查组，将"滇西南少数民族生态文化艺术研究"的最后两次调查与澜沧县民族文化调查合并（澜沧县恰为滇西南区位的中心，民族文化结构是该区域唯一具典型性的县域），进行了前后长达4个多月的生态文化艺术与色彩民俗地理调查，主要任务就是为澜沧拉祜族自治县的未来县城建设旅游形象设计中的景观设计，提供建筑造型模式和色彩设计方案。于是，调查得到了资金的保障和地方政府的大力支持与协助。

在这一阶段的实地调查过程中，调查组成员逐渐总结出样品采集、色彩景观记录、色彩民俗文化调查、测色分类图像记录、染色植物调查以及总结归纳编谱等调查研究方法。初步调查与研究成果在澜沧县的佛房新区建设中做了一次粗浅的尝试。

四、色彩民俗地理研究的调查方法概述

在前一阶段的实践应用中，已经实施的色彩民俗地理学调查方法主要包括：

（一）全年光照度与气象环境评价调查

此项调查原则上应以全年跟踪监测的光照和气象条件数据为依据，但受到实际研究条件的限制，一般采取与本地相关部门的工作者协作为宜，搜集季节代表性的数据即可对此地区的色彩光源环境做一个基本准确的评价。色彩光源环境是区域景观色彩设计必须充分考虑的一项重要条件，一方面光源环境决定了全年、全天景观色彩的对比度、纯度表现率指数，设计师应根据此评价表来调节色彩纯度等各项指标；另一方面气象环境也构成景观的背景要素，设计师应根据全年最佳参观时间段和气象环境来设计本区的经典景观色彩。

（二）地表色彩样品图像记录与采集

自然景观色彩主要由地表色彩与植物景观色彩组成，在实地样品采集中，对有代表性的土壤、岩石样品采集是地表色彩资料调查的主要工作，并在采集时辅助图像记录地点、环境特征。对成土母质、地层母岩、土壤类型的辨识可以确认哪一种或哪一组土壤色可以代表本地的典型地表景观色彩。

（三）村社建筑景观色彩样品图像记录

建筑景观是旅游地区景观设计中的重要表现因素。旅游接待城市及部分旅游景区的环境艺术设计，都必不可少地要参考旅游民俗文化核心区的民族原始建筑景观，而所有参观游客也是在本土原文化的吸引下前来观光游览的。

（四）村社植物景观色彩样品图像记录

植物景观是一般旅游景观意境流中比较容易引起兴奋点的部分，植物作为区域生态结构中的重要角色，也往往代表了这个地区生态景观的主体特色。然而植物景观的色彩各个邻近地区的区别并不大，所以在植物景观色彩的调查中应更多考虑到具有地区特点的部分，如具有典型民俗个性特征的花卉色彩、篱笆植物色彩等。这些色彩景观一般兼有自然色彩、人文色彩因素，调查的重点是在提炼植物景观人文色彩工作之前编排相对完整的植物景观色彩搭配谱系，在区域旅游形象设计中发挥重要的色系归纳指导作用。

（五）服饰用色与染色植物文化调查、图像记录

服饰色彩是少数民族地区最能够代表区域人群色彩审美意识的文化现象。服饰色彩是景观色彩中一项可移动要素，是少数民族地区的旅游景观中不可缺少的重要组成部分，如果说前述四项都代表着色彩环境中"天"与"地"的元素，则服饰与肤色代表着"人"的色彩识别标志。服饰用色需要从民族染色文化中挖掘民族审美意识形成的根源，而少数民族地区的染料无非从矿物和动、植物原料当中提取，在大多数少数民族地区，往往形成了十分丰富的染色植物文化。对植物染料技术的掌握决定了各个少数民族地区服饰色彩的基本面貌。

（六）民族造型艺术中的色彩习俗

这里所说的造型艺术是指脱离日常生活物质文化之外的有明确形而上的集体意识需求而产生的艺术作品，一般来讲主要存在于宗教建筑装饰品和礼仪用品中。这些色彩习俗往往凝聚了民族族群集体意识中色彩文化的精华与典型的色彩审美特质。在调查中尤其注意原始色彩运用模式的色域对比形态、主要色调的面积关系、主对比色的

使用率等内容，努力把握原始规律。

（七）民俗文化的色彩审美心理调查

这部分调查工作类似于人类学、民族学的田野调查问卷，相对过程可能复杂一些。主要从民族神话、民间传说、历史故事、道德伦理、生活礼仪、诗歌文学等文化艺术类项中挖掘色彩审美的集体意识形态，并与历史文献互为参考进行比较研究。

五、色彩民俗地理研究的后期素材整理方法

调查后的色彩民俗地理学研究方法主要包括：

（一）整理调查报告

1. 区域气象环境评价报告与色度域范围使用说明

2. 区域自然景观色彩特质报告

3. 区域人文景观色彩特质报告

4. 区域色彩民俗审美心理模式报告

（二）绘制原始色谱

1. 区域典型景观色彩特质谱系

2. 区域各族服饰色彩模式谱系

（三）区域色彩民俗特质的报告

提炼整理上述色彩搭配的谱系后，确定代表区域、代表民族以及最具有代表性的族群的色彩搭配谱系典型要素，选取比较适合区分其他地区的色彩搭配关系和适合景观设计的色彩关系作为区域色彩特质的标志进行描述。此色彩谱系必须完整描述色彩之间的明度、纯度、色相、位置、面积、图形形状、方向这七组对比关系数据，标准色必须明确CMYK的染料色数据以及外观视觉效果的RGB光色数据值。

第四节　城市景观设计、旅游形象设计中的色彩设计

一、色彩规划设计在城市形象建设中应用的现实意义

城市色彩规划和设计是未来区域形象建设规划中非常重要的一项工作，目前我国此类设计项目已经有所展开，项目建设形式一般均由政府邀请色彩设计公司或色彩专家对城市色彩进行规划设计，并制订建设规划的色彩应用指南。城市色彩规划设计的目的除了使城市景观得到一般意义上的和谐美观以外，重点还在于昭示城市所代表区域的民俗地理与文脉传统特色。成功的城市色彩规划设计使区域色彩特色在区域形象群中扮演一个重要角色，成为区域经济未来发展中的个性形象识别的关键要素，并能够以人类通行的色彩语言直接唤起人们对本地区的审美记忆。

受到信息反馈与眼界的制约，我国的城市色彩规划设计，在20世纪90年代中期以前一直没有得到应有的重视，这种软件建设的缺失直接导致了我国城市整体景观缺乏个性特征和历史文脉的延续性，在视觉形式上地区景观与每一座建筑之间普遍缺乏协调性规划。2000年初，辽宁省盘锦市市政府邀请北京西蔓色彩工作室对该市进行色彩规划设

计，同年8月日本色彩策划中心[color planning center]，派专家永田泰弘、吉田慎悟来华与西蔓色彩工作室携手研究盘锦城市色彩规划设计方案。[1]从目前的信息统计来看，这份色彩规划设计是我国第一份由色彩专家主持完成的城市色彩规划设计方案。

早在1991年前北京亚运会建设期间，有关建设部门已经考虑过北京城市的景观色彩问题，一些学者曾经提出过北京景观色彩应以"阴柔求灰"的东方传统灰色气韵为主色调。但是，这个设计思想只停留在一个色彩"意象"的水平上，具体究竟应如何实施？当时并没有规划出一整套行之有效的设计方案。这个问题一直到2000年得到了初步的解决，当年北京市政府颁发了《北京市建筑物外立面保持整洁管理规定》（北京市人民政府令第56号），并由市政管委会制定了相应的实施工作方案，为此专门组织成立了专家小组，对设计方案中的色彩、涂料进行把关，提出"北京市建筑物外立面色彩主要采用以灰色调为本的复合色，以创造稳重、大气、素雅的城市环境"。[2]

北京的做法对全国的许多城市建设意识产生了影响，紧接着上海、杭州也开始讨论自己的城市标志色问题。尹思谨在《城市色彩景观规划设计》一书中，对此现象表示了自己的看法："一方面，目前中国社会发展和城市建设状况已明显反映出人们对居住环境美学质量的提高存在迫切的需求；另一方面，也充分暴露出我国在城市色彩环境规划研究方面的极大不足。虽然我国城市设计的理论研究在20世纪80年代就已经开始，但实际情况是城市的发展速度远比城市设计的政策指令执行要快得多。另外，城市规划管理部门缺乏能应用和实施的设计理论和方法，以致无法进行有效的管理和控制，全国普遍存在'建设失控'和'建设性破坏'的现象。城市色彩的规划设计从根本上说是城市设计领域的一部分，长期以来未得到足够的重视，因而迄今没有关于城市色彩规划设计的系统研究和方法论著。北京率先发起的'建设城市主色调'的倡导和实践在出发点上具有积极的意义，说明对城市建设和管理的认识又发展到了一个新的高度，但需要警惕的是，在缺乏科学理论指导的情况下，短时间内一拥而上的大规模实践是很难得到有效控制的，一切实践都应该在完善的理论指导下进行，否则即使是一个有着良好出发点的愿望，最终也难免事与愿违。"[3]

尹思谨所提到的"建设性破坏"问题是十分值得注意的。人们普遍感叹城市建筑、景观失去个性和传统面貌的同时，城市所面临的问题远远不止是一种审美品格的失落或市民对环境的不满，而是失去了这个城市的精神凝聚力内核，即"城市形象的文化资本"。失去了城市历史依托的现代城市文化，将丧失内在的根系联结，失去文化系统资本所联结的所有市场，并同时也失去城市对人才的吸引力。区域形象和城市形象在未来的区域经济发展中发挥着非常重要的作用，全球有许多城市都非常注重对城市历史文脉的保护和传统形象的塑造。

世界上第一套正式由市政府规划、色彩机构组织进行的城市色彩调查报告《东京色彩调查报告》就是郎科罗教授主持在1970年至1972年间完成的。当时正值日本战

---

[1]　李峰嵘著，《色彩之城——采访日本色彩专家》，2003.1.2，中华读书网/咨讯播报：http://www.booktide.com/news/20030102/200301020035. html。

[2]　尹思谨著，《城市色彩景观规划设计》，第63页。

[3]　尹思谨著，《城市色彩景观规划设计》，第64页。

后的建设复兴时期，东京在城市建设过程中已经感到了现代建筑与传统景观之间的强烈矛盾，为寻求合理的解决方法，开始向景观色彩专家请教。郎科罗教授根据东京市区各个分区的古代标志性建筑的用色结构，制订了每个分区都必须遵守的配色模式谱系，这套谱系为后来的东京城市色彩规划设计提供了重要的依据。[1]

东京当年所遇见的问题几乎是我国所有具有深厚历史底蕴的城市所共同面临的问题。曾经有建筑设计师尝试用古代建筑的屋顶修饰现代建筑的景观意象，现在看来，这个尝试基本上是失败的，没有得到多少人的认可。这种实验的结束表示依靠传统建筑造型来恢复城市景观的历史文脉是行不通的，因为建筑的核心终究是实用价值。那么，我们唯一的选择就是在色彩上，利用色彩景观的建设完全可以帮助城市从整体面貌上恢复传统的景观意象。因此，研究区域或城市未来建设中如何规划设计景观色彩，是一个急需加快步伐进行的研究课题。

二、当前我国景观色彩规划设计实践中所存在的色彩设计方法问题

2004年6月，由哈尔滨城市规划局组织哈尔滨工业大学城市规划设计研究院编制的《哈尔滨城市色彩规划》完成，[2]并荣获当年颁发的2004年度"色彩中国"城市色彩大奖。[3]这份城市色彩规划方案充分尊重了地理、气候和传统建筑文化影响下隐性存在的传统色彩体系，在所划定的城市色彩控制区及协调区内的城市建筑色彩采取适当改变明度及饱和度，以增强时代感，丰富科技内涵；在特定的传统风貌区进一步继承和发扬已经初步形成的以明快的暖色调为主的传统色彩体系，以延续城市的历史文脉体系；而暖色调为主的色彩设计方案也十分适应哈尔滨寒冷的地理气候特点。该方案的成功之处在于始终注意对哈尔滨传统色彩风格的保护和城市整体的协调理念，本着"明快、大方、温暖、和谐"的形式意象原则，确定城市总体色彩以米黄色和白色为代表的暖色系为主基调，形成色彩丰富又统一和谐的城市色调，打造了一个历史与现代融合的多彩哈尔滨。为强化哈尔滨色彩风格，该规划将城区划定为色彩重点控制区和宏观控制区：重点控制区包括城市各类传统保护区及其协调区、规划设计所划定的城市节点区域，如城市重要功能与景观节点区、城市重点项目周边地区及成片居住区；宏观控制区为城区中除重点控制区以外的区域。重点控制区都有明确的城市色彩定位，宏观控制区以建筑群类控制为主，为控制方便，方案中都以"城市色彩设计导引"的方式给予明确说明。[4]

《哈尔滨城市色彩规划》为未来其他城市的同类规划设计积累了丰富的成功经验，但同时在两个问题上也暴露出目前我国城市色彩规划设计实力的不足。其一是

---

[1] 宋建明著，《色彩设计在法国》，第67页。

[2] 《保持历史风貌特色 弘扬时代个性精神》，2004.8.14，哈尔滨城市规划局官方网站/信息快递/规划动态：http://www.upp.gov.cn/upp_web/a/a02/a02_241. htm。

[3] 李长彦《〈哈尔滨市城市色彩规划〉获全国大奖 城市主色调：米黄和黄白》，2004.12.14，东北网－黑龙江晨报，中国建筑艺术网/行业动态/城建规划：http://www.aaart.com.cn/cn/news/show.asp?news_id=4699&ca_id=44。

[4] 《哈尔滨市城市色彩规划（报批稿）》，2004，哈尔滨城市规划局官方网站/规划成果/专项规划：http://www.upp.gov.cn/upp_web/d/d06/d06_022. htm。

设计方法的技术细节问题：在色彩规划说明图中，色彩规划规定了建筑的外墙、屋顶、细部、玻璃四个项目的色彩选用范围，并列出了推荐色和搭配示意图，以及基本色、辅助色和点缀色的关系概况。这个表述方法很接近郎科罗的色彩地理学调查总结方法。[1]但对色彩设计所应触及的其他主要问题缺少深入的解答，如面积搭配关系、色彩主次结构、色彩形状要素以及形式方向要素等。比如应该明确规定究竟哪系色彩是占最大面积的主色？哪系色彩是框架线形用色？有些装饰形状究竟是横向排列还是斜向排列？这些关系都是能够彻底改变色彩搭配效果的关键要素，但方案中没有给予规定，就给具体设计项目容留了过大的可调整空间，使得最终的设计结果可能与规划初衷相违背。

文化科教建筑色彩导引

类别	色彩选用范围				推荐色彩示意	色彩搭配示意
	C%	M%	Y%	K%		
外墙	0	0~30	30~50	0~5		
	0~10	40~60	70~90	0~10		
	0~10	0~5	20~70	0~5		
	20~60	20~40	30~50	0~10		
屋顶	10~60	20~70	50~80	5~30		
	0~10	20~5	60~80	0~5		
细部	0	0	0	0~30		
	10~30	20~50	20~40	10~30		
	0~50	30~70	40~60	0~10		
	0~80	0~70	0~80	0~5		
玻璃	10~20	0~10	10~20	10~20		
	50~70	10~30	10~30	0~10		
	30~50	0~20	30~50	10~20		

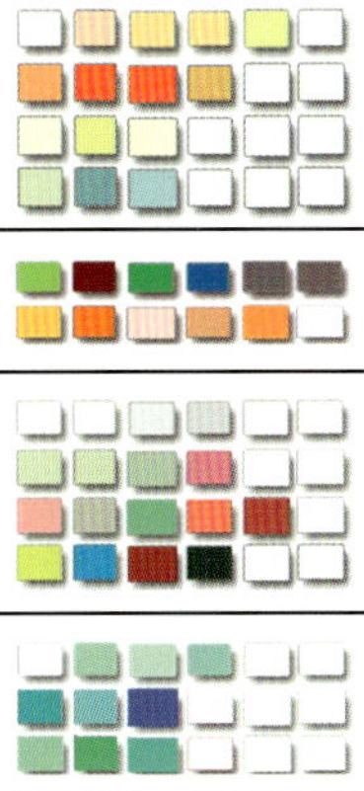

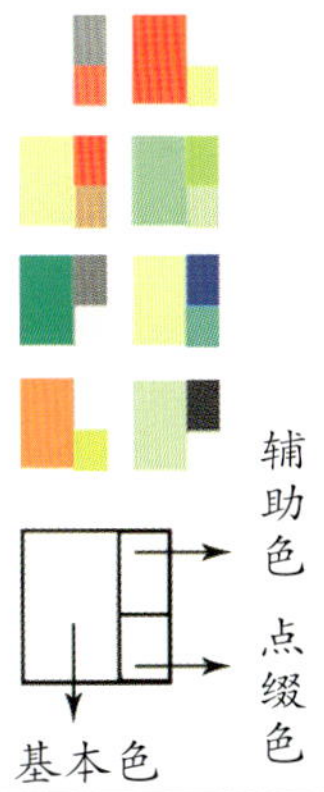

图2-3　《哈尔滨城市色彩规划》文化科教建筑色彩导引图表[2]

其二是规划理念中究竟应该如何描述区域色彩特质的问题：《哈尔滨城市色彩规划》显然已经运用了郎科罗色彩地理学的设计方法，针对哈尔滨的传统建筑风貌描述哈尔滨城市建筑色彩的风格，为城市"欧风"建筑特色为主的以折衷主义风格、新艺术运动风格为主调的近代优秀建筑，是具有"欧域遗风"特征的区域风格。编制者认为此类建筑色彩奠定了哈市城市色彩的基础，应展开设计使整个区域形成和谐、温暖的色调。这个规划思想实际是陷入了"就城市论城市"的认识怪圈，即把哈尔滨城市的历史文脉限定在一百多年的近代城市建设史内，而忽略了这座城市所代表的区域总体文化形象。从规划报批稿文本内容来看，编制单位并没有就黑龙江宏观区域的传统文脉形象做适当的色彩民俗地理调查，因此就锁定了以"欧域遗风"为主要区域特征的理念。

这两个问题的出现主要凸显出我国城市色彩规划设计专业领域所存在的人才机制弊病。目前所采取的方法都不能从实际上满足城市形象建设的需要。首先，部分色彩规划设计师是由建筑设计师替代的，这个现象在我国当前人才供应严重不足的情况下

[1]　尹思谨著，《城市色彩景观规划设计》，第45~47页。

[2]　由于原始图分辨率低，作者根据原始制图重新制作，内容没有改动，选色不准确，只作说明设计方法使用。原始图见《哈尔滨市城市色彩规划（报批稿）》，哈尔滨城市规划局官方网站。

确实是最便利的权宜之计；其次，由普通城市规划设计师客串色彩设计师；再次由并不了解建筑、景观、城市规划专业的色彩艺术专家来做色彩规划的顾问。

实际上，我国的色彩规划设计专业还处在摸索和初创阶段。仅仅在环境艺术领域里它的实践应用就涉及至少三个专业：建筑设计、景观设计、环境艺术设计，如果需要更细分的话还应纳入旅游规划专业。那么，如果城市色彩规划设计的操作者是以上四个专业之一的传统规划设计人员，虽然他们在每个专业的学习过程中都曾经或多或少地学习过色彩设计知识，但设计理念与专业的色彩规划设计师相比仍然存在较大的距离。这个距离是专业教育形态与专业实践经验长期积累而形成的，这些专业都隶属于各自的专业学科，具有各自的学科知识、理论、技能重点，加之总体色彩教育水平比较低，色彩设计技能训练往往不能与本专业的规划设计同等的质量。再者，我国高等院校没有设置艺术类色彩学专业学科，作为专业科目的色彩设计也一直没有被市场大规模地认可，这就造成在体制上没有设置专门的色彩研究人才。近年新设立的色彩研究机构人员，多是从事设计、绘画、规划等方面转向的，其机制空间仍然狭窄。即使在艺术类学科中的色彩教育情况也显然不容乐观，20世纪90年代以前，我国的色彩教育都以写生色彩占据主流地位。包括工艺、设计类专业在内的许多美术专业学生，都经历过长期使用水粉、水彩描绘衬布加静物的色彩训练过程，多数院校在没有任何衔接训练的情况下，直接进行设计实践练习，写生色彩的观察训练与设计色彩的想象力需求没有发生关系。一大批还不了解色彩设计规律的艺术设计类学生就此流入设计市场，他们依靠的是在工作实践中的继续学习和独自领悟。而院校的设计色彩训练所依赖的唯一课程是近百年来欧洲设计传统教育所确立的三大构成之一"色彩构成"，学生们在学习了色彩的科学常识和制作了一些马赛克式的填色游戏后，普遍反映仍然对色彩的审美能力提高未窥门径。色彩构成训练的只是在没有设计条件约束下的虚拟设计，缺少设计技术、材料、时空环境、文化背景的设计前提，还远远不足以培养学生的色彩设计实践能力。因此，目前色彩规划设计专业所面临的主要问题是人才培养机制的合理建设。一方面职业化的、专业的并具有多维专业方向设计能力的复合型色彩学、色彩设计人才亟待面世；另一方面建筑设计、景观设计、环境艺术设计与旅游形象设计各专业方向的规划设计人才教育，也应该引进专业化的色彩设计教育，当然前提是必须尽快开展专业色彩规划设计的高阶研究工作。

以公开发表的《哈尔滨城市色彩规划（报批稿）》为例，其编制单位是哈尔滨工业大学城市规划设计研究院，属于传统的城市规划设计研究、教学单位，如，从色彩设计专业角度进行评价，它在色彩规划说明图 "文化科教建筑色彩导引图表"中，关于色彩设计的表述方法上存在着明显的技术缺陷。色彩设计必须注意调整的关系，除了常见的色度、明度、饱和度、冷暖关系等色彩关系以外，还必须注意面积、形状、方向、位置的造型结构关系。在建筑及景观设计中，色彩设计方案在确认建筑景观可以选择的色调以后，更重要的工作是确定这些可选色彩之间的造型结构关系——面积比例、形状特点、排列方向以及位置安排。比如，在建筑色彩设计当中，必须明确块面[area]、框架[framework]、饰带[sash]、屋顶[top]四个类项的用色规范方式，如果允许调整，那么如何调整？调整范围在多少数值内是符合设计规范的？实际上A.F.S.T结构法则[1]的制订正是根据平面设计的点、线、面的造型设计原则展开产生的。A.即构成结构中的面要素；F.是构成中的主体骨格线；S.是装饰性的细节线与点等小型装饰要素的组合；T.是建筑设计中不可避免的特殊要素，是设计中已经预先确定的先决要素。

表2.1 建筑景观色彩设计A.F.S.T结构表示意

类别	色度[H.V.C][C.M.Y.K]							面积[R]		标准色样
类型	编号	H度	V%	C%	C%	M%	Y%	K%	L.R%	H.R%	[R.G.B]显示
块面	A1	51	76	14	25	20	35	00	40	60	
	A2	44	86	43	15	20	60	00	35	20	
框架	F1	33	21	89	40	60	80	80	65	80	
	F2	64	87	83	22	00	100	00	20	35	
饰带	S1	161	50	76	60	00	45	00	70	55	
	S2	92	63	63	60	10	100	10	45	30	
顶	T1	203	25	56	75	50	35	68	100	80	

在一些群组设计项目中还可以根据需要增加为A-PM.F-IOC.S-ED.T-OP结构法则，这个法则吸收了景观生态学版块[patch]、廊道[corridor]（也译作廊道）、基质[matrix]、缘[edge]的结构原理[2]，将原来的块面A.细分为基质M与版块P，将底——背景结构部分与空间块结构部分分开进行设计；原来的F.由内附结构[internal]框架和外部结构[out]以及起贯穿、分割作用的廊道[corridor]重新构成；饰带S.被划分为缘[edge]和点[dot]；屋顶T.由上顶方向[on]部分和平行视角[parallel]构成。A-PM.F-IOC.S-ED.T-OP结构已经包含了一般建筑类景观色彩设计中应考虑的色彩形状关系问题的全部类项，但是是否就能解决全部的色彩形状关系设计问题，还需要更多的实践进行检验。目前即使是作者本人主持的设计项目中，也还没有机会实践A-PM.F-IOC.S-ED.T-OP结构制表的表述方法，因为这类方法虽然已很全面，但很难被不熟悉色彩设计规律的施工方理解，可能还需要一定时间的实践总结经验进行妥善的调整。在此处提出此方法，主要目的还是为了说明当前色彩规划设计方法思路上的一些不足。

当前，我国还没有形成一套权威的城市建筑、景观、旅游景区的色彩规划设计方法。但是，城市和区域经济的高速发展促使区域形象建设成为日程最为紧迫的一种文化工程，研究具体可行的景观色彩设计方法和实践理论具有极为重要的意义。

---

[1] 作者本人在《澜沧拉祜族自治县旅游形象设计》实践项目中，首先研发出的建筑景观色彩设计表述方法，并形成专业规范表格，第四章有用法的详尽描述。

[2] 李蕾蕾著，《从景观生态学构建城市旅游开发与规划的操作模式》，载于《地理研究》，1995年第3期，第69~73页。

三、景观色彩识别在区域旅游形象塑造中的价值

本章一开始通过色彩发展史探讨了色彩设计的五个要素，其中最后一项"表述标准"并不在设计工作考虑的范围内，因此，色彩设计所要做的主要工作即：识别设计、概念设计、符号设计、审美设计。

一般很容易将城市景观色彩设计的主要工作理解为环境的审美设计或社会文化符号设计。而从色彩学的规律来重新解读这五步曲，我们会发现作为形象的色彩实际正是需要按照这五步曲的历史发展顺序来进行设计的，即先完成形象的识别，再进行色彩概念的角色对位，之后才是符号象征作用的展开、色彩审美的选择，最后用标准的手段制订色彩表示方法。第一步就是必须先解决色彩的识别问题。

何谓"识别"？就是与其他色彩环境的区别性设计和记忆性设计，能够在最短的时间内，使信息获得者建立起对形象标的、物的、个性形象认知的方法，并且能够建立起一套形象记忆系统，帮助信息获得者能够在一定提示下回忆起形象标的物。其首要的要素是区别，其次是印象与记忆，再次是准确的联想方向。形象识别效率的高低取决于图形、造型模式和色彩关系的共同作用。

色彩的识别性作用非常强，只要能辨认一些基本形状关系，我们就能够依靠色彩形象确认对象身份，一份好的色彩设计方案将提高这种识别信息的效率。在旅游目的地的建设中，景观色彩的识别性还具有实用性的功能，它比任何图形都方便读取、理解，更是一种世界性的识别语言。最典型和获得良好口碑的例子是郎科罗为法国马赛市设计的地铁站建筑装饰色彩方案，他采用了直观区分很明显的12组色彩对比关系进行设计，除了满足装饰美感的修饰作用，也为所有乘客节约了识别站别的时间。尤其许多外国游客，他们在自行旅行的时候尤其害怕背记站名的外语名称，但在马赛的地铁里只需要记住你究竟应该在哪种颜色的车站下车就行了。[1]另外在为法国FOS-SUR-MER钢铁公司SOLMER工厂设计景观色彩方案的时候，郎科罗将所有有危险的、需要特别注意的单元都设计为红色的，而安全的廊道则设计为蓝色的，既美观，又便于维修，被设计界"认为是一项典范式的设计"。[2]

游客在离开景区之后，能否对旅游地建立起一个感受基础上的形象记忆系统，其中景观色彩的识别性起到一定的作用。如果区域内的景观色彩色调风格杂乱无章，很难感受到一种统一的调性关系，自然与其他城市或区域无法区分，也就谈不上对整体形象的识别。在这个问题上旅游景区标志性的景观色彩区或建筑单元更重要，如北京的天安门，它的简易图形和最基本的色彩搭配，在全世界的各个地方几乎都能迅速令人回想起在北京旅游的经验。如果将区域景观色彩特质和色彩特质进行现代设计方式的处理，提取出一些适合的方案，作为区域识别性的色彩形象，这些形象还将在未来的旅游形象推广和营销中发挥作用。

四、景观色彩的概念设计在区域旅游形象塑造中的作用

色彩的概念设计是介乎识别性设计和符号设计之间的一类专项设计，它并不一定

---

[1] 宋建明著，《色彩设计在法国》，第131页。

[2] 宋建明著，《色彩设计在法国》，第123页。

在具体的设计方案中有实际的体现，但却是每个色彩设计方案所必须考虑的一个不能忽视的环节。在色彩发展史的进程中，概念色彩也是这样一类角色。

所谓的"概念色彩"，即强调色彩认知和色彩概念在人类意识上的建立。原始色彩的表现受到认知能力、表现能力的局限，这种局限最终导致人们对色彩的记忆、认知、符号标定都与实际的固有色产生距离，而这种有错位的色彩认知被称为概念色彩。一般绘画中人们习惯表现的是概念色彩而不是固有色。

旅游形象中的色彩概念设计就是一种有主题的定位设计。比如被公认的北京城的"灰色"，是根据老北京城民居建筑面貌的灰色和城墙灰色给人留下的印象构成的。这个"灰色"提案只是一个概念，显然还不是执行方案，具体执行时还需要做更多的设计工作，但这个定位对设计方向起到了决定性的作用。老北京的民居建筑材料基本上都从附近的山区开采石块、泥土制作的砖和墙体材料，因此其总体色彩非常统一，都在中高明度的青灰色之间有很微妙的变化。而之前谈到的哈尔滨的色彩总体概念定位就出现了问题，用"欧域风格"作为区域中心城市的概念定位确实流于近代城市发展的一个片面。

当然，在实际景观色彩设计项目中，起决定性作用的是审美设计和社会文化符号设计，这两部分内容将在最后一章中做详细的讨论。

第三章

滇西南少数民族地区
色彩民俗地理研究实例

　　滇西南是我国少数民族地区色彩民俗地理现象最突出的代表性地区。"滇西南"指我国云南省西南部北回归线以南的澜沧江两岸和横断山脉、怒山山系南段地区的一片山地与平原交错地带。主要居住着傣族、佤族、拉祜族、哈尼族、基诺族、布朗族、德昂族、景颇族等少数民族。行政区划主要以西双版纳傣族自治州和思茅市为主，兼及临沧大部分地区。由于地处亚热带，地区内的自然资源十分丰富，热带雨林以及亚热带原始森林密布，在这里生活了千百年的各少数民族，在与自然对抗和从中攫取资源的过程中，创造了非常富有民族个性的生态文化和艺术，尤其是在民间艺术的色彩审美意识上显现出鲜明的生态、地理特征。

图3-1　云南省滇西南地区区划范围示意图[1]

　　本章以2003年至2005年间，作者所参与的中央民族大学美术学院国家"十五"、"211"工程建设项目子项目课题"滇西南少数民族地区生态文化艺术研究"中，所进行的滇西南少数民族地区的色彩民俗地理研究为实例，具体论述和展开色彩设计实践项目之前的区域色彩民俗地理研究方法。

---

[1]　高云主编、付爱民撰，《独步中国——云南》，中国旅游出版社，2004年。

第一节　滇西南少数民族地区的区划范围与民族文化概况

一、传统行政区划范围

"滇西南"指我国云南省西南部地区。云南全省按习惯一般划分为滇中、滇西北、滇西、滇西南、滇东南、滇东北六个片区，滇西南具体的行政区划范围为西双版纳、思茅、临沧三个州市所辖地域。西双版纳为：景洪、勐腊、勐海；思茅翠云区、澜沧、西盟、孟连、普洱、景谷、镇沅、景东、墨江、江城；临沧临翔区、沧源、耿马、双江、云县、凤庆、镇康、永德共21个市、县、区。滇西南地区约位于北纬21°10′~25°02′，东经98°40′~101°27′之间，总面积约8.8万平方公里，东以思茅的墨江、江城为界，与玉溪的新平、元江、红河的红河、绿春等县相接；北面重镇景东等县与楚雄的双柏、大理的南涧、保山的昌宁、施甸等县接壤；西部和南部与缅甸、老挝、越南交界，并与泰国近邻，国境线总长约1742.59公里。在云南省省政府批准并颁布的《云南旅游发展总体规划（2001~2020）》、《"十五"云南旅游发展计划》中，六大旅游区中的"滇西南澜沧江——湄公河国际旅游区"，其行政区划范围即同于此。

二、民族文化圈范围

在滇西南地区内，西双版纳傣族自治州以外的18个市、县、区中，景东为彝族自治县；澜沧为拉祜族自治县；孟连为傣族拉祜族佤族自治县；西盟为佤族自治县；江城为哈尼族彝族自治县；普洱为哈尼族彝族自治县；镇沅为彝族哈尼族拉祜族自治县；景谷为彝族傣族自治县；墨江为哈尼族自治县；沧源为佤族自治县；耿马为傣族佤族自治县；双江为拉祜族佤族布朗族傣族自治县；其余临沧的临翔等五县、区为非少数民族自治县。从历史地理关系来看，区内西北部的景东、凤庆、云县、临沧临翔、镇康、永德一带，从明代开始即主要以汉族居民为主，虽然也杂居有佤、彝、白、傣等少数民族，但清中期以后这个地区深受汉文化熏陶，历史沿革至今，少数民族传统文化因素的遗存很少，汉族文化的根基却很牢固。如景东、凤庆两地都有兴建于明、清两代规模庞大的文庙、书院等典型的汉族文教标志性古建筑群。因此，出于研究少数民族文化的需要，应重新依据民族文化圈的归属划定民族文化圈意义上的"滇西南"区域范围。

景东、凤庆、云县、临沧临翔等地，历史上与西北的保山、大理地区属于同一汉、白融合文化圈，而滇西南少数民族文化的主体应为土著居民百濮与迁徙民族百越、氐羌诸民族及汉族之间的交流、碰撞体系，与保山、大理地区的汉、白融合文化圈分属并列不同的民族文化圈，理应划出民族文化圈意义上的研究范围。根据民族文化圈的历史地理关系，我将研究对象"滇西南少数民族地区"的范围确定为西双版纳、思茅、临沧三个州市所辖的景洪、勐腊、勐海、思茅翠云区、澜沧、西盟、孟连、普洱、景谷、镇沅、墨江、江城、沧源、耿马、双江15个县、市，即澜沧江流出临沧临翔以后至勐腊出境之间河段的两岸地区，主要居住着傣、彝、佤、布朗、拉祜、哈尼、基诺等十几个世居的少数民族。

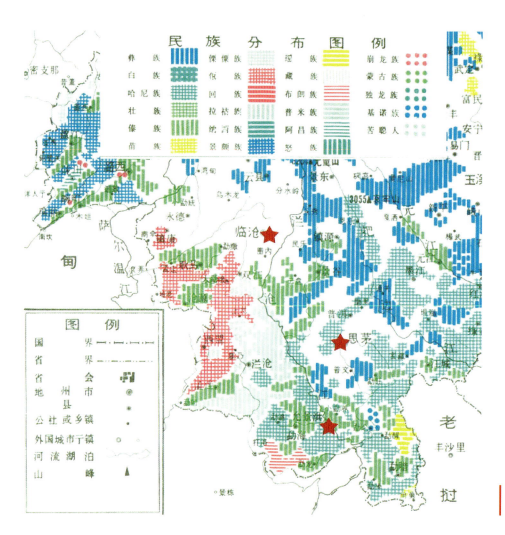

图3-2 滇西南少数民族
地区民族分布图[1]

三、自然地理概况

滇西南地区整体被澜沧江南北纵贯，江西为横断山脉怒山山系南段的延伸，江东属横断山脉哀牢山、无量山系，群山蜿蜒起伏，河谷沟壑纵横交织，形成北高南低、山地与山地间的江河冲积平原繁密交错分布的基本地貌。澜沧江以东的山地陡坡多、缓坡少；江西的山地缓坡多、陡坡少。区内90%以上的地区为海拔1000~3000米左右的山地，海拔最高点是北部山区的高峰，约在3500米；海拔最低点为河流冲积平原低洼处，几乎遍布区内，一般约在400~600米。据粗略统计区内河流为澜沧江、怒江、红河三大水系的支流，大小至少上千条，主要支流小黑江、罗闸河、南汀河、恩乐江、威远江等，段长多达到300公里。

由于大部分地区在北回归线以南，属于十分典型的热带、亚热带气候，气候的主体为夏季多雨潮湿、冬季晴朗干燥、干湿分明的南亚热带山地季风气候。区内多数地区的太阳辐射比较强烈，热量资源丰富。

滇西南地区虽然多山，但土层较厚、30°以上的陡坡地并不多，大多数可以开发利用为林业、牧业、农业用地，各县难以利用的土地一般不超过6%。全区内的土壤类型总体比较统一，各地基本都包含有砖红壤、赤红壤、红壤、黄壤、黄棕壤和棕壤，

---

[1] 云南省编辑委员会编，《拉祜族社会历史调查》，云南人民出版社，1982年。

亚高山灌丛草甸土、紫色土、水稻土、冲击土、石灰土等土类。多属沙壤、轻壤，少数中壤。土壤类型分布规律一般为：砖红壤分布在海拔800米以下的江河谷地、坡地；赤红壤分布在海拔800~1500米之间的中低山坡地；红壤分布在海拔1500~2000米之间的中山地带；黄壤分布在海拔1800~2500米之间的广大山区；黄棕壤分布在海拔2500米以上的山地；棕壤分布在更高的海拔2800~3200米山地；亚高山灌丛草甸土也分布在海拔3200米以上地带。其他水稻土、冲击土等属于非地带性土壤，按照区域规律分布或者成土母质、人为耕作活动的规律分布。

通过长达三年以上的连续调查、图像比较，确认滇西南地区的土壤资源特征直接决定了区域内的自然景观和人文建筑景观的基本面貌。对于当地少数民族传统视觉文化的影响十分重大，建筑中的土基类、岩石堆砌类以及岩石雕刻等，其外观色彩完全由当地的土壤、沙岩色彩所决定，故形成了区域非常独特的色彩景观规范性习俗。

四、民族社会历史关系概况

滇西南地区是我国西南少数民族地区中一个非常典型的民族文化交流地区，历史上中国西南地区民族的一个最重要的历史大事就是百濮、百越各民族和后来南下的氐羌族系各民族的交融。具体的历史脉络目前很难分辨清楚，依照习惯观点，氐羌族系起源于我国的西北地区，逐渐沿着青藏高原的东部边缘山地南迁，最终陆续定居在三江并流地带及其南部地区；[1]百濮、百越各民族基本都有西迁的历史，其中一般认为是百濮族系最先来到滇西南地区定居的，因此现在普遍认为百濮族系是本地的土著民族。[2]而百越民族的源流迁徙情况比较复杂，有一个早期西、南迁，随后北迁，最后再南迁的周折。[3]具体的族系关系划分如下表：

表3.1　滇西南主要少数民族族系源流与居住分布概况

族系	唐代	宋元	明清	现代	区域分布概况
氐羌	乌蛮	乌蛮、罗罗	罗罗、保保	彝族	滇西北、滇东、滇东南、滇中、滇西、滇西南
	和蛮	和泥	和泥、斡泥等	哈尼族	滇南、滇西南
			保黑	拉祜族	仅滇西南
			攸乐	基诺族	仅滇西南
	乌蛮、寻传	俄昌	山头	景颇族	滇西、滇西南

---

[1]　关于氐羌族系民族的迁徙和起源问题，是民族学、民族史学研究的一项很重要的课题，多部南方民族历史著作都有涉及，胡绍华著，《中国南方民族发展史》，民族出版社，2004年，"西南民族起源"部分；杨大禹著，《云南少数民族住屋——形式与文化研究》，天津大学出版社，1997年，第8~14页。

[2]　多数佤族等孟高棉语族佤德昂语支的民族研究著作执此观点，马曜著，《云南各族古代史略》，云南人民出版社，1977年，第3页。

[3]　王懿之著，《云南上古文化史》，云南美术出版社，2002年，第142~160页；苍铭著，《云南民族迁徙文化研究》，云南民族出版社，1997年，第32~35页。

百濮	朴子蛮望沮子	朴蛮、蒲蛮	蒲蛮	布朗族	滇西、滇西南
			哈喇、卡瓦	佤族	滇西、滇西南
			崩龙	德昂族	仅滇西南
百越	白夷	白夷、白衣	摆夷	傣族	滇西、滇南、滇西南

大约到了公元前后，云南土地上的三大族系地理关系为百濮、百越杂处于云南南部，氐羌族系已经几经迁徙来到了云南北部，三大族系之后在云南大地上南北交汇，形成了后来纷繁复杂的民族文化。一直以来，学术界也普遍把云南古代的民族构成定为氐羌、百濮、百越三大族系的交融并存，其中百越、百濮两大族系的大规模迁徙很早，所以表现出文化渊源的古老性，后期氐羌族各个支系的迁徙开始频繁，并产生了比较大的民族文化变迁。因此，滇西南地区民族文化关系的历史渊源，也完全可以视作云南民族文化的缩影。

根据1997年全国人口普查的数据，滇西南地区居民人口约有600万，其中少数民族人口约占60%以上，主要为傣族、佤族、拉祜族、彝族、布朗族、哈尼族、基诺族。根据可靠的历史文献记载，区内最早具有统治权的强势民族是傣族，随后彝族、哈尼族等族势力进入北部部分地区，之后傣族开始大量南迁，汉族居民也开始大量进入该地区的东部和北部。而西部和南部一直还是佤族、傣族、布朗族、拉祜族等山地民族的栖息秘境。

五、区域内民族文化分布关系与分区情况

滇西南少数民族地区受到历史、地理以及周边生态环境条件的影响，历史上从明代以来基本上就确定了与目前情况基本一致的内部文化分区状况：以澜沧江为界，分为东西两大部分，西部为土著少数民族聚居区，东部为汉族、少数民族杂居区。清代以来，江东地区的发展基本就是汉族人口逐渐上升、少数民族逐步南迁、西迁的过程。以基本同纬度隔江相邻的景谷和澜沧两县为例，景谷县少数民族人口约占全县人口的43.8%，其中世居民族傣族占全县人口的18%、彝族占19%；[1]而澜沧县少数民族人口约占全县人口的78%，其中世居民族拉祜族占全县人口的40.5%、佤族占全县人口的11.8%、哈尼族占9.5%、傣族占全县人口的3.5%。[2]之间的比例关系基本可以代表大江东西两部的民族人口结构关系，说明文化的内涵区别。

澜沧江东部历史上重要的经济、文化发展中心区共有三个，其中最重要的为中部的思茅市翠云区——普洱县连接带。两地（城市）之间相距58公里，严格地说，可以视为同一文化区中心的两个地段。前者为清代思茅厅治所，光绪年间，曾辟为商埠，是牛、马、驴、兽皮、鹿茸、普洱茶、磨黑盐、澜沧老厂银的集散地；普洱道

[1] 《景谷傣族彝族自治县概况》编写组著，《国家民委民族问题五种丛书之一、中国少数民族自治地方概况丛书——景谷傣族彝族自治县概况》，云南民族出版社，1990年，第14页。

[2] 《澜沧拉祜族自治县概况》编写组著，《国家民委民族问题五种丛书之一、中国少数民族自治地方概况丛书——澜沧拉祜族自治县概况》，云南民族出版社，1985年，第13页。

尹兼海关监督也驻节于此，当时商旅云集、马帮汇聚互市，百业繁荣，是滇西南政治、经济、交通的重要咽喉，曾与昭通、蒙自、腾冲并称为云南四大重镇，有"小云南""金腾冲、银思茅"和"东南亚码头"的美誉。建国以后一直是思茅地区、思茅市的行政中心。[1]普洱县城为清代专为进贡普洱茶而设立的普洱府所在地，置流官统辖，吸引外来人口大量涌入经营茶业，商户云集，清朝中期以后逐渐成为滇西南地区的另一个政治、军事、商业、文化教育中心。

江东次一级经济、文化发展中心分别为南部的勐腊县和北部的景谷——镇沅连接带。前者是傣族、基诺族、哈尼族与其他汉族等外来民族交错杂居地带，外来人口主要是到六大茶山经营茶叶营生的散户移民。景谷为傣族、彝族自治县，但实际上明代以来汉族人口即已大量徙入境内，傣族、拉祜族等迁出频繁，目前傣族人口只占全县人口的18%。但是由于历史上傣族土司始终处于地方行政长官的地位，因此民族传统文化在当地还具有一定的重要地位，形成了汉、傣文化融合的典型地区，可以看做是北方景东与滇西南地区的文化过渡带。

江西重要的经济、文化发展中心共分四个，其最主要的中心为今西盟县所在的大部分地区和沧源、澜沧、孟连、缅甸佤邦的部分地区，合称为"阿佤山中心区"。根据相关学者调查，佤族的支系归纳起来大致分为三个集团，居住最靠西北的永德等地的佤族自称"佤"（佤方言或孟贡方言），在滇西南沧源、耿马、澜沧以及缅甸佤邦北部等地的佤族自称"布饶克"（布饶克方言或岩帅方言），居住在此阿佤山中心地区受外来文化影响相对比较小的支系自称"阿佤"（阿佤方言或马散方言）。[2]元代史籍记载佤族先民"蒲蛮"分为生蒲、熟蒲和野蒲三种，学者们一般认为熟蒲就是第一类佤族方言支系，而野、生两种可能就是南部山区的佤族。至清朝时，这种分化更为突出，《云南通志》中说：

　　卡瓦……永顺东南辣蒜江外有之……持利刀梭标于要路窃伏劫掠，行商结伴多人，兼有保护者乃敢过。今守御戒严，此风渐止，商贾凡出腾越、入木邦，买木棉者，必经其地，呼为卡利瓦。有生熟两种，生者劫掠，熟者保路。[3]

文献中所说的卡瓦人居住的地方，就是今小黑江以南的山区，即阿佤山地区，主要指沧源、澜沧、孟连、西盟各县和缅甸佤邦。阿佤山实际上因为民族文化与外文化接触的地理辐辏关系，逐渐划分出两个部分：一部分是中心区，即阿佤方言支系所居住的大部分地方，由于与外界接触比较少，山高林密，部落仍然保持着原始社会时期的生产力发展水平和原始信仰、原始生态文化；另一部分是阿佤山周边的边缘地带，为澜沧江江西的另两个发展中心片区——沧源和澜沧到孟连连接地带。这两个片区各居中心区的南北，恰恰是佤族布饶克支系与其他少数民族、汉族杂居的地方，即文献

[1]　黄桂枢著，《新编思茅风物志》，云南人民出版社，2000年，第228页。

[2]　《民族问题五种丛书》，云南省编辑委员会编《佤族社会历史调查（一）》，云南人民出版社，1983年，第2页；罗之基著，《佤族社会历史与文化》，中央民族大学出版社，1995年，第35页。

[3]　云南省编辑组著，《云南方志民族民俗资料琐编》，云南民族出版社，1986年，第118页。

中所说的"熟种"。这两个地区的山地少数民族早在清初生产力就已经达到了一定的发展水平，有了剩余产品并且在与周围民族的接触中意识到了保持商贸畅通的益处，于是承担起保护商道的责任。而生活在中心区的佤族人，虽然与布饶克的族源相同，但与外界交流阻塞，生产力水平也没有达到产生贸易的需要，因此仍然保持着原始以劫掠为荣誉和古老的猎头等部落传统习俗。

江西南部的重要发展中心为景洪——勐海连接地带，即西双版纳的西部，以傣族、哈尼族、布朗族为主要世居民族，是典型的热带山原地带少数民族经济文化区，傣族文化是无可动摇的区域文化核心。

由于江西地区存在着明显的原始文化与外来文化的交流、分割带现象，对于研究生态文化艺术的原始面貌、变迁和过渡形态都是很重要的资料来源地，因此将建设项目"滇西南少数民族生态文化艺术研究"的重点锁定在澜沧江江西地区。通过前一阶段的图像、调查资料比较核对，经过研究决定以地跨阿佤山的中心和边缘地区，文化兼容南部版纳傣族（景迈）和北部双江布朗族（救苦）、沧源布饶克佤族（文东）、西部德宏傣族（上允）、东部景谷汉族（谦六）、拉祜族（糯福）的澜沧拉祜族自治县为调查工作的核心地区。在下一节，将继续以澜沧拉祜族自治县旅游形象设计中的景观色彩设计实践为实例，讨论色彩民俗地理研究成果的应用情况。

第二节　滇西南地区少数民族服饰色彩审美意识的生态、地理特征

服饰色彩作为区域景观色彩中活的元素是民族色彩审美心理的主要表现，同时，民族、民间服饰用色技术也代表着区域色彩审美文化中最精华的部分。本研究关于服饰色彩素材的调查主要包括服饰色彩的图像记录和植物染色文化的调查。

对少数民族服饰色彩文化艺术调查的时候，首先特别注意当地服饰文化的形态发展发现，其受到主流社会文化的影响，以及传统文化变迁的历史惯性作用，民族、民间传统服饰文化正在逐渐地以异化变迁形式转换为整体文化语境下的形式符号。这一论题，殷会利在其博士学位论文《云南少数民族传统图形中审美意象的延续与变迁》一文中，已有详细研究和论述，他认为，作为传统图形中最重要的要素之一"服饰图形"，其审美意象变迁的"程序"是这样被写入的：

……在看与被看的关系组合中，观看者通过仪式活动向被看者发出信息，提供给她们图形选择的信息，以促进图形体系的改进和发展。现代以前是本族的男性为"观看"权力的掌握者（服饰图形多出现在女性服装里，本文直接从这个角度切入），一些特殊的民族文化领袖也拥有部分发言权；进入现代社会以后，主流文化话语成为"观看者"的角色，对族群发出信息，最终改变了原来的认知体系。[1]

---

[1] 殷会利著，《云南少数民族传统图形中审美意象的延续与变迁》，2005.5，中央民族大学2005届中国少数民族艺术专业博士学位论文，"民族装饰文化中的时代性变迁"。

　　实际上，色彩也与图形问题一样，正在被这种"看与被看"的文化关系写入了变迁的程序。这种变迁对于我们的调查和研究工作造成非常大的困难。其一是许多地区已经不再保持传统服饰习俗，而选择了当时流行的新款"民族服装"；其二是少数民族大众的服饰观念正在被这种变迁的文化潜流所改变，甚至会借用主流文化的语言来解释本民族的传统文化。前者还可以通过图像比较来分析筛选，避免一些根本性错误；而后者在问卷调查时将得到不准确的信息，直接影响了审美观念研究的素材基础。然而正是这一困难的存在，促使我们调整了研究思路和调查方法，由"有意识"研究跨入以集体"无意识"或"潜意识"研究为主的层面，更加关注地理特性与生态基础对人类群体审美选择的分析研究。这一研究思路的创新，突破了一般整理型研究的时空意识局限，将现代变迁型服饰色彩选择同样作为研究素材来进行分析，从中得出审美集体意识中的地理、生态特征心理倾向数据与传统类型文本研究的结果相比较，则研究结论将更具有说服力。

一、滇西南地区少数民族族系源流与服饰色彩概况

　　现代少数民族群众所穿着的服装加工工艺技术已经与50年前大不相同，尤其是"染织"所使用的染料已经完全抛弃了近古时期的传统浸染技术，而大量依赖简便的现代化工产品。但是，傣族人选择色彩的审美倾向仍然没有失去区域文化的传统，只是具体的色相与传统样式拉开了比较大的距离。而这个情况也恰恰验证了色彩民俗传统的生命力。例如：当代西双版纳的傣族女性最普遍喜好穿着的是玫瑰红色系（年轻人）和白色（老人）的衣裙，虽然有一些微妙的色相变化，但总体上是相当统一的。[1]

　　在民国27年（1938年）后的六七年里，受当时的云南省政府委托，赴滇西南地区做民俗调查的姚荷生先生，在西双版纳所见到的傣族服饰的上衣，就是以白色、淡绿和粉红为主要喜爱的颜色，这种颜色和现在的情况基本一致。只不过据他的记载，当时傣族女性下身穿的筒裙，多为墨绿底色，在臀部加一道彩色的装饰纹样，并在底下露出一截白布 。[2]这样的样式在现在的年轻人当中已经很难看见了，那些鲜艳夺目的上衣色彩已经扩张到全身，如连衣裙般形成一个整体。

　　总体上来看，生活于滇西南地区的各个少数民族中，傣族喜好使用鲜艳的颜色作为服饰色彩的主色，各类色彩的纯度都很高，而其他民族中居住接近傣族地区或由于经济原因、历史上的政治原因在文化上受到傣族深刻影响的部分人群也呈现出这个特点。如版纳的布朗族、哈尼族和很少数的拉祜族等。而其他民族中氐羌族系的如拉祜族、哈尼族、基诺族等，在服饰上存在着明显的尚黑习俗，一般都表现为以黑色或青

[1]　以1994年1~2月、1998年1~4月、1999年3~5月、2003年7~8月、2004年6~8月、2005年2~3月的六次田野调查为根据，主要调查地区为西双版纳的景洪、打洛、勐海、勐腊县的勐仑镇以及著名的傣族民俗村落群橄榄坝、中国科学院热带植物研究所西双版纳热带植物园。具体调查人员入住村寨为勐仑的曼打鸠村、曼梭醒村、城子村、巴卡小寨（基诺族）和勐腊县的曼庄村、澜沧县的景迈、曼岗、上允、下允等；全程跟踪调查的节日有泼水节、关门节、赕佛、日常赶摆活动。

[2]　姚荷生著，《水摆夷风土记》，云南人民出版社，2003年，第90页："身体的装饰"。

黑色为底色，点缀银、亮珠、彩色丝线等装饰品构成服装的基本图案，这些点缀饰品的面积一般不超过总体的30%。而百濮系的民族佤族、布朗族仍保持着黑红相间的传统方式，但也有部分支系有所改变。[1]滇西南地区各民族其服饰色彩特征关系与当代经民族确认后的少数民族具体的划分如下：

表3.2 滇西南地区少数民族服装色彩概况

族系名称	现代族名	服色基本情况
氏	彝族	尚黑
	哈尼族	尚黑
羌	拉祜族	尚黑
	基诺族	黑、白、红搭配为主，黑不可缺
百濮	布朗族	黑、白、红搭配为主，间有高纯度彩色
	佤族	黑与红搭配为主，多灰重色
	德昂族	黑、白、红搭配为主，间有高纯度彩色
百越	傣族	多为高纯度彩色，红色系丰富

二、滇西南地区少数民族的染色植物文化

古代文献对我国西南地区少数民族的纺织技术简括为"织绩木皮，染以草实"，[2]当然，原始民族颜料、染料的来源都是来自于大自然，或采于矿物中，或取自植物、动物等。滇西南地区的沧源岩画是原始先民用动物血混合含铁的矿物粉末制成暗红色的颜料涂抹而成的，[3]而植物染料则多运用于服装色彩的染色。

在云南，染色的工作多数由女性来完成，这个工作包括染料植物的种植、植物染料的制作、染色工艺的全部流程。通过调查访问，50年以前的服装布匹染色大多数都是各个村寨中专门负责染色工作的家庭自己独立完成的，技术基本上都保持着很原始的形态，使用自己制作的简陋工具。这门在母系体系中传承的技术，直至当代很多仍然被村民所采用，在实地调查中所见最多的还是蓝靛的入染。"靛染"是非常普遍的一种染色工艺，在云南尤其显得流行，而且历史悠久。靛染的目的是将纺织品染成蓝色或更深的青黑色——染色次数的增加会使得织品的色彩逐渐加深，最后呈深蓝

---

[1] 这个改变指的是近几百年间所发生的历史，部分地理位置相对接近徙居外来民族的盂高棉语族佤德语支的民族由于受到其他民族文化的影响，一部分地区和氏族率先认同了强势民族的文化，尤其在服装上表现得尤其突出。今天澜沧县景迈地区的布朗族就深受版纳傣族文化的影响，而北部的布朗族又明显受到佤族的影响。

[2] 廖伯琴著，《朦胧的理性之光——西南少数民族科学技术研究》，云南教育出版社，1992年，第324页。

[3] 李昆声著，《云南艺术史》，云南教育出版社，1995年，第30页。

色，再加入"染媒"从而形成青黑色。染料靛一般是从蓼科植物中的蓼蓝[Poiygonum tinciorium]中提取汁液发酵制成，民间俗称为蓝草或靛、大靛。[1]在滇西南地区多未形成染靛作坊式的经营规模，所以没有专门的种植，一般散植于家庭庭院的角落，由于此地雨量充沛、长年高温，蓝草不需要更多的人工管理就可以自然生长。靛染在滇西南地区的原始应用多为染黑，主要流行于拉祜族、哈尼族和部分布饶克佤族村寨中，而染蓝色的使用相对较少，见于部分布饶克佤族和傣族用以染浅蓝色和深蓝色的衣服。

　　靛染青黑色的广泛流行是氐羌族系传统尚黑习俗的延续造成的，学者们在研究氐羌族系尚黑的色彩习俗时，多数重于从历史文化起源的崇拜心理或根深蒂固的阶级贵贱意识[2]入手，如刘尧汉先生从文明起源的角度论证了氐羌族系有崇拜黑、白两个虎图腾部落群体的可能，[3]但起源说无法解释此色彩习俗为什么能在西南地区如此牢固地传承近千年。罗钰、钟秋在《云南物质文化——纺织卷》中谈到云南山区植物品种中染黑色植物种类的丰富和易于采集的生态条件，说明了此色彩习俗能够在西南各民族中保持如此长久的真正原因。[4]他们认为，从生活实用的角度来看，黑色比其他颜色的衣服更耐脏，而且也更容易得到相关的植物染料。滇西南地区山地中的植物品种中含单宁酸[tannins]的植物很丰富，例如栎、栗、柿、五倍子、铁刀木等植物的根茎、枝叶、树皮、果实等都可以用很简单的办法提取出黑色的染料和染媒。这些单宁质在直接染作时呈淡黄色，但在和铁盐发生反映后则呈黑色。[5]在实际调查的时候，问及澜沧县芒景、木戛、雪林等地的佤族、拉祜族、布朗族的村民关于植物染料常识时，他们也总是能够首先说出染黑色植物的多种名称来，并且十分熟悉。黑色服装在澜沧显然不仅是在氐羌族系各民族中有统治地位，在佤族、布朗族以及傣族中也十分普遍地成为一种地域性的习俗，因此这种生态条件的直观性才是滇西南地区黑色染料流行的本质原因。

　　澜沧惠民乡芒景村翁洼布朗族寨54岁的恩达文，给我们介绍了四种黑色染媒、染料来源：

　　（1）"考索恩"[6]树的树皮，据说咀嚼槟榔的时候也可以搅拌进入；

　　（2）"捏尔"，汉语名"靛叶"，或为"滇叶"；

　　（3）芝麻油，舂成水及细碎状态；

　　（4）"舌虎树"树皮。

　　将以上四样一起煮或浸泡，半月左右即成黑色汁液，把布匹泡入取出三四次，每

---

[1]　罗钰、钟秋著，《云南物质文化——纺织卷》，云南教育出版社，2000年，第275页。

[2]　许多研究成果倾向与从彝族贵黑贱白，以及先秦时期中国尚黑的色彩崇拜文化着手。彝族以黑色为贵族色，彝语支各族基本上都是以黑色为服装的主色，故多数认为此说成立。

[3]　刘尧汉著，《中国文明源头新探——道家与彝族虎宇宙观》，云南人民出版社，1993年，第235~236页。

[4]　罗钰、钟秋著，《云南物质文化——纺织卷》，云南教育出版社，2000年，第301页。

[5]　廖伯琴著，《朦胧的理性之光——西南少数民族科学技术研究》，第325页。

[6]　佤语和布朗语发音，具体不详，有待详查。

次约20分钟，晒干以后再染一次即可。如想染成蓝色，只要泡、取两次就行了。[1]

澜沧上允镇的老街村目前还保持着传统的染黑习俗，与其他山地村落的习俗有明显的区别，在上允的染布已经形成了小手工作坊式的经济形态，全村村民需要染布，就在集市日子里将白布送到染布人家去染，染完后支付一定的酬金即可。这种做法解放了其他村民的劳力和时间，同时也有助于提高染布工艺的技术水平。但在上允镇已基本没有其他色彩的染织技术了，如对其他色彩有需要她们主要依靠购买现代染料制成的成品。[2]

在澜沧文东这种专业化的手工染布作坊也曾发展到相当的规模，据文东乡芒大小街村籍的86岁佤族老人王忠玉回忆，她的父亲名王秉臣，行三，当年开设的染布作坊在周围各民族村寨之间很出名，时称"染布王三家"。早在90多年前，王三弟兄三人从今重庆的壁山县一汪水避乱迁徙到澜沧文东，后因遇瘟疫横行，避上山地民族地区，定居后开始开办手工作坊，同时经营的还有织布、木工、烤酒、熬酱油等业务。后来重庆壁山的万汉清也来到文东，王三留其入赘，从此文东染布又多了万家。一直到解放前，王、万两家的染布作坊几乎垄断了整个文东，影响波及更远。王三弟兄到澜沧是沿着长江西行，可能从元谋、楚雄南下最后从临沧方向渡江来的，据说当时一起迁徙来的有二三十人，走到文东中了坝子里的"瘴气"，得了传染性的疟疾，许多人都染病而死，故现在文东还留有一座著名的"四川坟"。从王三弟兄的迁徙情况可以看出来，在19世纪和20世纪交际之时，滇西南与中国西南各地之间的交通往来、文化交流的密切。那么"染布王三家"在佤族地区的染布技术显然是中国西南部的民间手工技术传播到滇西南地区的结果。

"染布王三家"的染黑技术也是依靠蓝靛入染，但分为"洋靛"和"土靛"两种：

（1）洋靛，产于当时的英属缅甸，可以直接购买入染，主要用来染黑色，一般染两道呈蓝色，三道即呈黑色。

（2）有时候也自己制作土靛，采集靛叶，并酌量配板蓝根的叶子，整理后先放在水里浸泡，直到软化、糜烂，将叶秆捞除。随后待叶子均腐烂、发酵后，添加石灰后用竹笼舂碎、搅和，其水就变得越来越黑。之后等水与靛料分离，将上层的清水倒掉，仅保留底层的靛液。染法是将靛液放入染缸，布匹也塞入，每一个小时左右扭出来晾干，干后再浸泡，反复约5~6次，即可染成黑色。[3]

澜沧雪林乡的左都村佤族人目前的染布技术和文东佤族流传的西南地区技术基本程序一致，但有一些细微处的区别：比如没有提到板蓝根的作用，但在发酵之后除加入石灰外还要加入大烟子（即罂粟子），据说这样做成的染料稳定性强。[4]笔者在调查期间专门跟踪拍摄了佤族女孩田正芳家中蓝靛入染的全部过程，她家正是在每年的春节前夕开始染布，主要是自用，2005年是在1月15日以后开始准备，25至30日正式入

[1] 根据2004年8月9日在翁洼村的调查记录，记录人：付爱民。
[2] 根据2005年2月12日在上允老街村的调查记录，记录人：佟亮、李燕等。
[3] 根据2005年2月10日在澜沧县县城的调查记录，记录人：付爱民、杨丽卿。
[4] 根据2005年1月28日在澜沧县雪林乡左都村的调查记录，记录人：付爱民，被调查者：村退休教师鲍文明。

图3-3　蓝草（左）、扭干（中）、染缸（右）

图3-4　缸底剩余的靛块（左）、晾晒染成的黑色上衣（右）

染，所用染料完全自制，既有临时采集制作成的，也有夏季制作后保留的。左都布饶克佤语称蓝草为"纽"[niu]，她家的蓝草就种植在距离自住屋约40米的坡地上，采集十分便捷，但当时并不是最好的季节，据她讲左都村的蓝草在7、8月间最茂盛。[1]

　　澜沧雪林乡雪林村的佤族与左都人不是同一氏族，但都来源于今缅甸昆马，左都人来自和平乡，而雪林人来自芒东，因此两支佤族人在服饰上基本相同，只有比较小的区别。雪林村的染黑技术与左都基本相同，也同样是用蓝草[雪林发音：nia]来制作蓝靛液入染。与雪林邻近的拉祜族地区木戛也使用与雪林基本一样的染黑技术，在南方数十公里的富邦塞罕拉祜族村寨中也流行着同样的染黑技术。北部布朗族如救苦村，自称与雪林佤族存在着亲缘关系，也使用自己种植的蓝靛为染料染黑，布朗语称蓝草为"腊"[lia]。[2]可见，在滇西南地区的染黑技术是一种区域性的植物染色技术，近代以来已经非常普遍。

　　目前所知的滇西南地区植物染料的使用情况如下：

---

[1]　根据2005年2月29日在澜沧县左都村的调查记录，记录人：付爱民。

[2]　根据2005年2月3日在澜沧县雪林大寨的调查记录，记录人：付爱民，被调查者：村主任李志强、乡党委书记鲍文昌；2005年2月4日在澜沧县木戛乡班利大寨的调查记录，记录人：付爱民，被调查者：乡统计员师少维；2005年2月17日在澜沧县富邦乡塞罕大寨的调查记录，记录人：付爱民、杨丽卿，被调查者：村民李腊妹；2005年3月2日在澜沧县救苦村的调查记录，记录人：付爱民等，被调查者：村小学校长鲁校长、村主任蒋举明。

表3.3 滇西南地区植物染料名称与色相[1]

名称	色彩	色相	染料的来源与用途
蓼蓝[Poiygonum tinciorium]	蓝色		根茎、叶，用于服装
	青黑色		
核桃树[Juglans regia]	褐色		树皮、用于服装
姜黄[Ccurcuma domestica]	黄色		根茎，可用于服装和食品
茜草[Rubia cordifolia]	红色		根，可用于服装和食品
刺莓[Rubus foliolosus]	紫色		果
桅子[Gardenia jasminoides]	黄色		花果，药用，可用于服装与食品
黄连[Coptios shinensis]	黄色		植株
大叶观音草	橙红色		枝叶
野青树	蓝色		叶
石梓[Gmelina arborea]	黄褐色		花果，多用于食物染色
红木[Bixa orellana]	红色		花果
巴戟天[Morinda officinalis]	橙黄色		根，僧侣袈裟或宗教物品
檀树[Dalbergia hupeana]	棕色		树皮
菠萝蜜[Artocarpus heterophyllus]	黄色		木材，僧侣袈裟，流行于东南亚

除了上述规模庞大、覆盖面较广的植物染料文化以外，在佤族和布朗族等百濮族系各山地民族中当前还保存着传统的其他色相的染色植物文化，而这些彩色染色技术在当代的其他民族中已经基本绝迹了。如上允、下允、景迈的傣族和木戛、富邦、竹塘、东回等地的拉祜族村民，当前的植物染色仅剩染黑技术的应用了。究其原因与交通发达、贸易疏通有关，如果需要其他色彩的布匹、棉线等，村民已经无需自己动手入染，只要以很低廉的价格从市场上购买就可以了，而且作为彩色色相，购买来的化学染色剂染成的彩色布匹等比自己染出来的确实显示出更好的纯度和稳定性。据各个地区的老人们回忆，这样的历史也有一段时间了。百濮族系的其他色相植物染色方法为：

（1）染红色：

①黄姜根

在澜沧南部的芒景布朗族地区，取黄姜根部进行榨汁，提取色素沉淀即可将纺织品浸染为棕红色和红色（恩达文）。

②"考索诺衣"树皮

在澜沧左都、雪林、文东等佤族地区，取"考索诺衣"树皮煮汁，再添加紫胶，

---

[1] 除实地调查外，资料来源：罗钰、钟秋著，《云南物质文化——纺织卷》，第266页；熊子仙《云南资源植物学》，云南教育出版社，2002年，第130~133页；王科等著，《西双版纳国土经济考察报告》，云南人民出版社，1990年，第78页；许又凯等著，《热带雨林漫游与民族森林文化趣谈》，云南科技出版社，1998年，第123页。

可将纺织品浸染为大红色（鲍文明、鲍文昌、王忠玉）。

③红花

输入滇西南的红花是藏族地区的土产，最初是作为药品由滇西北的商队马帮运进的，偶尔也作为染料使用。仅见缅甸和澜沧北部少数拉祜族地区（木戛师少维）。所染红色为纯度较高的玫瑰红，现代已经非常少见。

（2）染黄色：

①草姜根

在澜沧南部的芒景布朗族地区，取草姜根或树枝、树皮等榨汁，可将纺织品浸染为棕黄色。也做药用（恩达文）。

②"考索贡"花

在澜沧左都佤族地区，取"考索贡"花的花瓣、茎煮汁，可将纺织品浸染为黄色（鲍文明、鲍文昌、王忠玉）。傣族也用来染饭（上允李有明）。

在滇西南地区一般都以春节前夕为染布的季节，笔者在调查时发现无论哈尼族、傣族、佤族、布朗族、拉祜族，在这个时候都开始进行染布或染成衣的劳动，并且都由女性来完成。在滇西南许多少数民族民间都流传着类似的传说，说女性祖先上山采集食物的时候，偶然发现植物的颜色因为摩擦被印在了衣服上，于是就产生了色彩的印染技术。50年前的许多地方，原始的印染技术也就是需要把衣服染成什么颜色就上山去采集什么颜色的花、果、枝、叶，用很简单的方法从中提取染料。[1]因此，多数学者认为，植物染料的发明和流传，就像传说所说的那样，是人们在生产生活实践中的经验总结，色彩民俗与当地的自然生态条件存在着直接的物质文化关系。

三、滇西南地区少数民族服饰色彩与植物花卉色彩的直观对应关系

从生态文化艺术角度审视，模拟生态系统色彩的民族色彩文化所利用的传统植物染料在色相的实现效果上总是与植物花叶直观色彩有一定的差距——通常是在纯度上。为了达到使大众满意的色彩纯度，原始先民也研究出了一些染媒技巧。现代化学染料和纺织品的出现，为他们选择理想的服饰色彩提供了可能的条件。一个值得注意的现象是，当人们找到了色彩提高纯度的方法以后，服装的色彩自由度大大提高了，他们选择的倾向性就显得十分重要。当人们选择色彩的能力开始突破了族性崇拜和物质材料的原始局限后，他们更倾向于什么色彩？更容易接受什么色彩？文化传统的力量在这个过程中究竟能够起到多大的作用？对这个问题的探索是研究民族或区域文化艺术生态地理特征和集体审美意识的一个关键性切入点。

根据史料记载，滇西南傣族的服装从唐代起就已经显现出对高纯度色彩的喜爱倾向。据《蛮书》的描述，唐代的傣族先民"衣以腓布"，"腓"应为"绯"，即红色的服色。又说妇女的服饰为"披五色娑罗笼"。[2]"娑罗"是西南地区土产的天然纺织材料木棉，所谓"笼"现在分析就是筒裙，"五色"并无确切的哪五种颜

---

[1]　罗钰、钟秋著，《云南物质文化——纺织卷》，第301页。

[2]　胡绍华著，《傣族风俗志》，中央民族大学出版社，1995年，第38页。

色，应是指比较丰富的高纯度彩色。可以得到当时"五色"的评价，说明至少在唐代滇西南的傣族已经掌握了多种高纯度色彩的染色技巧，而其中红色的使用比较突出。这种色彩习俗一直保持到明清，明代的傣族人仍喜爱用红色作为服装的装饰色彩，[1]只不过，如姚荷生20世纪30年代所见，傣族人上衣多白色窄袖短衫，裙子多重色，常为墨绿或黑色，彩色所占的服饰面积没有现代服装中这么大。[2]至清代，傣族人衣裙的色彩装饰物明显增加，文献所记女子服饰为"高髻帕首，缀以五色丝，裳亦然"，[3] "盘发于首，裹以色帛，系绿线，分垂之，耳坠银环，着红线衣裙"。[4]在民国时期的《马关县志》中，当时"水摆夷"人的服装是"高髻顶帕，领袖俱银，以红色，裙用五色布缝成大幅，自腰以下横而围之，故又称'三道红'"。[5] "水摆夷"即"水傣"，一般是指居住在西双版纳、孟连等地区保持民族原始风俗较多的傣族人，[6]现在"水傣"的服装和文献中的记载也大体接近，说明傣族现代服装艳丽的色彩其渊源已久。胡绍华先生认为傣族服饰应该分为古代和现代两类，[7]傣族现代的日常服装受到舞台表演服装的冲击很大，白色上衣配彩色筒裙的样式不再是统一标准，扩大了高纯度色彩的面积，样式非常丰富，但也可以认为是传统方式的一种延续。在泼水节期间几乎所有的女人都要更换一身当年新做的衣服去山林间欢度节日，这种节日的习俗，在文献中也有所体现，如《云南通志》第183卷中关于宁洱县民俗的记录里说："以季春为岁首，男妇老幼俱着新衣摘取各种山花……"[8]对于傣族女人来说，每年的泼水节即傣历新年时换新装，是很重要的一件事，因为在节日的那儿天里是未婚男女互相自由恋爱的时机，此时女人们的一身彩色衣裙，是她自身生命力的一种象征。少数民族女性节日盛装其实都是在特殊日子里向男性展示生殖能力的一种交感巫术形式的暗示手段，大多数南方民族的服饰是依靠结构繁复、模拟生育力旺盛的植物瓜果等造型的银饰品来作为象征物，而傣族服饰的衔挂饰品非常少，与习见不同，是用高纯度色彩来达到同样目的的。

傣族很早就掌握了山地间平原地带的水田耕种技术和如何在热带低洼地区生活的医疗知识，是滇西南最早学会在山间坝区生活的民族，因此他们生活的地方湿润多雨、植物资源丰富。无论是人工栽培的观赏植物、经济作物，还是野生植物中，各种色彩鲜艳的花卉都全年围绕着他们的日常生活，形成了傣族村寨里的庭院景观植物文

[1] 《云南图经志书》卷六，云南省编辑组《云南方志民族民俗资料琐编》，云南民族出版社，1986年，第99页。

[2] 《云南图经志书》卷六，"湾甸洲蛮"，云南省编辑组《云南方志民族民俗资料琐编》，云南民族出版社，1986年，第100页。

[3] 王崧等著，《云南通志》卷183，云南省编辑组著，《云南方志民族民俗资料琐编》，云南民族出版社，1986年，第108页。

[4] 同上第107页。

[5] 云南省编辑组著，《云南方志民族民俗资料琐编》，云南民族出版社，1986年，第111页。

[6] 曹成章、张元庆著，《傣族》，民族出版社，1984年，第3页。

[7] 胡绍华著，《傣族风俗志》，第37页。

[8] 云南省编辑组著，《云南方志民族民俗资料琐编》，云南民族出版社，1986年，第108页。

化，所以现在人们经常给傣族村寨冠以"花园般的村寨"美誉。从视觉直观的角度分析，傣族服饰的色彩，多与当地特产的花卉相关。现代傣族服装中应用率最高的色彩系为红色系，与历史文献的记载完全相符。而红色系中更多被接近婚龄少女们所采用的属于品红或洋红等偏向冷玫瑰红色系的彩色，而多数未成年少女倾向于选择大红色系的暖红色种类，总体比较冷红色多于大红。滇西南地区外观属于红色系的花卉种类相当多，常见品种如美人蕉、大花朱槿、朱顶红，都是在寻常庭院中随处可见的红花品系，另有少数引种栽培或野生的花种如红花芭蕉、玉叶金花的红色变种、野芭蕉等也都呈现为鲜艳的大红色，而最多见的是叶子花。叶子花是紫茉莉科的一种木质藤本植物，民间又称三角梅、勒杜鹃、九重葛、宝巾等。它的"花瓣"造型奇特似叶片，而其实不是真正的花瓣，而是苞片，故名叶子花。原种花色鲜红，在滇西南的变种繁多如洋红色、深红色、粉红色、白色等。傣族人几乎家家户户都在庭院周围栽种叶子花，还有用叶子花搭起一座花门作为院落自然门的习惯，放眼望去，叶子花的深红和品红色彩往往布满整个村寨。应用率仅次于红色系的服饰色彩是纯度较高的黄色，相对应也是本地花卉色彩的一个主要的色系。黄色花系有野外最常见的石斛兰、庭院最常见的黄色野牡丹、黄色美人蕉等，再次则为绿色、冷紫类的重色。中老年人的服色比青年人的服色明显深重得多，但也多能够找到相对应的本土特色花卉色彩。现将视觉直观上服色与花卉色彩的对应情况遴选典型的几类列表如下[1]：

表3.4　西双版纳勐腊县勐仑镇地区傣族服装色彩与本土花卉色彩主要对应情况一览

色系	主色相	搭配方式	适应年龄	对应花卉	民族植物文化含义
红 色 系	（1）紫洋红 C-50 M-80 Y-00 K-00	全色、暗花图案	青年中年	叶子花 [Bougainvillea glabra Choisy in DC.]	赏花期：3月3日至12月5日，对土壤要求不严，耐碱，抗旱，忌积水。是最常用的庭院植物。
	（2）浅洋红 C-10 M-72 Y-00 K-00	与20%面积的白色搭配	青年多用于未婚	同上，白色混合变种	同上
	（3）浅紫洋红 C-36 M-72 Y-00 K-00	与20%面积的白色图案搭配	中年已婚	万代兰 [VANDA]	属于典型的热带气候的兰花，广布于东半球热带和亚热带地区。是世界上栽培较多和最受欢迎的热带兰花之一。
	（4）粉红 C-00 M-35 Y-00 K-00	全色，有少量图案	青少年	粉花羊蹄甲	苏木科，俗称白花树，傣、哈尼、基诺、布朗等少数民族常用此花作蔬菜食用。

---

[1]　本表调查完成于2000年，当时由于受到实地调查的限制，还不能说明版纳傣族服色文化的整体，但已经足够论证本课题的结论。

	（5）深红 C-15 M-100 Y-50 K-00	全色，与小面积其他色彩纹饰搭配	青年	大花朱槿	又称扶桑、大红花，容易繁殖，四季盛开，花大色艳，有深红色、紫色、宫粉、橙黄和白色等变种。
	（6）大红 C-10 M-100 Y-100 K-00	全色，偶与10%面积的亮色搭配（黄、白等。	少年	美人蕉 [Canna indica L]、红花芭蕉 [Musa coccinea Andr]	美人蕉以根状茎、花入药，庭院普遍栽培。红花芭蕉赏花期很长，原产云南东南，版纳引种栽培。
	（7）大红 C-10 M-100 Y-100 K-00	与小面积白色搭配	青年	玉叶金花的红色变种	多野生和田地畔
	（8）大红 C-10 M-100 Y-100 K-00	与30%面积的黄色搭配	青年	野芭蕉花	庭院栽种
	（9）水红 C-10 M-100 Y-100 K-00	全色	已婚青年	朱顶红	典型的庭院栽种品种
黄色系	（10）中黄 C-00 M-11 Y-90 K-00	全色，少量图案	少年	黄色石斛兰 [Dendrobium]	野生与庭院栽培
	（11）橘黄 C-00 M-60 Y-90 K-0	与其他色彩搭配	已婚青年	黄色野牡丹	典型的庭院栽种植物
	（12）深黄 C-05 M-20 Y-90 K-01	全色	僧侣	地涌金莲	典型的佛寺庭院植物，有宗教含义
绿色系	（13）浅黄绿 C-20 M-00 Y-60 K-00	配暗花图案，密布全身	青年、中年	绿色麻栗坡兜兰	观赏植物
紫色系	（14）紫黑 C-50 M-85 Y-05 K-02	密集花纹图案，全色	中老年	老虎须 [Tacca integrifolia]	宿根花卉，花期4至5月，果期8至10月，野生于中、低海拔约100至1500米处的水边、沟谷季雨林中。供观赏，根茎可入药。
	（15）浅紫 C-30 M-60 Y-05 K-00	与同量面积暗色图案搭配	中老年	万代兰	同（3）

| 白色系 | （16）乳白
C－50
M－05
Y－15
K－00 | 配暗花图案，密布全身 | 青年、中年 | 栀子花
[Gardenia jasminoides Ellis] | 花期6至8月，果期9至11月。茜草科，常绿灌木，可用以熏茶和提取香料；根、叶、果实均可入药；木材坚实可供雕刻。 |
| | （17）白
C－00
M－00
Y－00
K－00 | 与其他色彩面积接近地搭配组合 | 青年 | 白色变种石斛兰
[Dendrobium] | 自然花期3至6月，喜温暖气候和多湿环境，主要观赏用。 |

图3-5　西双版纳勐腊县勐仑镇地区傣族服装色彩与本土花卉色彩主要对应情况
红色系图像比较（与表3.4的内容一致）

（1）	（2）
（3）	（4）
（5）	（6）
（7）	（8）
（9）	

（1）	（2）
（3）	（4）
（5）	（6）
（7）	（8）

图3-6　西双版纳勐腊县勐仑镇地区傣族服装色彩与本土花卉色彩主要对应情况
黄色系、绿色系、紫色系、白色系图像比较（与表3.4的内容一致）

　　这一组图像比较研究的实例关键不在于花卉色彩与服饰色彩搭配方式之间的接近，因为全世界各个地区的服色传统都含有这样的方式，花卉色彩与服饰色彩关系的接近并不特殊，特殊的是，在这区域内服饰色彩出现的频次和区域内特色花卉色彩出现的频次一致。从上表中可以看到，从红色系到最后的白色系，服饰色彩被选择的数量比例与花卉色彩存在着内在的密切对应性。说明生态环境对区域内的审美意识的影响深度。

四、滇西南地区少数民族的色彩审美观念与生态环境

　　傣族人自幼就被培养出以保护生态环境为荣的道德观，他们把种树视作善莫大焉的积德之行，并认为自家庭院植物的茂盛亦象征着家族的福运。每户傣族人家都在竹楼下面围上更大的一片空地作为自家的花园，人们在庭院篱笆内外栽满五彩缤纷的花木，除一部分经济实用作物外大多是纯粹用来美化环境的。傣家有句谚语"男人爱种树，女人爱戴花"，说明了爱护植物的传统道德观已经逐渐深入人心演化为一种对美好环境向往的审美情感。受傣族的影响，这种对种树栽花的喜好也在滇西南的其他民

族中流行起来，以至于滇西南的少数民族村寨在人们的心目中已成为一座座名副其实的民族植物园。从傣族民间文学中，可以管窥民族审美意识的花卉情结，在节日里男人对女人唱的《赞花情诗》是这样用花卉来讨好女人们的：

> 金色的糯亮花啊，
>
> 你生长在小河旁边，
>
> 河水天天为你歌唱。
>
> 阿哥多么想变成小河，
>
> 将激荡的水花，
>
> 溅入你的心房。
>
> 银色的茉莉花啊，
>
> 你沐浴着洁白的月光，
>
> 使得星星不断地张望。
>
> 阿哥多么想变成群星，
>
> 展开喜悦的翅膀，
>
> 飞落在你的身旁。
>
> 紫色的糯索花啊，
>
> 你盛开在深山幽谷中，
>
> 令岩石间的绿叶都陶醉于你的清香。
>
> 阿哥多么想变成幽谷，
>
> 牵着你的手，
>
> 一同走进梦乡。[1]

《赞花情诗》是最能打动姑娘芳心的歌声，因为在她们的内心里，都希望自己就是生长在丛林里的一朵美丽的山花。但是，以花喻人也不能滥施堆砌。聪明的小伙子就会选择形容贴切的花种，唱到姑娘心底最得意之处，他就会一曲成功。如果你的心上人是个出类拔萃的漂亮姑娘。那就一定要唱出色彩鲜艳，香气浓郁的索腊批花；对肌肤雪白的姑娘，要称呼她粉团花似的妹妹；对健康开朗热情的姑娘，必须直接唱道："你就是那火一样红的攀枝花！"无论一开始是怎样的美饰、颂扬，最后总不会忘记用染饭花来恭维一下恋人。染饭花是田野间长年盛开的一种普通小花，色彩算不上鲜艳。但傣族人离不开它，赕佛、祭祖、待客的节日糯米饭都要靠它来染成吉祥的色彩，散出福运的芳香。所以把姑娘们比拟为平凡而又重要的染饭花，是在夸奖她们勤劳淳朴的品德，她们会像染饭花那样，使未来的生活更香甜。[2]

要想唱好花卉情歌，小伙子们就要提前学习大量的花卉知识，要不然到时把红花说成了白色的，把庭院花说成了森林野花，就会受到人家的笑话。西双版纳美丽的花朵成百上千，尽可以用来赞美自己的心上人，但有一种叫做"糯散染"的三色花，绝对不能唱到歌里。因为它在一天中会变更三种颜色：早晨紫红，中午淡红，傍晚后

---

[1]　岩峰等著，《傣族文学史》，云南民族出版社，1995年，第305页。

[2]　许又凯等著，《热带雨林漫游与民族森林文化趣谈》，云南科技出版社，1998年，第111页。

一片素白。花色虽美却无香气，常被人们用来形容对爱情不够忠贞、容易变心的人。在傣族人的心目中，花卉的品性已经成为对人的衡量准则，尤其对于女性，他们认为女人就是花变成的，所以傣族女人以花为美的标准。因此，通过文学中所反映出来的民族审美意识，也充分体现了区域明显的生态文化特征，说明滇西南少数民族视觉文化中审美意象形成和演化的根源。在这样的民族审美意象建构下，区域色彩的直观素材中，只有花卉能够为先民提供纯度较高的自然色彩提示。于是，人们将对花卉的审美判断转移到了对花卉色彩的崇尚，开始把花卉的色彩凝聚为花卉人格的一种象征手段。对于版纳地区的女性而言，在节日里穿着色彩鲜艳的服装出没于热带雨林之中，无异于将自身修饰为可移动的森林花卉群落，以取悦异性的目光。

　　少数民族民间美术是一种集体审美意识的表现和非职业艺术化的审美劳动，从物质文化、精神文化的多重角度，我们都可以清晰地看到滇西南地区少数民族色彩审美意识创造过程的生态、地理特征。而这种审美意识有时则以一种"集体潜意识"的状态渗透在部落生活的方方面面，反复折射着族群生活中的审美理想，滇西南地区少数民族服饰色彩审美意识中这种生态、地理文化特征表现得最为突出。傣族对花卉色彩的模拟并非是十分刻意的，就这类问题对版纳的曼打鸠、曼梭醒等几个村寨里的12至17岁的女孩做了专门的访问式调查，她们并不肯定自己在选择服饰色彩时有明确的对植物、花卉的模拟意识，普遍认为在选择当年要穿着的服饰款式是比较随意的。但是，在问及你为什么觉得这种颜色好看的时候，几乎所有的女孩都会马上回答：说因为它像哪种花啊！服饰是区域最典型的一种活动型景观，与区域的自然环境和传统人文环境存在着一种历史积累下的天然的协调性，在区域色彩景观设计中必须予以足够的重视。

第三节　滇西南少数民族建筑材料色彩审美模式的生态、地理特征

一、滇西南少数民族地区的几种典型传统建筑模式

　　严格地说，建筑文化中只包含着地域性、生态性和传统性特征，并不具有鲜明的民族性。即并不存在拉祜族建筑、佤族建筑或傣族建筑的概念，民居建筑一定是在生态地理条件和人文地理因素的综合影响下逐渐形成的一种区域性文化，但在发展过程中各民族居民不断将本民族特有的文化因素融入到建筑文化中去，就使得建筑文化也携带了一定的民族性的特征。

　　这一点在滇西南少数民族地区体现得非常明显：区域内的建筑模式基本不存在民族之间的严格界限，只有缅寺建筑由于宗教信仰的原因只传承于信奉小乘佛教的傣族和部分布朗族村寨中，而多数民居建筑基本都呈现了族际共享的特征。通过反复比较研究，确定了滇西南民居建筑的四大亚类：

（1）干栏式系统

①木掌楼

②竹楼

③鸡罩笼木楼

（2）落地式系统

干栏式系统内的三个主要模式和落地式系统的全体构成这四大类，按照材料分类法详细划分的基本类型为13种，但其中也有交错的部分。

这四个亚类的建筑技术源流并不一定都能够固定为一个明确的方向，也不可能只是因为源流方向的不同而造成目前各系统的纷杂面貌，民居建筑技术的传播历史很可能是相互交错、反复、改造、再交流的一个复杂的过程，要想弄清楚其中具体的承传关系需要相当长的调查时间和深入的比较研究。但为了比较简便地理解滇西南地区的传统民居建筑模式体系的基本历史沿革关系，并在今后的建设项目中实际应用这个成果，我决定对具有典型性的建筑模式做一个基本规律的比较研究，将传统建筑造型模式体系的基本关系做一个有参考价值的描述。因此不再计较每个亚类中各型、式的复杂演变过程。在本小节，主要的研究方法就是将区域中心的民居建筑类型与区域周边地区的民居建筑类型做一个综合的归类，在滇西南地区的整体建筑技术系统关系网络中观察分区分布的情况，寻找其中比较明确的类型结构关系。再通过文献记载，确认各民族之间有可能存在这种文化上的交流关系或者是移民历史，以此确定建筑模式之间的传承和改造情况。有内容不详的地方辅助实地调查的资料，找到相应的根据。关于区域内几个主要民居建筑类型的详细说明请见下表：

表3.5　滇西南少数民族地区传统民居建筑模式体系一览

结构分类	材料分类	造型特征	分布	源流
干栏式	竹楼	瓦顶木楼俗称"竹楼"	歇山式四面坡大屋顶，脚柱群架起，多挑台、挑廊、宽阔晒台。	主要分布于区域南部，典型地区为版纳、澜沧糯福、孟连等地。	歇山式的产生是建筑技术进步的标志，因此普遍认为是从南部傣族地区传播来的。
		竹笆墙木脚楼			
		草顶木脚楼			
	鸡罩笼木楼	草顶加山面坡檐木楼民间俗称"鸡罩笼"	悬山式屋顶在山面加弧形披檐，屋顶坡面陡立，少挑台、挑廊，有晒台，多与建筑主体分割开，入口在山面。	主要分布在区域西北部的沧源、澜沧雪林、缅甸等地。	与北面沧源地区的佤族民居一脉相承。南部的拉祜族民居草顶竹楼屋顶也采取这种样式，只是角度没有鸡罩笼陡。
		悬山瓦顶加山面草披檐木楼		澜沧雪林大寨有此类是前者改良的过渡型。	
	木掌楼	悬山顶穿斗构架木楼	悬山式屋顶，多在山面增设晒台，入口方向设在正面，正面立墙用木板，其他三面为土基墙；也有少部分全用木板墙的	区域江东的大部分地区，典型地区包括思茅、普洱、景谷、澜沧上允、谦六以及双江、临沧等地。	这种民居样式主要分布于思茅东部等滇西南的大部分汉族与少数民族杂居地区，来自汉族工匠。也有部分技术可能来自西北部的临沧。
		穿斗土基木掌楼（民间俗称"老板房"）			
落地式	土基房	悬山式屋顶，正面设置入口，占地平面多为凹形，成为门廊。正面或不开门，由两面开门。	几乎于中心区域的各地都有分布，但作为主要居住使用，集中于北部地区。	原始的筑墙、造顶手段，可能是较早从北面传来的技术，或移民带来。
	挂墙房			
	充墙房			
	散片房			
	竹笆墙房			
	木板房			

通过以上各类型建筑的分布规律判断，竹楼肯定是南亚民居建筑体系的传统模式；木掌楼的来源也可以肯定是东部汉族移民的技术传播；难以断定的是，鸡罩笼和落地式的先后和分布问题。但可以肯定两者都来于北部和西部地区的山地民族，而落地式中有的技术比较先进，如救苦布朗族的民居建筑，有的很落后，如安康大寨的木板、竹笆房等。分布情况如下：

图3-7 滇西南民居建筑造型模式亚类分布与源流示意图

二、民居建筑中干栏式系统的材料色彩审美模式

干栏式建筑是云南民居建筑的一个最主要的类型，历史上曾经是长江流域及其以南地区普遍采用的民居样式，随着建筑技术的进步和历史的变迁，其主要分布地区逐渐萎缩向西南移动，成为云南、贵州等西南地区的民居建筑主体样式。[1]其主要构造特点是使用脚柱将房屋架空，人居住于上层在下层豢养牲畜的特殊居住空间营造。这种建筑系统的优点是可以防范野兽侵袭、洪水侵害、抗潮湿、便于通风散热，面积小结构简易的住屋准备好材料后一般只需一天就可以完工。

[1] 单德启著，《从传统民居到地方建筑》，中国建筑工业出版社，2004年，第6~7页："表1 中国传统民居分类分布地区和基本特征"。

（一）竹楼

干栏式系统结构分类法的第一大亚类"竹楼"是民间通俗的称谓，目前滇西南各地的竹楼都不再以竹子为主要的建筑材料，只是在名称上仍然保持以前的习惯叫法，是南方民居中干栏式"楼居"类型里最普遍的一个民居建筑类型。学术界普遍认定干栏式竹楼是古老的百越民族最通用的民居样式，而滇西南的竹楼主要由居住在地区南部以傣族为主体的少数民族发展形成的，在滇西南地区属于建筑技术水平比较先进的一个类型。其基本空间格局为矩形伸展，屋顶用歇山式四面坡大屋顶样式，早年多用茅草、竹笆等材料铺设，近30年来80%的民居已经陆续更新为瓦面屋顶。二层上多设挑台、挑廊、门廊，门多开于正面，多从山面或正面延伸出开阔的晒台，供日常家务劳作使用。目前主要的分布核心区域是西双版纳的傣族、布朗族、哈尼族地区，澜沧县南部靠近版纳勐海县的大部分傣族、哈尼族、布朗族多采用这种类型，南部的大部分拉祜族村寨目前也多采用。见图：

图3-8　澜沧惠民乡景迈傣族民居干栏式竹楼

（二）鸡罩笼

干栏式系统结构分类法的第二大亚类"鸡罩笼"，也是民间象形比喻的称谓，以其外形酷似当地扣养家禽的罩笼而得名。鸡罩笼式木楼是比较原始的一种干栏式建筑，无论体量、脚柱高度、格局和技术的复杂性都不及竹楼，主要的造型特点是屋顶采用悬山式并在山面加圆弧形的披檐，屋顶坡面陡立，故似鸡罩笼。根据杨昌鸣在《东南亚与中国西南少数民族建筑文化探析》中的研究，鸡罩笼式应是原始悬山屋顶样式经过长脊短檐式发展后的创新式样，之后在它的基础上土著居民才又发明的歇山式屋顶。[1]因此鸡罩笼木楼较竹楼为原始。澜沧县境内的鸡罩笼木楼分布地域本来十分广阔，但在近20年的住屋改造工程中往往采用瓦顶竹楼样式为替代建筑模式，因此

---

[1]　杨昌鸣著，《东南亚与中国西南少数民族建筑文化探析》，天津大学出版社，2004年，第97页。

消失的速度非常快，目前原始样式仅以雪林乡左都村大寨、岔沟寨等为典型，雪林大寨自地震以后样式改造比较大，但也形成了在使用石棉瓦加盖屋顶以后用草顶加设山面披檐的传统过渡式样。茅草房改造工程以前，澜沧县南部拉祜族村寨也是以鸡罩笼式草顶木楼为主要样式，即同样是采用悬山式屋顶并在山面加圆弧形的披檐，但屋顶立面角度不如左都类型陡峭，故外形已很接近竹楼。

图3-9 澜沧左都佤族民居——鸡罩笼式木楼

（三）木掌楼

干栏式系统结构分类法的第三大亚类"木掌楼"在民间也被称做"老板房"，与南方民居吊脚楼也有相近之处，有两个主要的分支，一类是全木板围合为立墙的穿斗式木楼，一类是除正面外三面均使用土坯砖垒起为土基墙的穿斗式木楼，也称"土板楼"（这一类在景迈的芒埂寨又见将干栏式竹楼以土基墙围合的新变体，但不成系统）。前者在澜沧县境内很少见，但多见于澜沧江东的各个少数民族与汉族杂居地区。木掌楼的屋顶普遍采用悬山顶挂瓦，像传统的干栏式民居风俗一样，一般是在上层住人，下层堆积杂物或接待客人，但如传统竹楼似的豢养牲畜的现象不多，而是在院落里住屋对面另建牛棚和猪圈等。建筑装饰的手法与其他滇西南地区的汉族应用基本一样，一些细微处的造型模式显然是汉族工匠按照原来的汉族样式添加进去的。最典型的是屋脊上的山面悬鱼和卷瓦造型，悬鱼显然有滇西北的文化影迹，而卷瓦造型的装饰手法，现在在四川、湖南、贵州等南方民居中是非常常见的。土基木掌楼在澜沧县境内的典型分布地区为上允和大山、谦六，主要是傣族和汉族、拉祜族所采用的民居样式，根据我们在上允地区和谦六的调查，这种民居样式是近代从澜沧江东各族移民传过来的。

滇西南地区干栏式系统民居建筑的景观色彩面貌主要依靠建筑材料来表现，因此，其生态、地理特征十分突出。干栏式系统的统一特征就是都采用木料来作为脚柱支撑建筑整体，竹楼相对使用木料构建外观比较多，而木材自然有一个从新、亮

图3-10　上允镇老街村傣族近代民居建筑的流行样式——土基木掌楼

到陈旧、乌黑的转变过程，构成材料色彩景观的微妙变化。如果是从高处俯视，每个村社的整体景观就主要由瓦顶的色彩来呈现。竹楼多采用缅瓦覆顶，呈黑灰色或赭灰色，年久的屋顶常年覆盖着苔藓等绿色寄生物，构成了建筑群俯视的主要色彩景观。

西盟、沧源、孟连等地的拉祜族、佤族民居也多采取鸡罩笼式，多与左都类型相同或十分接近，但也存在着竹楼特点，是原始鸡罩笼式民居建筑吸收众多建筑优点

图3-11　已经修复好屋顶的鸡罩笼民居效果和正在替换草排的场景

改进后的衍生类型。目前仍然使用鸡罩笼式民居样式的村寨，基本都是没有改变原始山地居住方式的族群，他们仍然居住在高山顶上，常年日照强烈、山风猛烈。出于避雨、避风的目的，屋顶必须构成陡坡，雨水不至于在屋顶过多停留，可以顺利地滑落。而早先的鸡罩笼式住屋是没有立墙的，被叫做"三角屋"，只依靠屋顶倾斜下来把整个地板覆盖住，如帐篷一样。[1]而山面屋顶由于容易透风，建筑技术自身的防风性能又很差，风力很容易破坏屋顶的坚固性，这片披檐就做成了圆弧形，有助于转化风力的方向，免于被大风破坏。后来吸收了干栏式建筑优点从落地式改良为脚柱支撑的木楼，以后又增设了立墙，但防风依然主要依靠屋顶的坡面。因此，这种鸡罩笼式

---

[1]　蒋高宸著，《云南民族住屋文化》，云南大学出版社，1997年，第218页。

建筑的景观色彩无论从哪个角度观察，其屋顶坡面的茅草都是最主要的色彩材料。由于每年春节期间，家家户户还要组织修整屋顶，替换一些新的草排上去，屋顶也会呈现深浅不一、新旧交错的独特色彩景观。

而木掌楼的外观色彩主要还是依靠墙体材料的选择和部分涂料的使用。除了澜沧江以东地区的纯木板式木楼以外，大多数的木掌楼还是采用三面围合的土基墙为主要墙体材料，有的人家直接裸露着墙体材料色，而有的大户人家则用白粉重新粉刷墙面，并在木板和柱子上用红色油漆。这种技术主要是东部汉族和部分傣族（汉傣支系）所推广的。

图3-12　普洱县同兴乡那柯里村李明尚家的老宅院"粉墙朱户"的传统

三、民居建筑落地式系统的材料色彩审美模式

落地式从建筑结构上看是滇西南地区山居民族中更古老的一个民居建筑类型，应该是目前所知的各类型中最早出现在当地的。在澜沧芒景布朗族关于建筑的传说中有建筑样式发展的说法，其中前两代建筑都是落地式。落地式没有结构亚类，或可以直接按照立墙和屋顶材料的不同分为木板房、竹笆墙房、土基房、挂墙房、充墙房、茅草房、散（闪）片房七个类型。在具体建设时，几种材料技术还可以联合使用，如土基竹笆房、土基挂墙房等等。

图3-13　澜沧那哈低族寨正在建造中的落地土基房、竹土混合型落地式民居

更详细的分类法与色彩景观特点如下：

（一）屋顶使用材料分类：

1. 茅草

属于区域独特生态资源的应用文化，采集便利、韧度高。现代曾经出现少数使用甘蔗叶等临时替代品现象。以简易的编结技术制作1.5至2米的草排，按照符合标准的位置关系捆扎于屋顶檩条上，透气防雨。茅草屋顶的造型适应性好，视觉效果柔和，色彩呈自然灰度，时间长短不同的草色明度差异较大，年久者因烟熏、日晒等原因可成黑色或灰白色，构成区域人文景观最重要的景观色彩要素。最大的缺点是易燃，火灾隐患大。历史上各村都发生过大规模的火灾，20世纪80年代澜沧糯福乡巴卡乃村曾经发生过殃及全村的大火灾，几乎所有的民居住屋被毁，从此村民开始自发放弃茅草屋顶的传统方式。另一项缺点是需要每年进行更新、修缮，给村民增加了固定的劳动负担。

2. 散片（或称闪片）

十分少见的原始建筑技术，目前基本不再被采用。在全部的调查过程中，只在澜沧县文东乡邦崴大寨的一户拉祜纳人家和糯福乡帮坡村的一户拉祜西人家见到采用散片屋顶的落地式散片房。散片的制作方法是砍切出不十分规则的方形木片，用藤、竹等条编结连片如草排，铺于屋顶檩条上，功能与瓦近似。缺点是防火性差，需要常年更新。又因为需要木料消耗，成本比较高，所以目前消失的速度非常快，已基本见不到了。由于具有十分特殊的视觉景观美感，因此很适于在当地的旅游景点建设中作为代表地域性特色民居建筑的外观造型风格使用。

图3-14　散片房屋顶样式（文东邦崴大寨）

3. 缅瓦

土法烧制，方形薄片，根部有挂勾，又称"片瓦"，横排挂于檩条的横椽条上，每块之间错位排列，以防雨水直接渗漏。多见于南部的傣族传统竹楼中使用，南部拉祜族、哈尼族等也多采用。缅瓦一般新制作的色泽浅灰，一年后即转青黑色，由于瓦面平，易生苔藓，故此多斑驳形态。

图3-15　屋顶挂瓦样式（巴卡乃村帮坡拉祜寨）

4. 卷瓦

最常见于我国西南地区民居建筑中的瓦工模式，多应用于土基房、砖房。竖向排列，一道正摆一道反扣。色彩以烧制时间为准，一般需要烧成黑色，但火候欠点以后即呈红色，屋顶往往因此红、黑、灰三色等交叉混合，形成独特的色彩景观。

图3-16　屋顶卷瓦样式（澜沧下松山林哈尼村）

5. 筒瓦

与卷瓦属于同一基本类型，应用方式和色彩面貌一致。

图3-17　屋顶筒瓦样式（澜沧上允傣族村）

（二）墙体使用材料的分类：

1. 竹

区内最古老的建筑墙体材料之一，主要应用墙体和地板，现在比较少见，但在晒台上还时常使用。优点是竹子材料的韧度好，造价低廉。将竹筒砸扁，压成平片编制。

色彩呈暖绿灰色，晒干后为浅褐黄色，有的呈现白色。

图3-18　屋立面竹笆样式（澜沧木戛班利拉祜村）

2. 木板

近代木板建筑材料从傣族开始逐渐在滇西南地区得到推广，最近几年，几乎成为通用的建筑墙体材料，主要应用于立面和地板。木板比竹笆结实，而且厚度大，保暖、防风性能强，湿度隔绝性也稍好。缺点是损害生态环境，生态成本过高。但在区域南部的许多傣族、哈尼族地区，对这样的木板建筑保留着很深的感情，居住审美意识强烈。

木板的材料色彩变化比较丰富，但基本属于暖灰色系，新木材或松木的色泽更亮，时间长了以后普遍呈灰褐色。北部高山地区所采用的木材多呈现红褐色，佤族喜爱在木板上刻画一些装饰性的图形。

图3-19 屋立面木板样式
（澜沧雪林左
都佤族村）

3. 土材

包括土基（土基砖）、挂墙和充墙房三类，虽然具体起墙体的技术不同，但色彩外观上都与土壤色彩有直接的呼应关系。

（1）土基

采集本地黏土晒制成砖坯的立墙技术，就各区域分布的观察，这种技术也存在两种系统，一类是从小黑江北面逐渐南传的落地式系统；另一类是从澜沧江东面传来的汉族、傣族木掌楼系统。前者更多地应用于山地民族。

（2）挂墙

佤族和拉祜族都普遍采用，是技术上落后于土基的一个类型，但产生的原因都是一样的，希望通过泥土的使用解决房间的防风和保暖的作用。挂墙技术程序很简单，先搭好纵横双向的竹片支架立起围墙的骨架，把搅拌在一起的泥土与整条的茅草挂在横向搭条上，然后用手进行粗略的修整。

（3）充墙

技术过程与挂墙十分类似，用木板做好墙体空间的格子，将泥土和茅草填充进去，然后按顺序固定到立墙上。

滇西南地区多红壤、棕红壤、黄壤，不同村社的土壤色彩略有小别，但整体色调近似，远望村落，红土意象明确，并十分美观，具有典型的地貌、人文特色。

图3-20　屋立面挂墙样式
（澜沧上允芒蚌佤族村）

第四节　滇西南少数民族造型艺术中的色彩运用模式与审美心理

　　服饰与建筑的色彩，与其说是一种艺术，不如说是一种民俗、一种民俗心理或一种民族审美选择的习惯意识。这种意识受到区域生态、地理条件的限制，有时候甚至是决定性的作用。作为区域的景观色彩，几乎全世界各个国家和地区都保存着从区域土壤、岩石中采集建筑材料的技术传统，由于各个地区的地质面貌差异，这种传统的建筑景观色彩自然形成了区域之间的差异性，而每个区域内部也由于这种条件的特性其建筑色彩也必然是一种色系接近的调和色调关系。

　　滇西南地区的服饰色彩主要由山地民族的黑、红块面搭配系统和傣族的高纯度、高明度色彩系统组成，都与植物生态条件发生最直接的关系；民居建筑景观主要由地理环境的泥、木、竹、石决定色彩倾向，一般都趋向于暖灰色系，只是木材等色相纯度略低，而红土色彩的纯度表现还不错。唯一特殊的情况就是东部傣族和汉族流传着白色涂料粉饰墙面的传统。作为区域景观色彩特质的描述，上述两项都重在审美意识支配下的选择，而少主观创造。若欲探讨区域人群主观创造力中对色彩有什么独特的运用？必须从区域传统的造型艺术中进一步挖掘。而造型艺术，是指超越一般生活需求而产生的造型创造活动中的"作品"，区别于生活实用艺术的其他视觉审美劳动。在滇西南地区，由于历史上相对缺少经济实力强盛的文化中心，自然在职业艺术上的发展缓慢。这种纯粹的造型艺术材料非常稀少，只有从宗教装饰艺术和日用装饰品的设计中窥得一斑。

一、原始宗教自然崇拜形态下的生态色彩模式

　　原始宗教不是宗教，没有教团社会体制的形成，因此不具备经济实力，也不可能

像历史上成熟宗教集团那样豢养职业艺术家进行创作。但原始宗教的许多神职人员也具有了职业艺术家的条件，比如可以享受村民集体的供养并必须负责本村的宗教艺术建设工作、负责向村民讲解宗教主题和民族历史的传说等。但这种职权毕竟是限制在本村社之中，缺少交流、竞争，也缺少传承体制的保障。尤其原始宗教艺术的色彩运用，也主要依靠对生态材料的选择，很少使用人工颜料。

但是，原始宗教艺术中的材料选择与民居建筑不同，民居的材料选择是纯粹从经济、实用角度考虑，而原始宗教艺术对材料的选择是赋予了一定的传统含义，有时还有一定的规范。这种规范导致了该材料完成了符号性象征的过程，其色彩形象也必定具有了一些微妙的视觉符号性。

佤族原始宗教文化的核心部分是木鼓文化，木鼓是佤族人原始崇拜文化体系中的通天神器。20世纪50年代，在部分佤族村寨里仍能见得到神秘的木鼓房，至1958年以后，随着部落逐渐革除了猎头习俗，木鼓也都被丢弃荒野，木鼓文化在20世纪60年代完全退出了历史舞台。对木鼓文化的研究，目前分为三个阶段：第一阶段是民族社会历史调查阶段，1956年全国人民代表大会民族委员会组织了少数民族社会历史调查组，其中佤族分组于1956年至1958年之间，对佤族地区进行社会历史调查，主要参与的调查人员有田继周、李仰松、罗之基等。代表成果为《佤族社会历史调查》[1]、《佤族简史》[2]等。这一阶段以对"拉木鼓""猎头"等民族原始宗教习俗的调查、记录为主，做了一些基本的图像资料记录工作，传达了民族自我对传统文化的认识和理解，从木鼓的功能角度确认木鼓是通鬼神的工具和统一的军事信号。[3]

图3-21 佤族木鼓房（作者摹绘）

[1] 《民族问题五种丛书》云南省编辑委员会编，《中国少数民族社会历史调查资料丛刊——佤族社会历史调查》（1~3），云南人民出版社，1983年。

[2] 《佤族简史》编写组，《国家民委民族问题五种丛书之一、中国少数民族简史丛书——佤族简史》，云南教育出版社，1986年。

[3] 《中国少数民族社会历史调查资料丛刊——佤族社会历史调查》（1~3），云南人民出版社，1983年，第174页。

第二阶段是在民族学研究的基础上对木鼓文化现象做文化上的诠释，主要研究者为罗之基、李道勇和本民族学者赵富荣等。代表成果为《佤族社会历史与文化》[1]、《佤族风俗志》。他们在总体总结佤族社会历史文化的过程里，对木鼓文化做文化属性的基本定义，认为木鼓也有被崇拜的神性因素，是氏族、村社的标志等等。罗之基感到木鼓和猎头之间存在着某种内在的联系，并认为随着农村公社制度日渐没落，木鼓的作用和意义也逐渐趋于淡化，因此她判断木鼓最初的意义是作为父系氏族的标志[2]。

第三阶段是开始从原始宗教文化的比较中推测木鼓产生的文化根源，代表著作有本民族学者魏德明的《佤族文化史》、杨兆麟的《原始物象》、王敬骝的《佤族木鼓考》[3]。魏德明认为木鼓是对女性祖先、女神麻农（烨奴姆）身体的象征，是女性生殖崇拜文化的表现[4]。王敬骝从佤族传说中木鼓习俗存在的时间推算，认为佤族木鼓来源于壮、傣先民的"春堂"[5]。杨兆麟基本支持上述两人的观点，并发现木鼓的敲击动作似是对交媾的模仿，认为也"不排除部分村寨把木鼓作为雌雄同体的灵物崇拜"的可能[6]。第三阶段的成果有了关键性的突破，但研究思维在横向联系的拓展方面仍然不足，对佤族木鼓文化的解析没有形成理据充分的理论体系。

据佤族群众传说，木鼓造型奇特的内腔是佤族人刻意模仿女性生殖器形状凿制的[7]。许多学者认为木鼓即女神的物化偶像，它应该是起源于母系氏族时代体现着女性生殖力崇拜的古代神器[8]。全球女性生殖崇拜文化最典型的造型实例是在欧洲频繁出土的史前母神雕像"维纳斯"[Venus]，这些雕像无一例外地突出表现了女性生育时期的身体特征——豪乳广腹肥臀。与欧洲母神雕像"维纳斯"十分相似的是辽宁喀左县大城镇东山嘴的红山文化祭祀神庙遗址出土的地母女神陶塑，其造型也是大腹、肥臀，很多学者不约而同地将这批陶塑与欧洲的史前"维纳斯"相提并论[9]。在云南的原始女性生殖崇拜文化现象有两例典型代表：其一是大理剑川石宝山第8窟的石雕女阴"阿央白"；其二是滇西北的"巴丁喇木"女神。"阿央白"是当地妇女祈求得子、顺产必去供奉的神位，无具体偶像，只是在佛教石窟中留有神龛莲花座上的一空石洞，与女性生殖器造型相似。有人推测该处原有佛像，损毁后当地百姓根据民间信仰心理重新解释了这个莲花座的含义，日久遂转换身份为女性生殖崇拜的对象[10]。据说滇川交界的喇孜山乌角尼可岩洞里秘藏着的一尊钟乳石，它天然一副性征夸张的女人

[1]　罗之基著，《佤族社会历史与文化》，中央民族大学出版社，1995年；赵富荣著，《佤族风俗志》，中央民族大学出版社，1994年。

[2]　罗之基著，《佤族社会历史与文化》，第322页。

[3]　魏德明著，《佤族文化史》，云南民族出版社，2001年；杨兆麟著，《原始物象——村寨的守护和祈愿》，云南教育出版社，2000年；王敬骝著，《佤族木鼓考》，载于《民族艺术研究》，1980年第3期。

[4]　魏德明著，《佤族文化史》，第278页。

[5]　王敬骝著，《佤族木鼓考》，载于《民族艺术研究》，1980年第3期，第45页。

[6]　杨兆麟著，《原始物象——村寨的守护和祈愿》，第284页。

[7]　罗之基著，《佤族社会历史与文化》，第321~322页。

[8]　魏德明著，《佤族文化史》，第278页。

[9]　王震中著，《中国文明起源的比较研究》，陕西人民出版社，1998年，第158页。

[10]　邓启耀《灵性高原——茶马古道寻访》，浙江人民出版社，1998年，第34页。

体模样：丰乳肥臀细腰，尤其是阴部自然形成一条指长的狭长凹孔。该石被附近的藏族、普米族和摩梭人奉为繁殖女神"巴丁喇木"，其崇拜的目的主要是为女人求孕，属典型的女性生殖崇拜[1]。综上所述，同是生殖崇拜的偶像物，其间造型手法的水平差别很大，有的十分写实，有的只是借助人群的想象虚拟一个意象，但它们在巫术行为中使用的目的都是祈求部落的生育力能持续旺盛或女人的生产顺利等等。生殖崇拜形成于部落的生产能力达到相当水平的时代——增加人口可以帮助部落在族群竞争的过程中保障优势地位。当人们还不能认识生育的自然规律时，便凭借直观的感性认识开始产生了借助外物增长生育量的愿望。

与生殖崇拜不同，佤族木鼓的主体价值在于召神或祭神，同时还作为部落啸聚和集体舞蹈活动的实用工具和娱乐工具使用，文化层次比一般的生殖崇拜物复杂的多。木鼓的核心宗教意义是应用于祈求谷物丰收的供头行为中，因此木鼓显然不是母性崇拜物，而是远古流传下来的一种生殖模拟法术[2]中的施法工具，目的在于以激烈的击鼓增强大自然的生育力。原始人深信"交媾能催促种子发芽、禽兽繁殖"[3]，孙新周在研究中国原始艺术符号时，发现交媾图案是一种用来催促降雨的巫术图，被巫师大量绘制于陶器上，这些陶器也就具有了"求雨使土地丰产"的巫术功能。因为原始先民认为降雨就是天与地的交媾行为，天地交媾的结果就是土地上的农作物丰收[4]。澳洲某土著常在春季举行一种交媾舞会，妇女们手持男根模型模仿性交的动作起舞，其超自然的目的是希望人为的性意念能够感染稻田和牧场里的种子。青海玉树的部分藏族村落中也流行着类似的春季交媾舞会，不过舞者双手所持的道具更接近木鼓——她们挥击着两性生殖器的模型以模拟交媾，同时还要向舞圈中心的牧牛身上拍打，以为经此仪式后今年牛群的数量会成倍增加[5]。集体交媾舞蹈多是用来影响自然而非促进人群自身生育的，从未在佤族民间传说中看到木鼓与人类的生殖繁衍相关联的蛛丝马迹。生殖崇拜与生殖模拟法术是完全不同的两种原始文化现象，后者是在部落食物不能满足需要的情况下，出于对大自然有所作为的心理需求而形成的，是以人的生殖力作用于自然，与地母生殖文化恰恰相反。鼓类多产生于群体舞蹈的需要，满足原始人群的节奏性娱乐，木鼓文化的主题又明确指向部落对食物的需要，所以木鼓应是早期部分族群实施交媾舞蹈的工具。

[1] 杨学政著，《原始宗教论》，云南人民出版社，1991年，第225页。

[2] 起源于早期原始社会的准宗教现象，无依靠神力的观念，施术多为模仿，杨学政著，《原始宗教论》，第11~30页。法术概念是西方学者在研究原始文化时所归纳出来的用以区分产生神灵观念以后的原始宗教行为。"物活论"是马特在1899年创造的，比此前的万物有灵论形容得更为贴切。后来也出现了一些反对使用法术一词的观点。如埃德温·史密斯博士在《非洲人的象征论》中主张以活力代替法术。本文作者也并不十分赞同广泛使用法术概念，尤其是生殖形式的法术和同类巫术的关系尚待深入的研究。但就佤族木鼓而言，使用法术概念比较容易理解与猎头在文化属性上的前后关系，故沿用。

[3] 柯斯文著，《原始文化史纲》，三联出版社，1957年，第170页；孙新周著，《中国原始艺术符号的文化破译》，中央民族大学出版社，1998年，第36页。

[4] 孙新周著，《中国原始艺术符号的文化破译》，第36页。

[5] 杨学政著，《原始宗教论》，第19页。

那么，木鼓究竟需不需要进行装饰？最早在民族出版社的《中国少数民族地区画集丛刊——云南》中看到一幅至迟是20世纪80年代拍摄的照片，那是一个佤族木鼓舞的表演场面，其中的木鼓被红、黑二色油漆涂饰着类似筒裙上的图形[1]。在民族出版社1991年出版的《中国少数民族艺术词典》彩色图版中，使用的也是同时拍摄的图片，推测这应该是一次专门为采访而安排的表演[2]。这种情况在全国各地民族园和近年的西盟县、沧源县的佤族木鼓节庆祝节目中就更是习以为常了[3]。根据佤族学者郭锐的介绍，最早被上漆的木鼓是运到昆明保存的一只，那是在20世纪70年代做的事情，目的是为了减缓那只木鼓腐朽的速度。郭锐谈到他对木鼓的调查结论时说：目前还没有听到老木鼓有涂漆装饰的先例，木鼓就应该是一截树干，剥去树皮就可以了。也就是说，目前民族自发组织的传统艺术表演活动和学者的研究结论发生了抵触。

即使对郭锐提供的信息暂不采信，也能够从原始文化和原始思维的一些重要原理的推论中找到真实的答案。法国社会人类学大师路先·列维-布留尔[Lévy-Brühl,Lucién 1857~1939]在他的《原始思维》一书中指出原始人的世界存在着一种特殊性，在原始人的思维里，"感性世界与彼世合而为一。对他们来说，看不见的东西与看得见的东西是分不开的……既然生命、成功、健康以至自然界的整个结构，一切的一切，事实上永远都决定于神秘的力量，那又何必劳神去推理呢？假如人的努力能够提供任何东西，那么这种努力不是应当首先用于解释、确定、如果可能并引起这些力量的出现吗？[4]"木鼓正是在这种思维系统环境中人群试图"解释""确定"和"引起"神秘力量出现的"努力"的一种形式，它是为看不见的世界准备的一件工具，是按照"彼世"的逻辑来制造的。因此，那个世界是否需要装饰，是决定传统木鼓中究竟有没有装饰漆绘的根据。

列维-布留尔将"经常占据着原始人思维的那些看不见的力量"简略总结为三类：死人的鬼魂、自然生物与非生物赋有灵性的神灵和巫师的巫术[5]。在佤族传说中，木鼓的前身是石鼓[6]。木鼓自身的发展恰恰经历了从非生物到生物的转变过程，暗示了人类对生态资源的依赖从非生物的岩石、土壤转向为植物的历程，因此木鼓是一种植物神灵的代表。与木鼓文化紧密联系在一起的"猎头"习俗，就是把死人的魂魄附加到木鼓身上的另一步工作。笔者在2001年完成的硕士学位论文中已经详细地论述了佤族"猎头"习俗的思维本质，我说明了头颅在整个仪式中既不是祭品也不是受崇拜

---

[1] 《中国少数民族地区画集丛刊》总编辑委员会编辑，《中国少数民族地区画集丛刊——云南》，民族出版社，1986年，第38页插图2。

[2] 《中国少数民族艺术词典》编纂委员会编，《中国少数民族艺术词典》，民族出版社，1991年，彩版插图第16页。

[3] 如中共云南省临沧地委宣传部、云南省临沧地区行署文化局编，《'99昆明世博会专号——中国临沧》，临沧1998年，彩版插图"黑头发飘起来"第15页。

[4] 丁由译，[法]列维-布留尔著，《原始思维》，商务印书馆，1981年，第376~377页。

[5] 同上，第377页。

[6] 尚仲豪等编，《佤族民间故事选》，上海文艺出版社，1989年，第12页。

的偶像，而是一个"摄魂巫术"的象征物[1]。原始人比较普遍地认为头颅是魂魄的居所，在原始巫术中头一直被视为灵魂的象征[2]。东非、西非人即相信：灵魂的主体居于人体的顶部，它是人的守护神[3]。佤族猎取人头，是希望能借助这个头颅灵魂的力量来帮助村寨。

佤族"猎头"习俗中的人头最终也要"转生"。头颅作为本社保护神有一年的周期，在木鼓房供存一年后族人就要举行"砍牛尾巴送人头鬼"的仪式将其迁入鬼林（也称为"竜山""竜林"）或埋入地下[4]，人们在鬼林中为每一颗头骨立一根人头桩，人头桩雕刻成概括的人形，仿佛是为头颅再造的本身，并在桩体上刻凿斜方格涂上牛血、石灰，据说这种行为象征着对人头的献祭[5]。

图3-22　佤族鬼林中的
人头桩[6]

鬼林送人头、猎头、木鼓、木鼓房，这是佤族原始宗教艺术核心部分的一个完整的行为系统，如果有装饰，则这些事项应该同时被装饰，表示"那个世界"是需要用装饰语言的。但是根据全部的记录文献显示，这套在20世纪60年代就消失的原始宗教文化系统中，除了最后在鬼林里为人头桩刻方格、涂牛血和石灰以外，不存在任何类型的色彩装饰。人头桩的雕刻也相当原始，有的是立个牌子在上面画一个造型稚拙的骷髅，有的是人脸、躯干的简单形象，而有些地方的人头桩甚至连基本造型都没

[1]　付爱民著，《图式与理想——析论当代中国画创作中传统的误读》，中央民族大学美术学院中国画艺术专业硕士学位论文，2001年，第一章"木鼓启示录"。

[2]　孙新周著，《中国原始艺术符号的文化破译》，中央民族大学出版社，1998年，第19~21页。

[3]　张治强译，[英]帕林德[E. G. Parrinder] 著，《非洲传统宗教》，商务印书馆，1999年，第147页。

[4]　澜沧县雪林乡左都村的佤族人在人头使用到了一定的期限时，用木料制作一个桩子，将人头塞入其中，再埋在木鼓房前的地下。

[5]　杨学政著，《原始宗教论》，第253页。

[6]　作者根据约20世纪50年代照片摹绘，原片提供者：李道勇，拍摄者不详。

有[1]，只是起到一个存放人头的作用。为什么只有木鼓在后来出现了装饰性的图形和色彩呢？因为20世纪80年代以来，木鼓文化这条链条上只有木鼓本身还适合再重新开发出作为民族文化的表演节目，而其他几项都因为与人头有关，不适合重新恢复。而重新恢复起来的木鼓已经不是当年在村寨里啸聚村民的神器了，而是在节日和重大公众场合里展示佤族形象的一种文化符号，现代木鼓上的那些装饰就是在这种双重身份构成的条件下被人为地添加上去的。

图3-23　佤族鬼林中的人头桩（作者根据杨学政《原始宗教论》插图摹绘）

我在调查中拍摄到了一只真正的木鼓，确实是没有任何漆饰，它作为一件文物正安静地躺在沧源县文化局的储藏室里[2]。这只木鼓原是清朝时期佤族头人赠送给傣族土司的礼物，长2.64米，直径0.55米，是选用红毛树的树干制作而成。在澜沧雪林左都村调查植物文化的时候，向导鲍先跃[3]向我们介绍说，红毛树对于佤族来说是一种很重要的树，在建房子立中柱的时候也是必须得选择红毛树或考地桠（佤语发音）树的树干，肚子疼的时候也可以咀嚼红毛树的叶子止痛。

图3-24　沧源文化局保存的木鼓（左），鲍先跃在路边摘红毛树的树叶

[1]　中央访问团二分团调查整理《澜沧县情况》，载于云南省编辑组编《国家民委民族问题五种丛书之一、中国少数民族社会历史调查资料丛刊——中央访问团第二分团云南民族情况汇集》（下），云南民族出版社，1986年，第136页。
[2]　位于沧源县县城的广允缅寺厢房内。
[3]　现为雪林乡政府文化干事，原籍左都村，懂得音乐、舞蹈，2005年2月全程陪同我们调查组在左都调查并担任翻译。

看来，重要的是对材料的选择，在佤族原始宗教"艺术"活动中，色彩是纯粹的原生态的。在木鼓文化的丰收法术——摄魂巫术整合行为中，人的魂魄与自然的神灵混合杂处，与人所主动操纵的巫术合并为列维-布留尔所说的三大类神秘力量的总合体，从而聚集了山林中最精华的能量。木鼓巫术行为中充满了族群社会对自然万物的崇拜意念，因此，木、竹、石、血，这些仪式中的材料是存在着选择的传统方式的，这种选择就体现了原始思维中的审美取向。因此，原始宗教艺术中最原初的色彩模式和审美心理，是一种集体意念指导下自然崇拜形态的生态色彩模式，全部色彩都是从自然材料当中得来的，按照宗教性行为的顺序构成特殊的组合方式。

二、生态色彩与人工材料色彩的混合模式

据文献记载，拉祜族在清代初期开始信奉从大理地区传播来的大乘佛教[1]。而至清朝末年，正是当初的大乘佛教教徒"阿的八"从澜沧的东回将佛教信仰带到了南部的糯福南段、龙竹棚一带，并迅速在周围的芒糯、南波底、巴卡乃、宛卡传播，形成了新的佛主领地[2]。但是，通过实地考察发现，上述这些至今保存着非常完整的佛堂信仰系统地方所呈现出的"佛教"只有"佛"的名称，却看不到一点佛教信仰的痕迹，更没有大乘佛教常见的标志性建筑。几乎所有见过南段一带的拉祜族佛堂文化的学者都认为，这是佛教与拉祜族原始宗教相结合的产物。

迄今为止，还没有学者对拉祜族佛堂文化进行过专门研究，我们现在可以参考的文献只是20世纪50年代~60年代所做的少数民族社会历史调查记录[3]。王正华、和少英在所著的《拉祜族文化史》中，针对以前的调查记录做了一次难得的整理[4]，但对各个佛堂的情况没有进行详细的实地考察。刘怡涛曾在《山茶》杂志上就"拉祜族的花卉文化"课题对南段佛堂做了简单的介绍，还没有触及拉祜族佛堂文化系统的问题[5]。2004年7月至8月，笔者带领调查组对澜沧县南部的南段、龙竹棚、芒糯、南波底、巴卡乃、宛卡六座当年建造过高等级佛堂的村寨做了比较详细的调查。为了有比较、研究的根据，2005年2月笔者再次带着部分调查组同志至澜沧县北部的拉祜族地区进行佛堂文化调查，这次调查主要针对拉祜族最早传播大乘佛教的一些地区。在木戛的大班利寨和富邦的塞罕大寨我们发现了两处拉祜佛堂（当地称为佛房），其基本形制果然与南部的拉祜佛堂很接近。但也存在一些很明显的区别：虽然两地的佛堂都多为草顶木、竹搭建的简易落地式房屋，但北方的拉祜佛房室内的空间一般都比较狭窄，而且不善于制作木刻和纸、布艺术品，佛堂建筑群内的造型艺术体系明显单调于南部。南部的佛堂有着丰富的木刻艺术，装饰造型体系繁杂。

[1] 王正华等著，《拉祜族文化史》，云南民族出版社，2002年，第194页。

[2] 《民族问题五种丛书》云南省编辑委员会编，《中国少数民族社会历史调查资料丛刊——拉祜族社会历史调查》（一），云南人民出版社，1982年，第14页。

[3] 《中国少数民族社会历史调查资料丛刊——拉祜族社会历史调查》（一）、（二）。

[4] 王正华等著，《拉祜族文化史》，第194~208页。

[5] 刘怡涛著，《澜沧江畔——一个以花为生的民族》，《山茶》1999年第2期，第20~27页。

图3-25　富邦乡塞罕大寨佛房建筑群

图3-26　县南部糯福乡芒糯寨大佛堂（旧址遗迹）

后来意外地在县东北部富东乡的班崴拉祜大寨旁林箐中，发现了荒废已久的拉祜佛寺遗址。遗址隐藏于山坳中，不易被发现，其中古寺顶高5米以上的正殿、戒堂、影壁等即将倒塌，但目前基本矗立稳固。后来回到村寨中寻访，根据村干部何有才的翻译，村民中一位70岁老者回忆，他十几岁时寺中尚有出家僧人7名，穿黄色僧服，每日有念经等宗教活动。证明这是目前最后一座还未坍塌的拉祜大乘佛教的寺院遗址。

这些建筑实体验证了拉祜族民间传说的真实性，传说中文东的芒大佛房是邀请剑川工匠来修建的砖木结构瓦房。班崴寺院的墙面上确实还保留着当年彩绘壁画的残迹，壁画为白底青、黑二色，绘龙腾祥云，从图案风格来看，是典型的北方大理风格。废墟中偶见几块木雕供桌饰板，也是典型的剑川白族工艺。因此可以断定，班崴佛寺与芒大佛房属于同一个建筑系统，就是当年拉祜族佛教兴盛时期的大乘佛教

图3-27　富东乡班崴大
寨古佛寺遗址

寺院。而塞罕和木戛班利的佛房却是在寺院被毁以后，拉祜族群众自发恢复起来的一组象征性的建筑群，所以佛房内部的陈设过于简单。通过南北拉祜佛堂现状的比较研究，我们就能够基本确定，南部的拉祜佛堂艺术系统很可能没有受北部的大乘佛教体系的影响，而是传承了另一种体系。

　　南部的拉祜族是拉祜西支系，多为清后期从澜沧江东迁徙过来的。这一支拉祜族早年曾被傣族所统治，后来在迁徙途中又受到哈尼族文化很强的影响，一段时间曾奉行哈尼族风俗[1]。我们通过直观的造型风格分析，佛堂内部的装饰设计来自于傣族小乘佛教的摆设更多一些，而佛堂内外的木刻艺术手法，来自哈尼族的木刻传统可能更多些。

图3-28　哈尼族僾尼人
竜巴门与南段
拉祜族佛堂达
门的木刻形态
比较

　　由于迁徙历史和原始宗教艺术系统的复杂性，拉祜佛堂文化表现出三种外沿倾向：大乘佛教的名相、傣族小乘佛教的祭祀装饰体系和哈尼族原始宗教的木刻符号，而内里的主核仍是拉祜族原始信仰的"厄莎"系统。"厄莎"是拉祜族信仰中的最高神、祖先神、创世神，掌管世间万物，但是"厄莎"故事里只有人格化的神鬼关系结构，"厄莎"本身却没有被人格化，至今没有找到任何关于"厄莎"形象的描述。在佛堂里永远没有偶像，只有高矮不一的2个~4个称之为"帕萨"的分梯级的木质灵

---

[1]　《中国少数民族社会历史调查资料丛刊——拉祜族社会历史调查》（一），第4页。

台，每台供奉着供品米饭、蜡烛等，台顶中央一般空置着。其他陈设比如悬挂的白布经幡、剪纸的人物、花草等装饰品非常丰富。

拉祜佛堂艺术的材料色彩包含了两个系统，其一是生态色彩模式，与佤族木鼓的原始思维完全相同，大量采集生态材料组合成一种具有神秘意味和力量的造型组合。如木刻的牡卡密卡、竹笆搭建的佛堂建筑、有木刻墙体的木板、石堆、牛皮等等。其二就是剪纸和布幡、铁制法器、蜂蜡等人造物的使用。人工材料的白色、黑色、黄色介入了原始生态色彩模式中，比起纯粹的生态色彩模式增加了明度对比的差距，形成了新的景观色彩组合关系。更为关键的是，拉祜族原始宗教体制中的巫师参与着佛堂文化的各个角落，巫师身份有等级关系，一般依顺序为"介梦""波库""召八"三类，现在各地多为"召八"管理佛堂，这些人也可以笼统地称为"佛爷"（借鉴傣族称呼）。佛爷"波库"每逢宗教节日举行仪式或初一、十五的时候，就要穿上一件黄

图3-29　南波底拉祜佛堂内部陈设（上）与上允傣族缅寺内部陈设（下）比较

色通体点缀着三角形二方连续图案的长袍，头上戴着黄色的僧帽，肩上背一个黄色的长带挎包，里面放一些应用的物品。"召八"的服饰完全一样，只是底色改为白色，图案为蓝色。

　　这种服饰色彩的介入影响了整个拉祜佛堂文化的色彩模式，在整体暖灰色的氛围里，黄色与黑色相间或蓝白两色相间的佛爷出入阴暗的佛堂空间，在整体白色垂挂的经幡映衬下显得格外夺目，同时又是难得的协调。

图3-30 澜沧糯福芒糯寨拉祜族波库、召八服饰

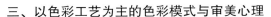

三、以色彩工艺为主的色彩模式与审美心理

通过上述拉祜佛堂与傣族缅寺内部陈设的图像比较，我们也不难看出，傣族缅寺内部的色彩元素显然要丰富的多。

小乘佛教不仅限于傣族，在滇西南地区受到傣族影响而信奉小乘佛教的民族还有一部分布朗族和哈尼族，部分拉祜族和佤族历史上也曾经附和过，基督教传入以后，大多数山地民族都成为了基督教徒。区域内的小乘佛教艺术按照地域和族系基本分为两大部分，一般以孟连和澜沧县县城的勐朗坝为界限，南部为东南亚水傣系统，北部为汉、白合体并与德宏傣族缅寺艺术接近的汉傣系统。两个系统最主要的区别是在建筑模式上：南部系统的殿顶一般均为陡坡度重叠屋檐设计，而且都由中堂和偏厦组合一体；而北部系统是典型的汉地大乘佛教寺院建筑样式，多为单一歇山顶建筑。如图：

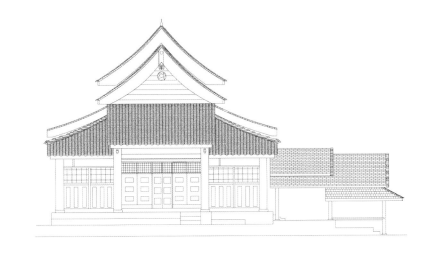

图3-31　澜沧惠民乡景迈村缅寺（南传系统）主殿侧面

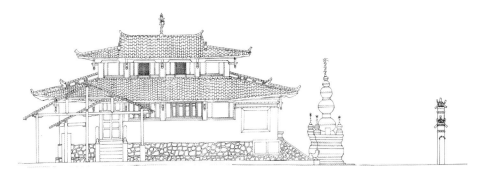

图3-32　澜沧上允镇下允村城子寨缅寺（北传系统）主殿侧面

北传系统的建筑多为大理、剑川、临沧和澜沧江东部的汉族、白族工匠来应聘施工完成的，其中有一个著名的汉族村寨名勐佛，原籍在澜沧江东的景谷县，迁到上允东面以后，是附近傣族修缮缅寺主要礼聘建筑师傅的来源地。北传系统的傣族缅寺建筑艺术中有一个突出的特点，就是门窗的木雕工艺基本都由再现剑川风格的木匠垄断；而大殿的柱子和梁枋之间，南北两系都应用傣族传统工艺"金水"图案进行装饰。"金水"是一种靠刻板漏印手法将金绘图案复制到涂好红漆的柱子和梁枋上的工艺，与汉族地区的建筑彩绘相似，多为花卉、人物、动物，形式上倾向于环绕复杂的曲线，给建筑装饰制造了非常富丽的效果。

这种金水广泛应用于佛寺建筑的内外各处，其具体工艺是先用一层黑漆做底，在黑漆上罩一层红漆，做成暗红色的底色，再在底面上粘贴图形剪纸，然后上金箔或涂金水，晾干以后揭去剪纸便成。在澜沧惠民乡景迈村的芒景布朗族寨调查的时候，我们与当地的土司后代苏国文老师了解到一些传统工艺内容，根据苏国文老师的回忆，以前布朗族建造缅寺和装饰重要的居室、家具的时候，也是采用的这种涂漆工艺。之后我们在距离芒景约5公里的芒洪布朗寨调查八角塔的时候验证了苏国文的介绍：在调查期间，我们发现八角塔周围的一些瓦砾堆里掩藏着一些小乘佛教佛像[1]，其中有佛坐像8件，均为灰色沙石岩、红沙岩质地，外多用黑、红漆制底，上提金花图案。尤其在调查时发现了一个佛龛底座，很明显地采用了这个色彩模式。

随后我们在调查中增加了漆艺用色这一项，发现在澜沧县的竹塘乡、富邦乡、上允镇、文东乡各地，各民族之间都一直流行着这样的漆艺用色模式。各地少数民族群众普遍在准备重新修整家中漆器的时候就邀请外乡专门制作漆器的工匠到家中来小住一段日子，为家里的新家具上漆或为旧家具补漆。所应用的材料都是本地土产可以取得到的，原汁液都从山上的漆树中提取，然后再配以染料。汉族家中也有用赭色底色的家具漆面的，上用黑、红、黄、白四色描绘图案，出现最多的还是黑底色上面用朱红、大红漆的。白庚胜在《色彩与纳西族民俗》一书中，对纳西族传统漆艺做了一些简要的介绍[2]，说明黑红漆艺在云南西部是一项广泛流行的日用装饰工艺。彝族的漆艺也是出名的，但以彝族漆艺为代表的北传羌氏族系的传统漆艺模式应该是在黑色底色上描绘朱红色的图形，而且图形风格以块面和线条的有机结合为主。但傣族的金水图案不同，除了刚才提到过的以暗红色为底色（实际上基本看不到黑色）外，傣族金水工艺中的图形全部为线形图形，几乎不使用大的块面，因此往往呈现出细密的色彩交织效果。

傣族对金色的喜爱甚至到了泛滥的程度，而且经常是金与黄色联用。在缅寺大殿里，除主佛像多漆金身，佛像也多用金黄绸缎包裹，周围黄色帐幔也是使用最多的装饰。在缅寺大殿里悬挂的装饰主要是经幡，其中有的是装饰性的图案幡，有的是佛经故事的连环画。傣族缅寺大殿里的装饰性色彩运用，也体现出他们喜好高纯度色彩的传统，经幡的色彩以黄色、明黄绿、大红等鲜艳、明度高的色彩为主。

总之，区域装饰性的色彩模式在宗教装饰艺术、家具、挎包等装饰用品上表现出鲜明的地域性和族际共享性，特别能够体现区域整体文化的色彩审美心理，在进行实际的色彩设计时是很重要的参考素材。

---

[1]　2004年8月11日，在芒洪八角塔东至西北方圆70米范围内的瓦砾堆、泥土中意外发现残缺佛像，经过仔细寻找、整理，挖掘出可辨认石刻文物33件。调查人：付爱民、黎滔滔。

[2]　白庚胜著，《色彩与纳西族民俗》，第51~53页。

图3-33　澜沧上允镇下允村缅寺殿内金水图案

图3-34　澜沧惠民乡芒洪八角塔佛像底座局部与石质黑红漆佛像残件

图3-35　澜沧上允镇下允村缅寺殿内经幡装饰

图3-36 澜沧上允镇下允村缅寺殿内玻璃镶嵌人物装饰画景谷县勐卧佛寺内傣族群众赕佛场面（右）

第四章

澜沧拉祜族自治县
旅游景观形象设计修编

（景观色彩设计部分）

为了说明本教材所阐发的观点和理论研究、方法研究的具体应用价值与效果，特别选取了作者与云南省思茅市（今普洱市）澜沧拉祜族自治县人民政府合作完成的政府工作项目"云南省澜沧拉祜族自治县旅游景观形象设计"中景观色彩设计部分的实践成果来具体演示设计方法和程序。

第一节　澜沧拉祜族自治县旅游景观形象设计项目综述

一、项目课题建立的时代背景环境与意义

在当前的发展机遇面前，客观、真实、科学而全面地调查澜沧县的民族风情旅游可开发资源是非常迫切的任务，同时在此基础上进行符合现代旅游产业模式的形象设计，也是必须配套同时完成的前瞻性工作，为今后澜沧县的区域经济发展、旅游产业发展建立良性可持续发展模式奠定必要的基础。

为此，由中央民族大学美术学院组织中央民族大学中国少数民族艺术博士研究生付爱民，民族学博士研究生郭锐以及中央民族大学美术学院、图像研究所的项目参与人员累计共23名师生，组成澜沧拉祜族自治县民族风情旅游资源调查与旅游形象设计项目组，于2004年7月至8月、2005年1月至3月，进行两次民族风情旅游资源的田野调查，并根据调查、研究成果进行澜沧县旅游景观形象设计，其中主要内容为城市民族特色的建筑造型模式设计与景观色彩设计。

本设计项目的实施立足于少数民族美术研究的基础进行综合区域性景观、视觉形象设计，在我国的各少数民族地区目前还属首例，因此对于少数民族艺术研究的专业领域以及色彩设计学、旅游规划、景观设计各专业学科都具有开创性的重要意义。

二、设计方案的文件依据

根据云南省城乡规划设计研究院《澜沧拉祜族自治县县城总体规划修编》（2004.9，以下简称《县城总规》）第一部分"县城总体规划文本"、第三章"县域城镇体系规划"、第六节"县域旅游发展规划"：

旅游区性质：以低纬度亚热带风光为背景，以拉祜风情、古茶生态、水域风光为主体特征，围绕主体特色开展观光旅游、休闲度假、文化探源、宗教朝拜、科普考察，是滇西南继版纳傣族、临沧佤族之后的又一个新兴的少数民族风情旅游区，同时，也是"绿色天堂、大型边境通道综合旅游区"思茅市的支撑性景区和澜沧江——湄公河国际旅游干线、云南（亚）热带旅游干线首要目的地滇西南旅游区的配套景区。确定澜沧县的旅游形象为"品千年古茶、尝生态江鱼、跳芦笙恋歌、泡拉祜温泉"[1]。

《县城总规》第一部分"县城总体规划文本"、第四章"县城发展构想"：

---

[1]　云南省城乡规划设计研究院，《澜沧拉祜族自治县县城总体规划修编》，2004年，第3页。

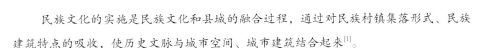

民族文化的实施是民族文化和县城的融合过程，通过对民族村镇集落形式、民族建筑特点的吸收，使历史文脉与城市空间、城市建筑结合起来[1]。

《县城总规》第一部分"县城总体规划文本"、第十章"绿地和县城特色规划"：

通过生态品质的提升形成澜沧县城的（亚）热带雨林生态个性。

通过文化品质和民族特色的提升形成澜沧县城的民族个性。澜沧县的民族文化风格应以拉祜族传统文化为主，兼容佤、哈尼、傣、彝、布朗、汉族的传统文化。建筑要把民族文化与现代文化结合起来，形成具有澜沧民族文化的建筑风格[2]。

根据云南省建设厅云建规[2004]668号文件《关于核定澜沧县城人口规模和用地规模的批复》"城市总体规划人口和用地规模核定意见表"云南省国土资源厅意见（2004．8）：

……做到合理规划，科学布局，进一步突出城市的功能和特色。体现出澜沧作为全国唯一的拉祜族自治县的特点[3]。

根据澳洲U＆A设计国际集团有限公司《澜沧拉祜族自治县龙潭片区控制性详细规划》（2004．10）四、"现状存在的主要问题及规划整合"（一）"存在问题"、5．"'澜沧特色'的塑造"：

澜沧县为多民族地区，是全国唯一的拉祜族民族县，有着丰富的人文景观与自然景观。其中，以"干栏式"（掌楼）建筑闻名。在糯扎渡镇未来的片区建设中，应各自赋予相应的主题，以形成未来的城市特色[4]。

根据以上规划文件精神，项目组确定本设计方案的研究与设计的核心思想为：通过对县域内各主要世居民族的民族建筑、视觉景观文化的调查，分类、整理出能够代表澜沧县地区的民族建筑造型与景观色彩模式系统，并与现代城市建筑、景观设计模式相结合，设计出可以在现代旅游接待城市建设中直接应用的视觉形象要素，为今后的澜沧县城镇建设具体项目提供外观设计上的专业指导和约束性纲领。

三、设计项目的主要内容与应用总则

方案主要分为三个组成部分：

（1）"澜沧县旅游接待城镇建设中的建筑造型模式设计方案"。

（2）"澜沧县旅游接待城镇建设中的景观色彩设计方案"。

（3）"澜沧县旅游接待城镇建设中的公共场所景观设计要素"。

具有突破性的重点是景观色彩设计方案。

本设计方案是作为今后澜沧县县城与乡镇中具有旅游接待功能的城镇建设时的指

---

[1]　云南省城乡规划设计研究院，《澜沧拉祜族自治县县城总体规划修编》，2004年，第4页。

[2]　同上，第6页。

[3]　同上，第33页附件。

[4]　澳洲U＆A设计国际集团有限公司，《澜沧拉祜族自治县龙潭片区控制性详细规划》，2004年，第5页。

导原则，由澜沧县人民政府制定具体的执行标准并组织实施。建议由建设管理部门依据本设计方案对具体建设项目制定执行标准。

由于本设计方案是针对未来城镇建设中的民族特色形象与现代建筑技术结合的归纳设计，所有制图都是对建设元素设计的说明，不能作为具体建设项目的设计图使用。凡设计所涵盖的项目，均应重新依照设计原则参考设计方案进行设计。遇实际情况与本设计方案的基础条件冲突的项目，允许建设单位的设计师进行调整设计，文本中都已给定具体项目的调整范围量和调整方向，但不得违背基本原则。

本设计方案是视觉形象的元素设计，因此不对具体建设项目的土木工程、用地规范、水电、消防、抗震等规划、工程设计部分负责。

第二节　澜沧县旅游接待城镇景观色彩设计的调查、研究依据

一、调查、研究的理论依据

设计项目的调查、研究已综合了美术学、民族学、人文地理学等多种学科的建筑、服装、环境景观设计、色彩学等多个专业的调查研究方法和设计实践手段，并参考了大量的历史、民族学、民居建筑、民族艺术的研究文献资料。依据民族学研究方法判断民族文化现象的文化归属与本质特征；依据美术学、建筑学方法对民族民间视觉艺术的审美特性进行系统化整理和规律总结；依据自然地理学、人文地理学、生态学常识认识构成民族文化的土壤、植被景观基础，在尊重民族文化生态、地理特征的前提下，进行现代城市景观的设计；依据美术设计、景观设计、色彩设计的专业规范，最终确立适合区域形象的设计稿件。

调查结论是本设计项目的第一道难题，因为对民族文化特色形态的基本确认是进行设计的最关键环节。在依据文献和田野调查的资料总结民族造型艺术特征时，强调严谨、求实的学术态度，对不能确认的数据、信息、材料最终不予采用，同时在名词使用习惯等问题上尽量尊重习俗，并力争还原历史原貌。因此，本设计项目的参考信息主要来自项目组2004年至2005年间或组员此前的独立调查结果（占70%以上的内容），有可能在同一问题上与其他学者的调查结果存在着出入或名称的区别。

二、旅游资源的特色依据

（一）澜沧县旅游资源总览

区域旅游规划和旅游形象设计都必须根据区域旅游资源的主体特点来确定区域旅游产业发展的关键节点，并以此树立区域的窗口形象、研究如何通过旅游业窗口对外展示区域的整体形象，其中城镇建设是最关键的形象要素。

澜沧县的旅游资源比较丰富，可开发的项目类型繁多，具有深度开发潜力。但地理分布杂散、品级评价低，再加上没有系统的产业开发和历史上的美誉度、知名度积累，未能建立起资源的利用与保护链条，已拥有的资源存在着潜在的严重流失。通过

以下统计，可以把握澜沧县旅游资源的主体特点。

（二）澜沧县旅游资源的概况统计

根据中国科学院地理研究所制定的《中国旅游资源普查分类表》（1990），目前澜沧县县域内的旅游资源概况如表（见附录，二）。根据表中的数据统计，澜沧县所拥有的旅游资源除中国科学院地理研究所所颁布的第7类"文化、游乐、体育胜地类"缺少明确的资源点以外，已经囊括了其他7大类中的37个基本类型，经简要统计具备开发价值的资源点至少有129项，说明澜沧县的旅游资源结构丰富，具备建立优等级旅游区的开发基础。

能否成功建立优等级旅游区，是不以县域行政区划范围为地理限制的。关键还要分析县域周边地区是否同样存在具有开发价值的或已经成功开发的旅游资源点，以及这些资源点可以在什么程度上被本县利用，获取旅游业利润。

澜沧县位于东经99°29′~100°35′、北纬22°01′~23°16′之间，东隔澜沧江与思茅市翠云区、景谷县相望；北面与双江县和沧源县相接，临近耿马县；西与西南西盟县、孟连县以及缅甸佤邦；南部与西双版纳的勐海县接壤。这个被以上各县、区拥夹的地理位置正好使得澜沧县处于由思茅、版纳、临沧所构成的滇西南地区的交通、地理中心。因此，有效地利用周边地区的旅游资源，澜沧县是最有希望成为滇西南大旅游区的中心接待城市。纯粹从地理位置关系上来看，未来澜沧县可以利用的周边地区重点旅游资源如下表（见附录，六）。从统计情况看，其他各县的交通区位优势都明显不及澜沧（除思茅市以外），但许多旅游资源的品质优于澜沧。如沧源岩画、广允缅寺、西盟云海、孟连县的傣族古镇、宣抚司署、勐海县的景真八角亭等，都是具有较高知名度的旅游景点，部分景点还具有国际和区域的资源唯一性，吸引功能强、开发价值高。

因此，澜沧的旅游形象设计应该是整合这两部分旅游资源一体的优势特点来进行设计和规划，并将澜沧县县城建设成为滇西南大旅游区的旅游中心接待城市，而不仅仅局限于澜沧县域的认识范围。

（三）澜沧县旅游资源的优势特点分析

澜沧县的旅游资源丰富，地区分布均衡，适合开发民族风情旅游、生态旅游、会议度假旅游、自然与社会科学教育基地、体育健身旅游等旅游产品项目。

澜沧县旅游资源特点与中国西南地区云南旅游资源亚区的主体资源特点相吻合，都以民族文化为核心、独特的自然资源为依托、以人地风情构成区域突出的吸引功能。云南区域旅游资源的关键节点可以概括为"少数民族""山地风光""边疆"三大要素，其中"少数民族"是资源优势的唯一核心。云南旅游资源虽然在自然风光、宗教、历史古迹、度假休闲、出境观光等方面都拥有较大的开发价值和潜力，但受到地理交通成本的限制，各项除三江并流区以外在构成"唯一性"的吸引功能上品级评价不能达标。因此多数专家都认为，云南的宗教、历史古迹、自然风光等资源都应与民族风情文化资源结合开发。根据云南大学"云南民族文化旅游资源开发研究"项目研究的认定，云南民族文化旅游资源的特征为：

（1）多样性和丰富性。

（2）独特性和垄断性。

（3）文化现象交融、构成要素复杂。

（4）地域特征明显，要素组合性好。

（5）较多地体现了"真实"和"原始"的特征。

（6）旅游资源的品位高，适合开展不同层次的旅游活动。

（7）具有悠古性和不可再生性。

（8）开发的潜力大[1]。

"云南民族文化旅游资源开发研究"项目组经过研究认为，代表以上云南民族文化旅游资源的具有显著特色和开发价值的四个资源专题是：

（1）古滇文化——滇中区——历史古迹资源核心。

（2）彝文化——滇中区——氐羌民族文化资源核心。

（3）贝叶文化——滇西南区——百越民族文化资源核心。

（4）佛教文化——跨滇中、西南、西北各区，以滇西北为主——宗教资源核心[2]。

澜沧属于滇西南地区的中心，兼具区内南北自然带和民族文化的综合特征。项目组研究认为，滇西南地区民族文化资源优势特点并不是版纳傣族的"贝叶文化"，而是氐羌、百越、百濮三大族系在这一地区内近500年的近距离文化交融（居住接近，族缘不同却流传着基本一致的民俗文化）与交错（居住接近，文化上截然不同）现象。本区民族文化的融合是云南民族文化多样性、交融性的最典型的体现，而民族文化交错现象则又是独特性、原生性的最突出表现。

此外，澜沧在多样性、独特性、交融性、地域性、原生性等云南民族文化旅游资源的集中优势特点上都有突出的表现，同时拥有茶马古道、热带雨林等名牌旅游资源的边缘效应。澜沧旅游资源的开发应与云南的总体资源优势特点协调一致，重点开发民族文化旅游资源，建设成为云南民族旅游区中的典型亚旅游区，成为云南旅游产品的一个终极消费点。

三、澜沧县旅游形象设计的核心定位

（一）"拉祜山乡"的行政核心定位

根据《中共澜沧县委九届三次全委（扩大）会议工作报告》（2004.2.4）："澜沧是全国唯一的拉祜族自治县，是拉祜族人口聚居最多的'拉祜山乡'，用拉祜文化来定位以拉祜族文化为主、包容各民族文化特点在内的澜沧地域文化和民族文化，最具有代表性和说服力，最具有文化含量和文化品位，最具有打造的价值。"因此，在澜沧县城市建设中，应以"拉祜山乡"为其行政核心定位，在城市主体综合文化功能区建设中强调拉祜文化的视觉形象特点，它应包括：城市中心文化广场、城市主要出入交通路口景观区、政府行政办公区、城市公共交通主站区。

---

[1] 杨寿川主编，《云南民族文化旅游资源开发研究》，中国社会科学出版社，2003年，第10~13页。

[2] 同上。

根据《中共澜沧县委九届三次全委（扩大）会议工作报告》（2004.2.4），这里所说的"拉祜文化"的准确概念为："拉祜文化不仅仅指拉祜族文化，拉祜文化不等同于拉祜族文化，拉祜族文化是拉祜文化的主体部分和核心内容，其他各民族的文化也是拉祜文化的重要组成部分。"在澜沧县域内，"拉祜文化"至少由同属于氐羌族系的彝族、哈尼族以及百濮族系的佤族、布朗族、百越族系的傣族五个少数民族文化和明朝以来移民入澜的江西、四川、湖南、浙江、云南大理、临沧、思茅等籍汉族群众的文化所构成。

其中视觉形象设计要素应优先选择多民族间已融合的文化成分，如民居建筑中的木掌楼；其次优先选择拉祜族主体文化特征要素，其中优先选择拉祜纳与拉祜西两个主要支系比较统一、共用的要素，如拉祜族神鼓；再次选拉祜族文化艺术中形象个性突出的要素，如拉祜西的牡卡密卡；最后添加其他民族文化中具有鲜明地域性特征的形象要素，如傣族佛教建筑装饰与佤族服饰等等。

（二）"千年古茶"的市场核心定位

景迈、芒景千年万亩古茶园是澜沧县未来的一个主要的旅游产品品牌，是澜沧县县域内最具有市场吸引力的旅游资源，且很可能成为未来澜沧旅游商品利润创造的主要项目。

澜沧的古茶旅游资源非常丰富，除景迈、芒景千年万亩古茶园外，还有班崴过渡型古茶树王、发展河黑山等地我国面积最大的天然古茶树林等，构成澜沧独特的以茶文化为主体的森林生态旅游产品项目类型。因此，在澜沧的主要城市文化形象建设区、市场形象提示区应以古茶文化为主要的形象定位，包括：进出城市的第二段景观区、城市主要街心雕塑形象设计、城市公共商业贸易区内的休闲景观区、城市中心博物馆景观区部分地区。

具体手段以写实雕塑人造景观为主，引种栽培、移栽为辅，人造景观应以原始森林高大树冠树木、板根、气生根等区域特有植物形象为主，辅助以地方特产的动物形象雕塑。

（三）"原始民族博物馆"的文化核心定位

所谓"原始"，并不是指原始社会生产关系的"原始面貌"，在旅游文化形象建设中它是一个相对的历史概念，主要指地域性的原生形态文化，指保存着比较完整的民族文化生态基础的民族聚居或杂居地区所呈现出的原始文化系统，它们对生态、地理环境条件的直接依赖性很大，文化现象能够直接反映出地域性的生态、地理特征，具有明确的原始性、原生性。这种原始文化在被整合为旅游资源产品时对保护地方原生态民族文化和建立民族族群的多元文化信心也同时发挥了一定的良性循环作用。

至20世纪50年代前后，中国境内尚存的原始文化核心区仅存台湾山地民族、大兴安岭渔猎民族、西藏原始游猎民族、滇西南、滇西原始山地游耕、游猎民族这五个主要的片区，其中唯一还保存有完整原始猎头、祭祀、乐舞、节祭、法术器物的地区仅有台湾和滇西南两个地区。仍然保持着原始猎头习俗，充分说明当地与生产方式联系的原始信仰形态还没有完全消失，也说明没有受到外来文化的更多影响，其文化唯一性十分突出。滇西南地区的原始文化核心区即俗称的阿佤山中心区，地跨今西盟县、孟连县、澜沧县（主要在雪林、木戛、安康、糯福等地）、缅甸佤邦、沧源县的部分地区，从地理区位特征来看，澜沧县城应该建设成为此云南旅游区滇西南原始民俗文化旅游亚区的中心接待城市。

（四）"温泉水浴休闲之城"的娱乐核心定位

娱乐休闲项目设施的建设与开发是旅游接待城市的主要吸引力要素。澜沧县城本名"勐朗"，傣语原意为"如水清洗过一样美好的地方"，来源不详，估计可能与坝子里水系发达有关。项目组认为还有一种可能，就是与坝子里可利用的温泉资源有关。

因此，项目组认为可以充分利用传统地名的多义性将县城名称解释为"温泉水浴休闲之城"，并以此建立娱乐核心的形象建设定位，多角度开发与水有关的休闲、娱乐、餐饮、健身等活动场所、设施。

根据乡里老人回忆，原来勐朗坝里以傣族居民为主，有小乘佛寺多达30多间，从清朝中叶开始就是傣族、汉族、佤族、拉祜族等各民族杂居的地区重要商业贸易城镇。项目结论认为，娱乐核心的形象建设可以依托此城镇历史文脉特点，开发"圣浴之城"项目，重点依托区域著名的旅游节庆品牌"泼水节"与"温泉水浴"结合，开发突出傣族、拉祜族、佤族、汉族共同参与的独特民族结构富有地方特色的"浴佛泼水节"项目。"泼水节"来源于古代浴佛节，本来就有集体沐浴佛像、堆沙、放灯、泼水、沐浴、放高升、赛龙舟、赶摆、赶花会等传统节庆习俗，在县城重建缅寺浴佛环境，为以上活动准备专用场地是非常适合的旅游娱乐设施开发方向。

（五）"茶盐古镇"的历史、古迹核心定位

澜沧最有价值的历史古迹旅游资源是澜沧江边的元代摩崖石刻，但由于交通条件限制，不能作为主要的开发对象，也不具备系统性。

从资源调查的结果来看，澜沧的历史文脉主要集中在民族贸易往来的历史遗迹方面。澜沧的位置是古代滇西南地区茶马、茶盐交易商道的澜沧江西要塞，是贯通大理、临沧和西南产茶区的南北主干路。后来县城也是从思茅横联至孟连、木戛出境的主要驿站城镇。从现在的资源现状来看，县域内的上允、景迈两地都具有开发为民族旅游小型古镇的条件和优势：

（1）建筑聚落环境基本保持原来面貌。

（2）民族传统文化得到全面保护。

（3）传统商业贸易形式——五日一集习惯仍然保留。

（4）缅寺、寨心、寨神树等传统聚落结构仍然保留。

（5）寨墙、寨门、古道遗迹仍然可以通过老人回忆找到并按照原始形式恢复。

（6）都拥有古木（铁力木）或古茶等其他丰富的资源类型。

四、澜沧县色彩民俗地理研究的调查结论依据

（一）土壤地表样品采集与图像记录

本次项目调查重点采集了澜沧县糯福、南段、龙竹棚、巴卡乃、阿永、东回乡班利、景迈、芒景、上允老街、下允城子、旧苦、左都、木戛乡大班利等拉祜族、佤族、傣族、布朗族村寨的土壤样品，分类及色调数据见表：

表4.1　澜沧拉祜族自治县代表土壤色彩分类表（简例）

编号	地点说明	色相名称
2	上允老街村村民的挂墙房墙土	深土黄
3~6	上允老街村泼水节最后一天的上午在寺院的鸡蛋花树下，堆成一大几小的几堆，其中土堆数的总和等于家中年纪最大的男人的年龄	紫土红
		浅赤土红
		乳白灰
		中土黄
7	那哈52号民居土基墙墙土	铁锈红
8	那哈21号民居土基墙墙土	棕土红
10	那哈田大山家院内土样（山顶竹笆房下）	浅铁锈红

通过对上表内容的总结和分析，澜沧的地表色彩素材主要包括深土黄、紫土红、赤土红、乳白灰、铁锈红、棕土红等明度100%~60%、纯度75%~45%的红壤、黄壤、棕红壤、红沙岩、石灰土等土壤、地表色相。其中最具有代表性的土色为紫土红和棕土红。在具体的色彩设计时，可以充分运用这些土壤中等纯度的暖色系作为整体的主要背景块面色。

（二）民族村社植物色彩调查

本次调查重点以糯福龙竹棚、南波底、木戛班利大寨、上允那哈、老街、允向为植物景观重点调查对象，主要色彩素材总结后加入各地区的景观色彩谱系中。

决定色彩景观质量的村社植物主要包括篱笆植物、间隔植物、观赏植物、经济植物四大类，植物在村社色彩景观中总是起到一种饰带的作用。另外，建筑的材料色彩与植物色彩之间是否协调也是决定村社植物色彩景观效果的重要因素。下表记录了在木戛拉祜族佛堂的植物志调查记录，从中可以看到调查的结果：

表4.2　澜沧拉祜族自治县木戛乡班利大寨佛堂植物志（简例）

植物名称	民族语发音	位置与民族学意义	主色相
琵琶树	（mǎ nuò jié）	间隔	灰褐色、橄榄绿
百枝树	（yào jié）	篱笆	深绿
沙松		间隔	冷绿灰
桃树	（ā bāi jiē）	篱笆	深色树干、中绿
鼻涕果树	（lào mài jiē）	篱笆，春树，果子能食用	深色
腾蔑	（guǒ）	篱笆，可编筐、篮子	黄褐色
刺桐	（kā xī cāo jié）	间隔，过去制作碗、勺子，较粗的可做蒸子	红花、灰白干
芭蕉树	（ā bò）	间隔，果实可食用	嫩绿叶子、紫色果实
解放草	（zǐ qīng zé lán）	无用，蔓延过快	小白花、冷绿叶
拐澡	（cāi shì）	散，果实是药材，木质可做木板	绿
臭牡丹	（kā nū mā）	经济，中药	灰绿
大贼草	（dā hā wō）	经济，可喂猪	小兰花、绿

图4-1 村社植物景观总是起到色彩景观环境中的一种饰带和缘的作用

植物色彩中当然以各类绿色为主，芭蕉等大叶片植物的绿色能够呈现为大块面，但更多的是交错、繁复的深绿、中绿等色彩混杂一处的密林效果。一些重要的篱笆植物色彩很有设计的参考意义，如粉绿色的剑麻、灰褐味道的暖绿色金刚凿……

（三）民族村社建筑景观色彩调查

澜沧县的建筑景观色彩主要依靠建筑面材材质特征表现，由于澜沧县的多数民居建筑采用土基墙，因此建筑景观色彩的主要色彩与前面调查的土壤色彩是一致的，其他的部分主要是木、竹、石等材料色彩以及瓦面色彩。

由于建筑材料都取于大自然，土、木是澜沧县地区建筑最常用的材料，也构成了区域最具有特色的生态色彩景观。土基房是澜沧县北部最典型的民居建筑形式，尤其居住于高山坡地的民族建筑，采用深红色的土壤制成土坯砖，房屋的色彩与土地相当协调，构成区域色彩环境的有机结构序列。从东部传来的木掌楼在澜沧境内被改制为土基墙围合的新型样式，应与当地土壤资源优势有一定的关系。这种土基木掌楼是滇西南地区非常少见的一种建筑样式，可以作为澜沧未来的代表建筑形式进行借鉴。因此，土壤的土红色将作为区域形象的主体色彩出现在本县城的色彩规划方案中。

南部地区以干栏式的竹楼为主要的建筑模式，传统材料以茅草屋顶和木板为主，因此与黄灰色土壤色相搭配的干黄草色、木板灰褐色等为主要的景观色彩素材。在许多拉祜族地区见到群众比较喜欢使用大面积的黄色油漆修饰建筑外观，逐渐成风。这个非传统的习惯也应该得到尊重，在以后的设计中适当采用。

（四）民族服饰色彩与染色文化调查

相对拉祜族、佤族等山地民族的色彩审美心理更加倾向深重一些的色彩，总的来看，服装染色中的黑色、青黑色、深蓝色、深红色都是各个山地民族喜爱的颜色。其中佤族、布朗族更钟情于大红、土红等暖味红色；拉祜族更喜爱玫瑰色倾向的冷味红。这些基本特点，在设计方案中要有明确的体现。

傣族比山地民族更倾向于纯度高、明度高的暖色系色彩，根据色彩民俗地理研究的成果，大多数傣族地区的块面色使用频次依序为冷玫红、浅洋红、大红、朱红等红色系和黄、绿、白、紫等色系。这些色彩的纯度偏高，但区域个性特征强烈，适宜在体量较小的室内环境的局部中使用，或用做特殊的宣传品、纪念品等。

（五）民族造型艺术中的色彩习俗

在澜沧县域内的民族造型艺术目前主要集中于宗教装饰艺术系统中。目前通过调查，所知的几个宗教艺术中的色彩模式值得关注与开发：其一是傣族缅寺建筑装饰的金水图案色彩，在暗红色或棕色的底子上描绘纹样复杂的反光率高的亮金色，具有突出的民族特色；其二是拉祜佛堂建筑内部的竹、木、土、纸所构成的一个低反光率、低彩色反差的色彩搭配组合关系；其三是各民族中都通用的黑漆底上覆盖红漆，再勾勒金线的民族漆器艺术用色模式，这个模式比较有区域代表性；其四是傣族缅寺内部以黄为主色调的装饰模式和壁画中的色彩关系。

（六）全年光照度与气象环境评价

澜沧县城位于东七区，海拔1050米，地处高原，全年90%的时间太阳南北高度角均在45°以上，光照度强烈。全年干季时候，澜沧县城的建筑体表面的色彩视觉饱和度还原比较高，因此允许应用低饱和度的调和灰色来进行景观设计的丰富色调设计。

全年蓝天率基本超过60%，而且即使在降雨的季节里，每天由于风大也会有几个小时的直接日照时间。因此建筑物总是以饱和度比较高的蓝天为背景，适宜选择与其相对比的橙色调灰色或相类比的玫瑰色系列进行色彩设计。不适宜大面积使用冷色调进行建筑表面的色彩设计。

由于多云天气较多，容易形成明、暗不均匀的版块光线环境。因此建筑物表面的色彩关系适宜大跨度的明度值对比，即将色彩的深浅关系拉开，避免光线强烈时候的光影反差超过建筑景观色彩之间的明度关系，容易使人产生凌乱、散漫的视觉印象。

以上设计要素已经运用于下面提供的色彩设计方案中。

表4.3　澜沧县全年日照气象变化数据

季节	正午（13：00）时太阳最大高度角	日照时长	太阳与地平线角度为0°（黎明）时间（北京时间）	太阳与地平线角度为180°（日落）时间（北京时间）
春秋	66°44′～67°59′	12小时左右	07：00	19：00
夏至	88°35′～89°56′	15小时左右	05：30	20：30
冬至	43°18′～44°33′	9小时左右	08：30	17：30

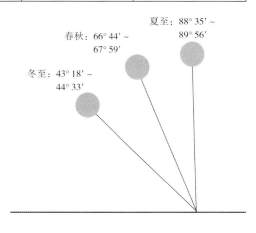

图4-2　澜沧县全年13：00最大太阳高度角示意图

第三节　澜沧县旅游接待城镇建设中的景观 色彩设计方案

一、澜沧县民族色彩形象标识应用谱系描述

综合上述研究、调查的成果，项目组建立了一份《澜沧县民族色彩形象标识应用谱系》。它将主要应用于本县建设中的建筑、景观色彩规划设计、综合旅游形象设计、视觉识别标志设计的参考素材性文本。素材来源为实地调查资料中提炼的色彩关系规律，从民族建筑装饰色彩、传统村社景观色彩、民族服装服饰色彩、民族工艺美术色彩惯例中采集素材。

未来澜沧县的建筑设计与景观设计应从以下色彩谱系中按照主题需要吸取素材进行色彩设计。以下色彩谱系采用36格色彩图表方式表示，已经充分考虑到色彩的数量、面积、同类色延伸、基底色等主要关系，可以直观地审视每个主题的色彩特质。

表4.4 澜沧县民族色彩形象标识应用谱系

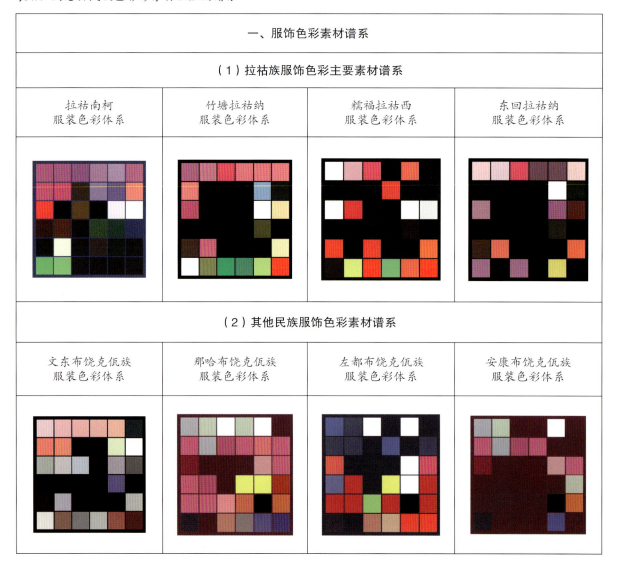

一、服饰色彩素材谱系
（1）拉祜族服饰色彩主要素材谱系

拉祜南柯 服装色彩体系	竹塘拉祜纳 服装色彩体系	糯福拉祜西 服装色彩体系	东回拉祜纳 服装色彩体系

（2）其他民族服饰色彩素材谱系

文东布饶克佤族 服装色彩体系	那哈布饶克佤族 服装色彩体系	左都布饶克佤族 服装色彩体系	安康布饶克佤族 服装色彩体系

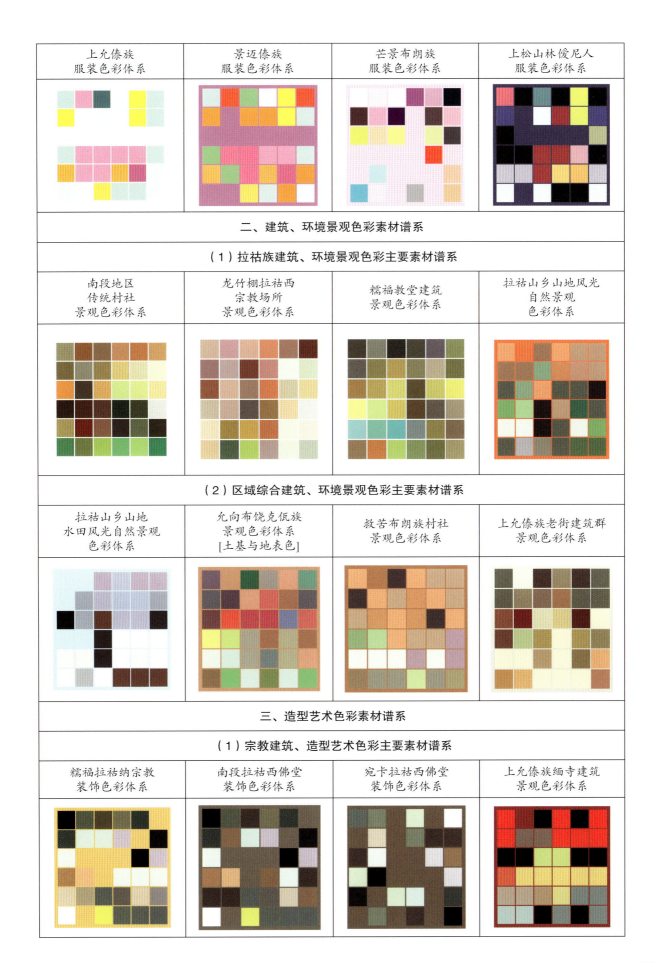

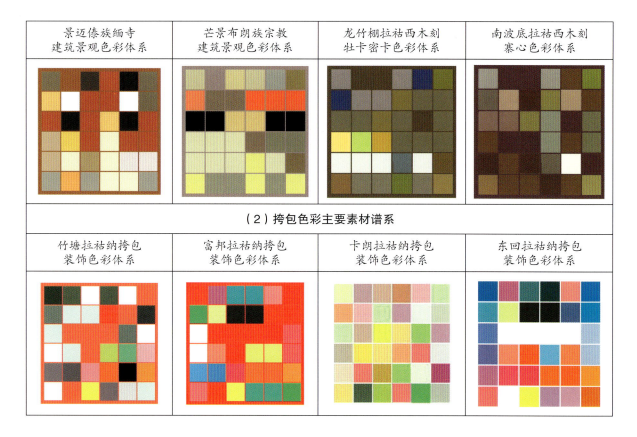

景迈傣族缅寺 建筑景观色彩体系	芒景布朗族宗教 建筑景观色彩体系	龙竹棚拉祜西木刻 牡卡密卡色彩体系	南波底拉祜西木刻 寨心色彩体系

（2）挎包色彩主要素材谱系

竹塘拉祜纳挎包 装饰色彩体系	富邦拉祜纳挎包 装饰色彩体系	卡朗拉祜纳挎包 装饰色彩体系	东回拉祜纳挎包 装饰色彩体系

二、色彩设计方案图表的使用说明

在使用色彩设计方案说明以前，应仔细阅读此说明内容。

本设计方案所使用的图表是指导选择建筑外墙涂料、瓦面、框架材料、装饰材料、玻璃等外观色彩和组织结构关系的直观设计工具。在使用和设计参考时注意事项如下：

（一）色彩应用数据图表表示符号说明

（1）A表示块面[area:A],A1：1号块面用色。

（2）F表示框架[framework],F1：1号框架用色。

（3）S表示饰带[sash],S1：1号饰带装饰物用色。

（4）T表示屋顶[top],T1：1号屋顶用色。

（5）R表示该号色占该类项目（块面、框架）的面积比例[ratio],R60%~35%表示其所占面积可以在60%~35%的范围里进行调整，以灵活适应设计应用的具体条件。

（6）色彩表色数据依据四色染料色彩值标定，C表示青色数据；M表示洋红数据；Y表示黄色数据；K表示黑色数据。不是用来调配染料的数据，而是通过数字显示、输出设备输出标准色卡的数字图像数据。设计方案附录提供印刷准确的标准色卡。

（7）为了便于具有专业知识的设计师了解色彩调性情况，表中还特别标注H.V.C色彩三属性表色数据来辅助说明色调状态。H表示色相——即色彩名称；V表示明度——即日常所说的深浅；C表示纯度——即饱和度或彩度。在目前的软件调色板表示法中为H.S.B,其中H=H；S=C；B=V，注意使用时的正确代换。H.V.C数据便于专业色彩设计师判断色彩的调性描述，对具体设计时有很大的帮助。它的数据可以用来判断色彩的调性风格，非专业配色师可以不考虑这一项数值。

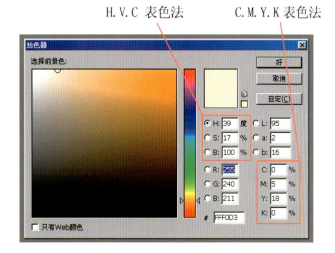

H.V.C 表色法　　　　C.M.Y.K 表色法

图4-3　四色染料色彩值C.N.Y.K.表色法与色彩三属性H.V.C=H.S.B表色法示意

（二）遵守表色数值指明色相的方法说明

（1）表色数值采用通用标准的数字图像语言系统，适于在计算机上观看虚拟效果，决定设计细节。因此，不适合采用涂料、面材的行业标准色卡，请勿以其他色卡色相直观替代。应以本设计方案提供的标准色卡作为唯一视觉直观比较依据，项目色彩材料设计师、施工责任人应对色彩直观对应的结果负责。

（2）设计师、施工方在缺乏本设计方案的标准色卡情况下，可以通过输入色彩数值得到标准色相。方法是：使用Adobe图像系列软件新建文件，直接在调色板工具中输入CMYK数据，最后转换为RGB模式在经过标准色彩矫正的显示器上观看，色彩管理使用图像软件默认SRGB IEC61996-2.1文件系统并通过高品质数码快速印刷设备输出作为参考。

（3）以上数据已给定色彩设计的色彩明度、纯度、饱和度以及该类色的形状（A、F、S）、基本位置、面积要素。设计项目将主要根据以上数据设计具体的色块形状、位置、面积比例和形状方向。

（4）设计方案预留设计实践的调整空间范围，允许误差限定在规定的数值范围，但不能擅自改动设计原则。（经设计项目组书面许可的具体项目除外）

（三）图例示范

如澜沧县城市建筑色彩规划设计方案/民居住宅/拉祜山乡风情-1，其色彩设计方案AFST结构应用数据（见表4.7）的具体解释为：

A1—R:60%~40%—C:25M:20Y:35K:00表示为：1号块面用色，占60%~40%的外观使用面积，主题色相：色彩基础数值为青:25红:20黄:35黑:00，主题色相名称"浅黄褐灰"；

A2—R:35%~20%—C:15M:20Y:60K:00表示为：2号块面用色，占35%~20%的外观使用面积，主题色相：色彩基础数值为青:15红:20黄:60黑:00，主题色相名称"浅褐土黄"；

A3—R:40%~10%—C:00M:00Y:10K:00表示为：3号块面用色，占40%~10%的外观使用面积，主题色相：色彩基础数值为青:00红:00黄:10黑:00，主题色相名称"浅黄味白"。

三、民居住宅建筑群的色彩设计方案

（一）拉祜湖风

色调分析：1号块面色的面积使用占有绝对优势地位，因此本设计方案的冷高

（明度）色调性质鲜明。总体色度与明度值差异都比较大，为蓝色对比色调。主要素材来源于拉祜山乡的水田区域风光。视觉识别性强，适合经济使用型公寓的外观色彩设计，对以暖色调为主的景观型建筑起到十分协调的衬托作用。

表4.5 澜沧县城市建筑色彩规划设计方案/民居住宅/拉祜湖风
　　　色彩设计方案AFST结构应用数据

类别		色度[H.V.C][C.M.Y.K]							面积[R]		标准色样
类型	编号	H度	V%	C%	C%	M%	Y%	K%	L.R%	H.R%	[R.G.B]显示
块面	A1	220	91	20	26	16	00	00	60	70	
	A2	201	99	11	10	00	00	00	20	40	
	A3	246	56	22	61	56	27	05	10	25	
框架	F1	139	21	54	81	50	82	63	50	80	
	F2	221	84	70	77	58	00	00	20	50	
饰带	S1	145	14	69	80	55	78	77	45	80	
	S2	22	46	64	37	69	85	37	20	55	
顶	T1	00	50	00	52	43	43	00	100	100	

图4-4 澜沧县城市建筑色彩规划设计方案/民居住宅/拉祜湖风正面、侧面效果

（二）拉祜衣装

表4.6　澜沧县城市建筑色彩规划设计方案/民居住宅/拉祜衣装
　　　色彩设计方案AFST结构应用数据

类别		色度[H.V.C][C.M.Y.K]							面积[R]		标准色样
类型	编号	H度	V%	C%	C%	M%	Y%	K%	L.R%	H.R%	[R.G.B]显示
块面	A1	243	20	75	56	79	63	75	60	80	
	A2	00	27	07	65	62	59	46	20	40	
框架	F1	00	89	00	10	07	08	00	50	70	
	F2	319	82	35	15	55	00	00	30	50	
饰带	S1	00	12	00	72	66	65	75	30	50	
	S2	26	43	37	46	57	69	31	20	30	
	S3	340	51	16	49	55	43	11	20	30	
	S4	55	100	32	00	00	40	00	10	10	
顶	T1	00	00	00	75	68	67	90	100	100	

　　色调分析：素材主要来源为拉祜西服饰用色，用暗色做底色，玫瑰、银灰等亮色为点缀色。由于本方案的色彩搭配方式与平常多用高明度色彩的方式不同，色彩深暗，属于暗色调，虽然明度跨度比较大，但是面积比例悬殊，因此重色调性没有改变。适合在景观街区主要位置作为公共建筑和民居住宅、公寓的色彩方案。

图4-5　澜沧县城市建筑色彩规划设计方案/民居住宅/拉祜衣装正面、侧面景观效果

（三）拉祜山乡风情

表4.7 澜沧县城市建筑色彩规划设计方案/民居住宅/拉祜山乡风情
色彩设计方案AFST结构应用数据

类别		色度[H.V.C][C.M.Y.K]							面积[R]		标准色样
类型	编号	H度	V%	C%	C%	M%	Y%	K%	L.R%	H.R%	[R.G.B]显示
块面	A1	51	76	14	25	20	35	00	40	60	
块面	A2	44	86	43	15	20	60	00	35	20	
块面	A3	55	100	09	00	00	10	00	10	40	
框架	F1	33	21	89	40	60	80	80	65	80	
框架	F2	64	87	83	22	00	100	00	20	35	
饰带	S1	161	50	76	60	00	45	00	70	55	
饰带	S2	92	63	63	60	10	100	10	45	30	
顶	T1	203	25	56	75	50	35	68	100	80	

色调分析：块面色A1、A2、A3的面积比例设计为60~40：35~20：40~10，面积比例基本匀称；色相值H在44~55之间；有24%的明度级差；纯度跨度最大值为31。以上数据关系表明此设计方案为暖黄高调，明度、纯度级差低，总体视觉感官舒缓，适合民居住宅使用。

图4-6 澜沧县城市建筑色彩规划设计方案/民居住宅/拉祜山乡风情侧面景观效果

（四）佛堂暮色

表4.8　澜沧县城市建筑色彩规划设计方案/公寓、公共建筑/佛堂暮色
　　　　色彩设计方案AFST结构应用数据

类别			色度[H.V.C][C.M.Y.K]							面积[R]		标准色样
类型	编号	H度	V%	C%	C%	M%	Y%	K%		L.R%	H.R%	[R.G.B]显示
块面	A1	18	66	37	32	51	57	07		50	80	
	A2	357	83	20	16	35	24	00		20	50	
框架	F1	00	63	00	40	32	33	01		50	70	
	F2	33	71	12	30	28	35	00		30	50	
饰带	S1	00	100	00	00	00	00	00		50	70	
	S2	38	100	33	00	12	36	00		30	50	
顶	T1	53	20	33	64	58	76	64		100	100	

色调分析：木质主色调明确，屋顶色相很容易使人联想到本地区的传统建筑屋顶，山墙色彩取本土灰沙岩色彩适当地协调了木结构建筑的单一色调，门窗等点题式的高明度色彩和框架的无彩色会缓解木色的呆板弊病。

图4-7　澜沧县城市建筑色彩规划设计方案/公寓、公共建筑/佛堂暮色侧面效果

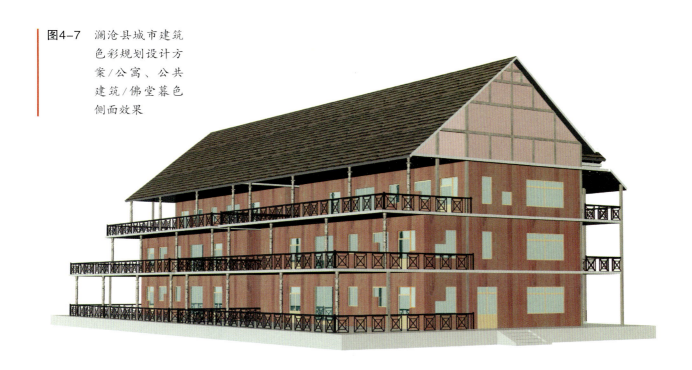

（五）茅草意象

表4.9 澜沧县城市建筑色彩规划设计方案/民居住宅/茅草意象
色彩设计方案AFST结构应用数据

类别		色度[H.V.C][C.M.Y.K]							面积[R]		标准色样
类型	编号	H度	V%	C%	C%	M%	Y%	K%	L.R%	H.R%	[R.G.B]显示
块面	A1	31	85	37	15	30	50	00	50	70	
	A2	55	100	16	00	00	20	00	20	35	
框架	F1	279	02	86	09	09	05	05	50	70	
	F2	40	14	57	45	40	50	05	30	50	
饰带	S1	145	13	91	80	50	80	80	45	80	
	S2	06	45	28	48	62	57	27	10	25	
顶	T1	46	78	25	23	22	45	00	100	100	

色调分析：色彩素材取自于各个少数民族的古老民居建筑茅草房与木料搭建房屋的材料色彩。屋顶色彩是竹与草色相的结合，墙体色彩类似木料与茅草混合的挂墙房效果。其他块面色、框架色都是对原始茅草顶房屋的色彩补充。本方案由于色彩纯度比较高，色彩黄调性质明显，比较适用于小型民居和部分公共建筑。

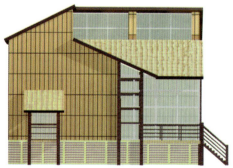

图4-8 澜沧县城市建筑色彩规划设计方案/民居住宅/茅草意象正、侧面效果

四、城市功能型建筑色彩设计方案

（一）土基印象1

表4.10 澜沧县城市建筑色彩规划设计方案/风情商业街/土基印象1
色彩设计方案AFST结构应用数据

类别		色度[H.V.C][C.M.Y.K]							面积[R]		标准色样
类型	编号	H度	V%	C%	C%	M%	Y%	K%	L.R%	H.R%	[R.G.B]显示
块面	A1	28	70	61	00	00	00	00	50	70	
	A2	32	85	07	14	14	17	00	30	50	
框架	F1	279	02	86	09	09	05	05	70	80	
	F2	00	00	00	75	68	67	90	20	30	
饰带	S1	58	48	26	51	41	68	15	60	80	
	S2	37	52	52	41	50	81	21	20	40	
顶	T1	31	40	35	51	56	70	35	100	100	

色调分析：土基印象1设计方案中的色彩关系色彩纯度很低，基本选取熟褐色色系，接近乡土原始色彩倾向。适合在区域特色的景观街道中使用。

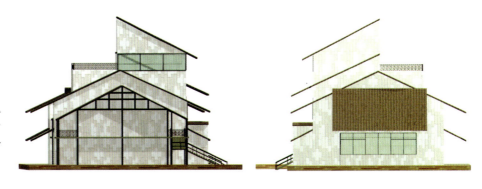

图4-9 澜沧县城市建筑色彩规划设计方案/风情商业街/土基印象1正、正侧面效果

（二）土基印象2

表4.11 澜沧县城市建筑色彩规划设计方案/风情商业街/土基印象2
色彩设计方案AFST结构应用数据

类别		色度[H.V.C][C.M.Y.K]							面积[R]		标准色样
类型	编号	H度	V%	C%	C%	M%	Y%	K%	L.R%	H.R%	[R.G.B]显示
块面	A1	28	70	61	00	00	00	00	50	70	
块面	A2	92	80	09	24	12	28	00	30	50	
块面	A3	343	84	17	15	32	16	00	30	50	
框架	F1	279	02	86	09	09	05	05	70	80	
框架	F2	00	00	00	75	68	67	90	20	30	
饰带	S1	58	48	26	51	41	68	15	60	80	
饰带	S2	37	52	52	41	50	81	21	20	40	
顶	T1	31	40	35	51	56	70	35	100	100	

色调分析：土基印象2是在1的基础上重新设计了第二号块面色的色相，这个方案提示设计师，凡明度在80~85、纯度在05~20之间的色彩都可采用。

图4-10 澜沧县城市建筑色彩规划设计方案/风情商业街/土基印象2正面效果

（三）火塘木楼1

表4.12　澜沧县城市建筑色彩规划设计方案/风情商业街/火塘木楼1
　　　　色彩设计方案AFST结构应用数据

类别		色度[H.V.C][C.M.Y.K]							面积[R]		标准色样
类型	编号	H度	V%	C%	C%	M%	Y%	K%	L.R%	H.R%	[R.G.B]显示
块面	A1	102	86	10	20	05	25	00	50	70	
	A2	85	71	18	36	19	46	00	30	50	
框架	F1	279	02	86	09	09	05	05	70	80	
	F2	00	00	00	75	68	67	90	20	30	
饰带	S1	58	48	26	51	41	68	15	60	80	
	S2	00	100	00	00	00	00	00	20	40	
顶	T1	31	40	35	51	56	70	35	100	100	

　　色调分析：本方案的灵感来自一次寒雨天里在一个拉祜人家里烤火的印象，火光把周围的木板映照为深沉的朱红色，为建筑渲染了特殊的情感色彩。

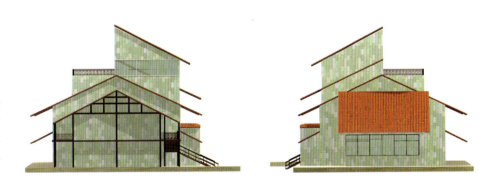

图4-11　澜沧县城市建筑色彩规划设计方案/风情商业街/火塘木楼1正面效果

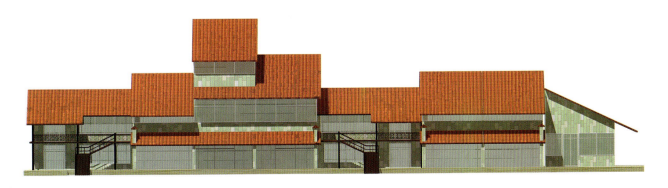

（四）火塘木楼2

表4.13 澜沧县城市建筑色彩规划设计方案/风情商业街/火塘木楼2
色彩设计方案AFST结构应用数据

类别		色度[H.V.C][C.M.Y.K]							面积[R]		标准色样
类型	编号	H度	V%	C%	C%	M%	Y%	K%	L.R%	H.R%	[R.G.B]显示
块面	A1	37	65	13	37	33	42	01	50	70	
	A2	39	53	13	48	43	51	09	30	50	
	A3	279	02	86	09	09	05	05	50	70	
	A4	328	76	09	24	28	18	00	30	50	
框架	F1	279	02	86	09	09	05	05	70	80	
	F2	00	00	00	75	68	67	90	20	30	
饰带	S1	58	48	26	51	41	68	15	60	80	
	S2	00	100	00	00	00	00	00	20	40	
顶	T1	31	40	35	51	56	70	35	100	100	

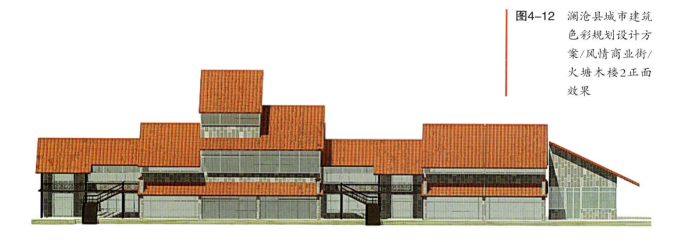

图4-12 澜沧县城市建筑色彩规划设计方案/风情商业街/火塘木楼2正面效果

（五）粉墙木掌楼

表4.14 澜沧县城市建筑色彩规划设计方案/风情餐厅/粉墙木掌楼
色彩设计方案AFST结构应用数据

类别		色度[H.V.C][C.M.Y.K]							面积[R]		标准色样
类型	编号	H度	V%	C%	C%	M%	Y%	K%	L.R%	H.R%	[R.G.B]显示
块面	A1	0	100	0	00	00	00	00	50	70	
	A2	17	85	23	14	28	30	00	30	50	
框架	F1	34	29	43	55	60	76	54	50	70	
	F2	40	14	57	45	40	50	05	30	50	
饰带	S1	145	13	91	80	50	80	80	45	80	
	S2	06	45	28	48	62	57	27	10	25	
顶	T1	06	45	28	48	62	57	27	100	100	

色调分析：粉墙木掌楼的方案完全来自澜沧江东部和澜沧谦六、大山、上允等地汉族、傣族和少部分拉祜族中流行的土基木掌楼原始色彩方案，一些经济条件好的住家在使用土基墙的时候，会用白色石灰修饰，形成白色墙面色彩和土基色相应的色彩关系面貌。本方案在原来的基础上增加了明度对比的整体性，对具体色彩做了细微的调整。

图4-13 澜沧县城市建筑色彩规划设计方案/风情餐厅/粉墙木掌楼效果

（六）拉祜挎包

表4.15　澜沧县城市建筑色彩规划设计方案/小型公共建筑/拉祜挎包
　　　　色彩设计方案AFST结构应用数据

类别		色度[H.V.C][C.M.Y.K]							面积[R]		标准色样
类型	编号	H度	V%	C%	C%	M%	Y%	K%	L.R%	H.R%	[R.G.B]显示
块面	A1	24	70	54	26	55	72	08	60	90	
	A2	34	84	20	16	20	32	00	10	40	
饰带	S1	358	73	74	20	94	85	09	45	45	
	S2	336	84	56	13	77	17	00	45	45	
	S3	57	91	100	12	04	100	00	10	10	
顶	T1	145	13	91	80	50	80	80	45	80	

　　色调分析：运用了拉祜族挎包中最经常出现的黑、大红、洋红和高纯度黄色来进行设计，形成丰富而强烈的色彩对比效果，民族风味浓郁。墙体色彩仍然使用民族建筑最经常出现的土壤红色。由于色彩意象的审美品质，本方案只适合城市小型公共功能建筑，如车站、公共厕所、书报亭等。

　　注意事项：本方案的色彩设计不能应用在建筑群中，不能形成连续景观。

图4-14　澜沧县城市建筑色彩规划设计方案/小型公共建筑—公厕/拉祜挎包效果

（七）红土意象

表4.16 澜沧县城市建筑色彩规划设计方案/景观街道/红土意象
　　　　色彩设计方案AFST结构应用数据

类别		色度[H.V.C][C.M.Y.K]							面积[R]		标准色样
类型	编号	H度	V%	C%	C%	M%	Y%	K%	L.R%	H.R%	[R.G.B]显示
块面	A1	14	53	48	37	66	69	25			
	A2	27	29	51	46	51	62	19			
	A3	34	59	41	38	46	69	12			
	A4	49	74	14	28	23	37	00			
	A5	06	53	37	40	64	58	21			
	A6	26	55	35	42	51	63	16			
框架	F1	00	89	00	10	07	08	00	50	70	
	F2	60	78	09	22	16	28	00	30	50	
顶	T1	00	00	00	75	68	67	90	100	100	

　　色调分析：红土意象设计方案的主题色是山地红壤色彩，但由于是现代公共建筑，大面积使用玻璃幕墙等高反光率材料，因此红土色彩的面积并不占全部块面色的最大面积，是在青灰色的现代建筑材料衬托下的红土色。本方案的色彩纯度反差比较大，但色相冷暖对比适中，彩色系之间比较协调，适合公共功能型建筑，尤其适合商业中心或汽车站等。

图4-15 澜沧县城市建筑
　　　　色彩规划设计方
　　　　案/公共汽车站/
　　　　红土意象效果

第五章

区域色彩
民俗地理研究与设计应用

　　景观色彩设计是目前少数民族地区旅游形象设计中常被忽视的一个课题，此前没有受到各旅游形象设计实践项目工作者的重视，以迄今信息搜集情况，本文所提供的《澜沧拉祜族自治县旅游景观形象设计编修（景观色彩设计部分）》，是我国目前首例少数民族地区旅游形象设计中的色彩设计实践成果。就旅游地区的整体景观、视觉形象识别等形象质量评价系统来看，色彩设计占有非常重要的地位。色彩设计的优劣直接影响游客对旅游地形象的第一印象；直接影响着大众对旅游地整体文化形象的认知与评价。在本教材的最后一章，依据前面在"澜沧拉祜族自治县旅游景观形象设计"实践中的具体经验，将就少数民族地区旅游形象设计中色彩设计的通用研究方法、设计方法做一个系统的总结和理论探讨，论述时以本文命题的景观色彩设计为重点。

第一节　区域色彩民俗地理研究体系

　　区域色彩民俗地理研究是进行少数民族地区旅游形象设计中色彩设计工作的必要条件。一般分为三个步骤：

　　第一步骤：田野调查——色彩民俗地理调查。

　　第二步骤：原始材料分类——色彩图像资料的类、型、式区分。

　　第三步骤：归纳研究——总结色彩应用的规律、审美习惯等。

　　区域色彩民俗地理研究体系比单独区域的色彩民俗地理研究又增加了一项重要的工作，即描述区域之间的色彩民俗地理差异，这种差异确定了各个旅游地之间视觉形象的个性区别。从理论上讲，这种传统性的差异应该予以保持和维护，色彩民俗生成机理中生态、地理的原始因素造成了这种先天存在的区域性差异或民族性差异，而传播和文化同化、文化变迁导致了这种差异性的混乱和消融。尤其在近百年间，许多地区的传统色彩民俗面临着严重的消亡危机。

一、区域色彩民俗地理研究体系启动的意义

　　我国的区域色彩民俗地理研究体系亟待全面启动。

　　一方面，作为一种非物质文化遗产，色彩民俗比起其他具有教育性、实用性、娱乐性的民俗文化更为脆弱，尤其容易在民俗教育链条中先行断裂；另一方面，作为一种物质文化的色彩民俗，传统的景观色彩、服饰色彩、装饰色彩习俗与传统染料技术等等已经在过去的一百年间随着技术的进步而消失大半，在现实生活中失去了传统的实用价值，目前维系着的仅仅是残存的一些传统审美习惯。在当前的社会文化背景下，我国区域色彩民俗地理研究体系的启动早已经提到了十分紧迫的抢救工作日程。

　　人类对外界的信息刺激大多数来自于视觉，而视觉信息虽然由造型、色彩、空间三项基础要素组成，但从识别效率、记忆延续唤起、审美评价等方面综合比较，色彩信息的作用超过其他两项。在城市关键信息的导示设计中，全球都普遍采用色彩指示方法，如交通禁行、服装角色类别、危险警告等。从视觉信息映像反应的顺序效果看，人们往往是优先读取到色彩信息，再继续审读文字等符号信息。可以说，色彩本

是形象设计的一个最重要的要素，而在以往的实践中却成为最不被重视的工作。

与之相应的是，近年来在城市景观设计、城市规划等学科领域里正在逐渐兴起的景观色彩规划设计中，也普遍出现对色彩民俗研究的缺乏。目前许多城市和地区正在着手进行自己的城市景观色彩定位研究，[1]从现有的资料来看，其通用的前期采样做法，都是对传统区域代表性的建筑景观、传统建筑外观景观材料色做系统的色彩调查，这种基本调查来源于法国色彩学家郎科罗的色彩地理学调查方法。然而，这种基础现状的调查忽略了形象设计的整体性和色彩应用的文化性，虽然在多篇研究论著中景观色彩学家们一致公认人文地理因素——即民俗因素的重要性，但在设计实践方法中却很少出现有实际意义的探索。许多学者都在文章中谈到了中国古代对黄色、红色的偏好甚至是崇拜的色彩文化现象，但却没有真正论及在当代景观色彩设计中究竟应当如何运用这种民俗传统资源？[2]在《澜沧拉祜族自治县旅游形象设计景观色彩规划设计》的实践中，作者第一次大胆地运用民族服饰色彩作为建筑色彩设计方案，并收到了比较理想的效果。在区域整体形象设计和建筑景观设计中，色彩设计应该进行现代设计的整合设计，应当从区域色彩民俗地理文化的全局出发进行形象定位设计。区域色彩民俗地理研究体系为这项工作提供了设计素材的必要根据。

色彩设计不同于其他专业设计项目，其技术表现和直观性决定了色彩设计方案也易于得到普通大众的批评与讨论，而人们对于色彩审美的判断，多呈现仁者见仁的局面，难以完全统一。这种情况对于设计师而言往往造成方案通过过程中意见不一的种种困难，对设计师的色彩设计能力要求相对要更高。但从另一个角度来看，正是由于色彩语言的通俗性也更易于引起大众的关注，形成区域文化热点话题，而色彩形象设计是非常需要普通大众的参与和意见反馈的，区域景观色彩文化的公众性是色彩设计师必须予以重视的问题。因此，一个区域的色彩形象规划设计，也不可能仅仅在一个具体的设计项目中达到理想的效果，可能需要一个逐步调整、修正的过程，而这个过程在大众充满热情的参与中，也便于在群众中普及了色彩文化的教育。

二、区域色彩民俗地理研究体系的理论框架

区域色彩民俗地理研究体系的理论框架体系有四个理论基础支点：

（1）区域文化圈划定与区域文化建设理论。

（2）色彩设计与色彩学方法、基础理论。

（3）民俗学与色彩民俗研究方法与理论。

（4）人文地理学与色彩地理学基础理论的结合。

第一项区域文化形象建设部分在第一章中已有论述，本节不再赘述；第二项色彩设计与色彩学方法、基础理论在第二章中专门做了详尽的论述；第四项也在第二章和第三章中做了介绍；本节仅就第三项和第四项前述中未尽之处做基本结构的介绍。在这四个支点中，起源于20世纪60年代的法国色彩地理学，是整体理论结构框架的主要支点。

---

[1]　尹思谨著，《城市色彩景观规划设计》，东南大学出版社，2004年，第62~64页。

[2]　《热点述评/中国人的色彩生活（二）》，《美术观察》2006年第2期，第5~16页。

选用"民俗"一词作为色彩地理学研究新增范畴的用词，是由于"民俗"概念的概括面广泛、针对色彩文化构成的基点也比较精确。

1846年英国学者威廉·汤姆斯[WilliamThoms]首先用撒克逊语表示民众、民间之意的"Folk"和表述知识、学问的"lore"，合成为现代民俗学称谓的"民俗"一词，并将其作为社会文化学研究的一个对象来看待。1878年，世界上第一个民俗学研究组织"英国民俗学会"在英国成立，同时还创办了第一本民俗学杂志《民俗学刊》[Folklore Record]，民俗学"Folk-lore"一词开始逐渐被国际学界所认可。至此，作为一种有组织的研究人类自身文化的学术活动——"民俗学"，发端于19世纪的英国。现代民俗学概念中的"民俗"，主要指"民俗现象"或"民俗事象"，在发展过程中逐渐与最开始的"民间学问"形成了差距。"民俗"即指："创造于民间又传承于民间的具有世代相习的传统文化现象，它是一种模式化了的行为准则和生活方式，是一种社会的规范体系，是在长期的历史发展过程中积淀下来的、代代相袭的民众习惯。民俗通过约定俗成的方式为人们所接受，具有软控制的性质。在民俗传承过程中，同一种活动以同一种方式习惯性地多次重复出现，并连续不断地为各代所沿用。针对民俗的上述特点，有学者将'民俗'这一定义概括为：'具有普遍模式的生活文化'。"[1]

对民俗学的解释还存在着与文化的时尚性、物质性、贵族化的非民间性、现代性相对的文化遗留说、精神文化说、民间文化说、传统文化说，目前民俗学研究多主张将现代民俗也作为民俗学研究的重要对象，从而构成民俗学与民族学、人类学、社会学的根本性区别：

（1）与民族学研究范围的区别

一般来讲，民俗学的研究范围不及民族学广阔。民族学研究民族的各个历史阶段与发展模式，研究涉及政治、经济、文化、艺术等各个方面；民俗学则重点研究其中文化的传承性，只描述这种传承文化的性质、状况、作用等。

（2）与人类学研究范围的区别

民俗学较人类学研究的时间范围宽阔，人类学的研究重点在于人类文化的原始时期特点，因此调查多集中于仍处于原始文化时期的边远族群，以探求人类文化起源为主要任务，并试图找到、分析、描述出文化发生、发展的内在合理性规律。民俗学的研究当然不限于这些民族，它研究的是各历史时期民族民俗文化的传承现象，尤其注意当代的传播发展情况，因此也具有十分重要的现实意义。

（3）与社会学研究范围的区别

社会学的研究比民俗学更宏观，更重视社会集团之间关系的问题，社会学是一门研究社会结构、功能以及发生、发展规律的学科。民俗学研究不仅关注文化的社会性，也关注社会性不强的物质与非物质文化现象，因为民俗学不是解决社会关系的，而是来解决文化的传承问题的学科。

我国的民俗学运动肇始于1918年2月北京大学成立的歌谣征集处，迄今为止中国民

---

[1] 江帆著，《生态民俗学》，黑龙江人民出版社，2003年，第12~13页。

俗学也有80多年的历史了。对色彩民俗的研究此前也许曾经有学者涉猎过，但作为一个民俗事象进行专门系统化的研究，却是刚刚开始。

2001年4月，白庚胜的《色彩与纳西族民俗》出版，这是我国第一部研究色彩民俗的专著。白庚胜开始产生对色彩民俗进行研究兴趣的契机，是1988年在日本大阪大学图书馆借阅了《原初的思考——白色的民俗》之后，这部日本色彩民俗著作的作者后来成为了他的博士导师——日本民俗学会会长宫田登。通过白庚胜的介绍，我们了解到日本色彩民俗研究的起步较早，已经形成了比较成熟的学科研究氛围。[1]从我国民俗学泰斗钟敬文先生为《色彩与纳西族民俗》所作的序中了解到，早在1998年白庚胜进入北京师范大学博士后流动站上报"色彩与民俗关系"的研究选题时，还曾引起某些人士关于"色彩与民俗有何相干？研究它们的关系岂非牵强"的疑惑。当然，令钟敬文先生感到忧患的是我国民俗学研究视野的狭隘和步伐的保守，先生在"面对这样一些令人啼笑皆非的疑惑"感慨道："我们不能责怪疑惑者的孤陋寡闻，而应作中国当代民俗学学科自身的反省：由于种种原因，我们的研究离国际前沿依然很远很远。在都市民俗学、生态民俗学、环境民俗学、经济民俗学、语言民俗学、色彩民俗学等早已在国际上十分盛行的今天，我们的民俗学研究仍然宥于传统，走不出多少新路，亟须从理论上、方法上、观念上、手段上得到改变。我曾经说过，包括民俗学在内，中国与世界的接轨不能拿木棍去接铁轨，而要以轨接轨。与世界对话，要有世界意识、人类情怀，了解今天的中国与世界。如果没有相同的语境，并使用同样的话语，'对话'何能？又有何益？"。[2]而从色彩民俗研究发展的角度来看待，足以令我们感到时间的紧迫。

按照白庚胜的研究方法，色彩民俗研究应主要立足于色彩民俗事象的调查基础上进行，他对纳西族色彩民俗的研究包括对纳西族的色彩认知、命名词汇与色彩、文字与色彩、仪礼与色彩、服饰与色彩、建筑与色彩、占卜与色彩、空间与色彩、神鬼形象与色彩，九个类项来分析纳西族色彩民俗事象中所投射出来的色彩民俗观念，并根据这些具体的分析总结纳西族色彩文化的特征、演变过程、功能与制约机制。白庚胜的实践方法适用于对色彩概念明确的纳西族文化，但是对于一些在宗教占卜、图腾、仪礼、文字等文化事象中色彩概念模糊的民族文化，显然还需要重新组织研究、调查的方法结构。

出现这个矛盾的关键原因是各个民族、族群文化发展水平的差异性，那些还没有把色彩演化为一种思维理念中的符号的民族，在他们的眼中，色彩的功能主要不在于艺术创新、图腾或社会角色符号等方面，而是自己与其他族群、自己与大自然的其他群落之间的区别，即色彩识别。而在这种色彩识别的基础上，逐渐形成自我角色确认过程中的审美体验经验与审美程式。因此，本文主张在色彩民俗地理研究中重新将色彩的视觉性要素提到文化符号性要素的前面，关于二者的区别用一个城市生活中最常

---

[1]　白庚胜著，《色彩与纳西族民俗》，社会科学文献出版社，2001年，第307~308页。

[2]　白庚胜著，《色彩与纳西族民俗》，社会科学文献出版社，2001年，全书序，第1页。

见的现象来辅助大家的理解。

大约在2000年前后，北京街头出现了应用新电子技术生产的"绿灯"，其色相实际呈现为略带绿味的宝石蓝色，如果从视觉性要素的角度来判断，它是"蓝灯"。但作为城市交通指示标志，它的社会符号性要素超越其视觉性，因此没有任何人称之为"蓝灯"，[1]不会妨碍其仍然作为绿灯来使用。当然，这种符号要素对于视觉性要素的模糊空间是有一定范围约束的，一旦将绿灯的色相改为紫色、咖啡色等差距过大的色彩，仍然会引起信息识别的错乱。

在滇西南地区，居住接近的拉祜族和佤族，在服饰色彩文化上有着鲜明的区别：佤族布饶克方言支系左都[2]村系的筒裙色彩搭配方案是暗黑色底色上添加横式红色宽带条纹；拉祜族拉祜纳支系塞汗[3]村系的长裙色彩搭配方案也十分接近这种方式。同样是暗黑色底色上添加横式红色带状条纹，除了纹样的形状有一些典型的区别以外，其主体红色的色相具有一个比较微妙的差别：佤族布饶克方言支系左都村系的筒裙红色较拉祜族拉祜纳支系塞汗村系的长裙红色多了一些暖味，倾向于朱红、大红，而塞汗村系的长裙红色则倾向于玫红。后来通过更多的区域、支系的服饰色彩比对，发现这组区别关系基本概括了佤族和拉祜族在红色方面具体的视觉性要素的审美习惯。因此，在滇西南地区无需仔细分辨服饰的图案，即使看不到头饰，仅凭红色色相的基本差异就能够分辨佤族与拉祜族的差别。这个实例证明了视觉性要素的作用。

通过广泛的染色文化调查，佤族染布所使用的红色染料取自于本土的一种名叫"考索诺衣"[4]树的树皮，将树皮煮出原汁，添加紫胶为染媒，即可染出佤族服饰中常用的朱红或大红色。[5]拉祜族服装中的红色现在几乎已经全部依靠服装加工厂的现代染料来完成，传统染色文化和工艺基本失传，通过云南其他区域在族系服饰特征和族系血缘都有密切关系的彝族、基诺族服饰色彩情况和染色文化记录看，这种染布传统可能来自于茜草[Rubia cordifolia]或红花。根据吴大勋在《滇南闻见录》中的记载，早在清朝初年产于藏区的茜草和红花就已经作为重要的染色材料通过茶马互市的往来被运送到了滇南。[6]拉祜族与滇西北的彝族、纳西族等民族原同属羌氏族系的遗裔，在拉祜族民间说唱文学中至今仍保留着大篇幅的迁徙史诗内容，因此其传统服饰色彩一定保留了大量西北高原的特征。因此其在红色染色的审美习惯上，显然更接近滇西南地区西北方向的一些民族，其红色的色相偏冷，与茜草和红花染成的胭脂红色相很接近，而且纯度也超过了滇西南地区的山地民族传统方式。

通过对这一实例更深层的分析，笔者发现色彩民俗的视觉性要素也联系着基于视

---

[1] 此类绿灯一度非常普遍，2003年后略见减少，目前宽街北面街口行人指示灯即为此类。

[2] 地在云南思茅澜沧县西北雪林乡北部，迄今建村400多年，属佤族布饶克方言支系。

[3] 地在云南思茅澜沧县北富邦乡中部，属拉祜族拉祜纳支系。

[4] 佤语名，目前还未知其准确的汉语名称，待考。在南部的布朗族地区也流传着完全相同的红色染料植物文化，也称其树为"考索诺衣"，足见百濮族系中染色传统历史的悠久。

[5] 来自澜沧县雪林乡左都村退休教师鲍文明口述，后于文东乡等地得到证实。

[6] 白庚胜著，《色彩与纳西族民俗》，第53页。

觉基础上的一种符号性，即视觉符号，而非白庚胜所多方谈到的思维符号。白庚胜在关于色彩文化的功能分析中提出了纳西族色彩文化的图腾、巫术、区别、审美四种功能。这种视觉性的符号表现，在功能上即白庚胜所说的色彩文化的区别功能，而在民俗学整体系统中，这种视觉性的符号实际上直接成为民俗传统传承的基础动机。就这个实例而言，正是由于拉祜族与佤族之间存在着这种视觉性的微妙色相差异，各个不同族群都再继续延续着传统的技术来维持着这种视觉性要素的差异。一旦一种新的技术能解决视觉性符号的传承本质，那么基于物质生产本身的传统技术就失去了传承的内在合理性价值，其次自然迅速消亡。笔者在调查中注意到，即使是新的染色技术已经具有非常宽泛的空间，民族族群的审美习惯还是具有十分鲜明的传统维持惯性，拉祜族地区出售的彩色布匹仍然以偏冷倾向的玫红色相为主，这个现象值得色彩民俗研究者的注意。

图5-1　佤族左都村系的筒裙（左）拉祜族塞汗村系的长裙一角（右）

图5-2　澜沧县木戛乡春节期间集市上的摊贩布匹交易

色彩民俗的调查研究与色彩地理学研究的结合是区域色彩民俗地理研究的主要理论结构组成。二者结合自然从基础理论、方法论的角度弥合了各自在传统研究中的不足。法国郎科罗的色彩地理学研究从建筑景观出发的基础材料调查，显然还缺少对区域民俗其他类项的深入调查，因此其研究成果仅仅适用于当地的建筑设计、景观设计，而往往并不能适应区域整体视觉形象设计的需要。以民俗学、日本色彩民俗研究为背景的中国色彩民俗试验性研究，由于对传统民俗学研究结构的依托，对岁时、娱乐、文学、名称等传统民俗学研究中的重点对象付出了过多的精力，又由于区域视觉形象的色彩设计应用缺少了直接视觉性的元素研究，在方法上与当前实践应用需求距离过远，所以，提出区域色彩民俗地理体系研究，使其真正能适用于当代人类社会的发展需要，找到一个能够更为准确地表现区域色彩视觉形象的方法。

三、我国区域色彩民俗地理研究体系的基本结构

我国的区域色彩民俗地理研究体系结构，主要从历史、地理的关系划分边疆少数民族族群体系和中原文化圈体系两大部分。中原文化圈按照一般的中国历史文化区和现代行政区划省区、直辖市来划分，这里就不再一一说明。

按照中央民族大学美术学院少数民族艺术专业"少数民族美术史"课程，指导教师张亚莎教授所归纳的我国少数民族美术族群体系，我国少数民族美术共分为六大基本区域[1]：

（一）东北民族美术体系

东北民族族群结构主体为渊源于先秦肃慎、汉魏挹娄、隋唐靺鞨、元明女真的族裔满族。满族的历史文化悠久，装饰艺术门类齐全，在民居建筑、宫殿寝陵以及建筑装饰艺术中都有突出的成就。满族先祖的服饰色彩历史上曾经出现过尚白、赭黄的过程，近古时期有尚青蓝色的倾向，且色彩纯度比较高，总体上吉丧礼常、不同季节的服饰装束，各有千秋。渊源于古高丽的朝鲜族早在魏晋南北朝时期便有了发达的美术成就，其现代服饰色彩绚丽，多用明度高的白、黄、玫瑰，颇有民族个性。其他东北民族赫哲、鄂伦春、鄂温克、锡伯等民族在长期狩猎、捕鱼、放牧的生产生活中也积累了与民族经济生活及宗教信仰相关的装饰图案艺术，其色彩民俗具有鲜明的生态地理特征。

（二）北方民族美术体系

大漠南北是产生北方强族的摇篮，匈奴、东胡、柔然、突厥、回纥都是对中国古代历史产生重大影响的北方游牧民族，元代以后的蒙古族便是这些族系的后裔，在民族艺术上形成了自成体系的表现样式，具有鲜明的草原民族特色。除了融合了汉、藏两种风格的喇嘛教召庙建筑艺术以外，独特的蒙古族民居蒙古包与蓝天白云、绿色广袤的草原构成了和谐的草原环境景观艺术，构成以白、蓝、暖红为主调的民居色彩系统。蒙古族的服饰实用性强，有尚青、蓝的趋向，青海蒙古族的服饰融入了藏族服饰的内容；新疆地区蒙古族的服饰色彩则更加绚丽；东部蒙古族文化中又吸收了农耕文

---

[1]　以下材料的基础结构引自李魁正主编，《时代与民族精神——中央民族大学美术学院李魁正教学新思维与创作研究论文集》，中央民族大学出版社，2005年，第148~150页。

化色彩；而西部蒙古族的服饰文化则显得厚重朴实。蒙古族的色彩民俗传统中有突出的尚白习俗，在蒙古包的色彩设计中主要以白色为底色，传统工艺品中也有很多白色装饰习俗。其次是青蓝色、大红色等。在蒙古族地区的绘画中，草原的绿色总是被描绘得异常鲜艳，表现出十分独特的民族色彩审美心理。

（三）西北民族美术体系

西北各少数民族艺术中以伊斯兰教清真寺装饰艺术为核心，回族的清真寺遍布中国大江南北，其中宁夏、甘肃、青海等西部省区的回族清真寺数量最为集中，风格也比较多样。新疆维吾尔、哈萨克、塔吉克等民族的清真寺，有更为突出的阿拉伯穆斯林文化的色彩，其中色彩斑斓的墙体装饰图案代表了清真寺艺术的色彩风格。维吾尔族清真寺的外墙面，大多以琉璃砖或刻花砖包砌成丰富多彩的几何图案，色彩明丽而淡雅，与白色的拱门及巍峨的穹顶构成曲线与直线、圆形与方形巧妙穿插，富于变化的建筑样式，颇具审美价值。维吾尔族、塔吉克等民族的服饰用色都很有区域特点，由于日照度较高，西北民族的服饰色彩喜爱明度、纯度很高，且对比度很强的色彩搭配方式，而且都设计在一个繁复、细密的组合方式里，色彩的过渡、跳跃性混合产生了区域特殊的色彩协调感。

（四）西部高原民族美术体系

青藏高原的装饰艺术更以色彩见长。藏族的工艺装饰品种类繁多，色彩多沉稳、绵密地运用。藏族宗教绘画在色彩的运用上具有得天独厚的条件，高原地区盛产可以作为颜料原材料的多种植物和矿物。这些颜料的色泽都具有相当高的纯度和耐久性，而且色相丰富，再加上藏族自由、随意饱含热烈情绪的创造，形成了藏族工艺色彩的独特风格。多复杂色调组合，少用灰色，多用浓烈的红、蓝、黄、橘黄、紫色，画面往往从多重强烈对比的调子中寻求不协调、不含蓄的色调美。藏族的首饰绿松石、猫眼石、珍珠玛瑙等也成为藏族服饰色彩中的重要点缀色。藏族的建筑样式丰富：寺院群与宫殿建筑多建在山上，层次分明，错落有致，寺院外景琉璃瓦与金顶交相辉映，金碧辉煌；殿堂内满铺壁画，富丽堂皇。藏族建筑景观色彩中最常用的装饰色彩是白色和暗土红色。

（五）西南民族美术体系

云贵川高原是多民族聚居的地区，夜郎国的古代岩画、古滇国的青铜造像、云南沧源岩画向我们揭示了西南夷春秋战国至秦汉时期社会生活，尤其是宗教生活的方方面面，其装饰图案的风格与造型感觉，也一直在生活在这些地区的众多民族中得到延续。彝族的染织、刺绣有着悠久的传统，以黑与红色相搭配的漆则是彝族最有特色的传统工艺，其色彩原型也在其他羌、氐族系各民族的服饰、器物色彩中出现。纳西族的民间装饰艺术与东巴教有着深刻的渊源关系，纳西族的服饰色彩又与云南东部的汉族穿青习俗有一定的密切关系，源于西南地区复杂的民族文化交融历史。由于西南地区的少数民族众多，与周边的民族关系复杂，因此中国西南部地区形成了非常丰富的色彩民俗地理调查的主要资源地。

（六）中南民族美术体系

中南地区的山地民族有苗、壮、侗、仫佬、毛南、黎、瑶、土家族等民族。苗族的织锦、蜡染、刺绣、挑花等工艺，历史悠久，近代以后得到了更充分的发展。其装饰图案源于生活而又不拘泥于自然原型，在继承传统的基础上更有创新。其图案多取材于动物、植物、生活用具、自然现象等，蝴蝶、枫树、龙凤、葫芦等图像是苗族装饰图案中最常见的题材，反映了祖先崇拜与图腾崇拜等古老的内容。花溪苗族的挑花工艺以配色见长，黑色布地子上挑出白色的纹样轮廓，再填充各种色彩，构图多采用几何纹样，图案在黑地子上显得格外地鲜艳生动。侗族的鼓楼、风雨桥、凉亭、吊脚楼等一系列民俗建筑，构成了侗家山寨特有的民族风情，其建筑材料的原始色彩构成当地古朴的景观特质。[1]

上述六大区域的整体色彩民俗地理状况，目前只有一些零散的研究成果和民族工艺美术现象的记录，由于缺少系统的研究和调查，还无法准确地进行系统性描述。在当前民族传统文化迅速消逝、同化、异化、变迁的现实情况下，对我国整体区域系统的色彩民俗地理文化进行细致的调查和研究是十分迫切的。

第二节　区域色彩民俗地理的调查与研究方法

区域色彩民俗地理研究的调查对象为色彩民俗事象、色彩地理景观素材和色彩文化心理与审美意识。前二者主要依靠田野调查和部分资料搜集、查阅，第三条受到条件的限制目前多只依靠文献查阅。调查的质量直接决定了后期研究成果的水平和结论的准确性。研究首先要进行的是一手材料的归类整理和初步描述；其次需要从资料群中提取最具有代表性的、重复次数最多的色彩民俗模式或地理景观模式，数量不限但不宜过多；最后一步是针对这类色彩文化的模式现象分析、挖掘构成审美意识、审美习惯的各种原因和传承的必要条件。研究程序完成后，以色谱的形式确定模式的标准。

一、区域色彩民俗事象的调查

色彩民俗事象调查借助了民俗学调查区分民俗类别和民俗事象的组成要素概念，主要任务是将人群已经形成的有意识、有目的、有审美判断地使用色彩的文化传统内容记录下来，按照民俗学调查的习惯，这项调查重点在于民间的传承根基问题。在调查中笔者逐渐发现，这种传统方式的传承在很大程度上依赖集体审美意识。因此，研究最终回到民族、族群色彩审美意识的构成上，而结论的准确性对调查的依赖很大，所以这部分调查十分重要。色彩民俗事象调查更侧重人群对色彩审美的主动性，即关于色彩反映的"集体有意识"。

根据民俗学研究的民俗事象分类方式和色彩的视觉性、视觉符号性以及文化符号性等特点，笔者在研究中总结了色彩民俗事象调查的主结构表，详见下表：

---

[1]　对于我国少数民族分布大区的划分法比较准确的是七大片区的方法，即在以上六大区域的基础上增加东南少数民族片区，包括东南沿海的浙江、福建畲族和海南岛黎族以及台湾岛内的各山地原住民族群。此处暂以六个民族美术体系为基础结构做简要的介绍。

表5.1 区域色彩民俗地理研究调查记录表（简化示例）

历史性质	民族属性	民俗类别	民俗质	民俗素	民俗链	是否区域性	族际传承范围
传统色彩民俗	佤族	物质		服饰染色文化的植物材料源	服饰染色工艺	否	大部分佤族阿佤方言支系、部分布饶克支系
		服饰	筒裙染色红色植物				
			筒裙染色黑色植物				
		饮食					
		建筑					
		仪式					
		装饰					
现代	佤族	物质					
		服饰等					

在这个表格当中，首先按照民俗事象的历史性质分为传统色彩民俗与现代色彩民俗。并不以时间来区分，而是从该受调查区域文化上受现代政治、经济、社会文化影响的不同程度来区分其色彩文化的历史性质，在相同民俗类别中的色彩民俗历史性质调查，对于判定区域色彩特质具有很重要的帮助。例如澜沧县糯福乡南段村、龙竹棚村的民居，改造工程重新设计了拉祜族村民的住屋，在改造中统一了建筑样式和色彩装饰，为新村居涂刷了黄、绿、蓝三色搭配的漆料，从总体面貌上模仿了糯福教堂的建筑景观色彩。这个改造方案很快在行政村下属各自然村的改造中通行，这类色彩文化即属于现代色彩民俗。于是在调查中还专门针对糯福教堂的建筑景观色彩进行了详细的调查、走访，而得到的结果仍然不能明朗。根据部分老人的回忆，20世纪70年代以前，糯福教堂的建筑景观色彩与现在不同，墙板并无涂漆，都是木板的原色。那么也就是说，现在所看到的糯福教堂建筑色彩，实际上是在20世纪70年代以后修复的过程中改造的结果。说明教堂的建筑景观色彩也属于现代色彩民俗。因此推定，现在民居改造所采用的色彩方案应予商榷。

在民族属性之下主要进行调查的基本民俗类别为：物质、服饰、饮食、建筑、仪式、装饰六项。由于是色彩民俗的专项调查，这里不必将"社会关系"等一般民俗学调查项目列入，遇见特殊情况还可以对表中的类别项目进行增删。

按照民俗构成要素的民俗质、民俗素、民俗链、民俗系列、民俗系统等递进关系的层次结构原理，在调查的过程中应及时对民俗质、民俗素、民俗链做基本描述和调查。民俗质是构成民俗事象最基本的质材，民俗素即构成民俗的基本要素，民俗链指构成一连串密切相关的民俗组合关系。例如佤族染红色的植物材料"考索诺依"树，即是构成染色民俗的原材料。若干个民俗质联结起来即构成一个民俗素，染黄色的"考索贡"和染红色的"考索诺依"、染黑色的蓝靛共同构成了佤族染色文化的植物源民俗，这就是一个民俗素单位。民俗素的固定排列程序即民俗链，民俗链"联结成有秩序的组合，构成一个更为明确、更加完整的、有丰富外延和内涵的综合性民俗事象，从而才能传递出深广的民俗信息"。[1]以上的染色植物和佤族的染色工艺技术、

---

[1]　乌丙安著，《民俗学原理》，辽宁教育出版社，2001年，第13页。

服饰制作工艺构成一个"有秩序的组合"的综合性民俗事象，即民俗链。

民俗构成要素中的民俗系列、民俗系统在调查中是难以同时照顾到的，但在资料调查之后的研究中应当首先试图根据调查材料整理完成。同类民俗的所有民俗链形成此类民俗事象的同一民俗系列，如果将民俗系列根据同类题材和内容的相关性再加以概括和归纳而成为更为简化和庞大的总系统，即称为民俗系统。对民俗系列的总结以及民俗系统的归纳，已经基本超出了色彩民俗的范围，严格地说色彩民俗本身就是一个民俗系统，而染色文化即一个民俗系列。因此，这一部分民俗学的要素结构就不必进行调查和研究了，只需要在宏观上有所理解即可。

比系统描述更重要的，是必须对民俗事象内容是否族际共享文化即区域性的文化以及该文化、民俗在族际之间的传承状态进行描述。目前的民俗文化和民族文化存在着典型的民族性和区域性之间的交错、混融，那么民俗事象究竟是民族的还是区域的，具有至关重要的研究意义。民族性与区域性的交错存在着两种基本情况：一种是土著民族的文化在迁徙民族的影响下，首先从生产技术方面吸取了外来民族的优秀文化对本族传统予以革新，随之宗教、娱乐等文化艺术也有所变迁；另一种是迁徙民族来到本地区，由于土著民族的传统文化对本土的生态环境具有历史积累的适应性优点，自然积极吸收其优势部分以帮助自身适应新居住地的生态条件。这两种文化变迁导致不同族源的民族文化逐渐混融形成了一个区域性的文化系统和民俗系统。例如在滇西南地区，无论山地民族还是坡地民族、平坝民族在村居聚落文化上逐渐混融为一个基本统一的民俗文化系统。这个系统一般由竜山林、竜塘、集体水源地、寨门、寨外公房（撒拉房）、寨心、寨神树、宗教场所等元素构成，从实地的调查资料整理来看，无论佤族、布朗族、傣族、拉祜族、哈尼族、基诺族，甚至包括部分汉族村寨，也都在近代延续此类聚落文化形态。其中最典型的是寨心、寨神树、宗教场所、竜山林的基础结构。这种聚落文化就属于区域内最典型的区域性文化，表现在民族之间的差异性已经非常微妙了。因此，在研究过程中将民俗事象的区域性与民族性因素进行切分是很重要的，虽然它存在着相当大的难度，但是这种尝试的努力是非常有意义的。因为，在区域性与民族性之间选择确定形象素材单元，是对区域旅游形象设计中最重要和最严肃的一个前提。

二、区域色彩地理景观素材的调查

区域色彩地理景观素材的调查，即目前在实践应用中已经采用过的区域色彩民俗地理研究调查方法中的前六项。

（1）全年光照度与气象环境评价调查。

（2）地表色彩样品图像记录与采集。

（3）村社建筑景观色彩样品图像记录。

（4）村社植物景观色彩样品图像记录。

（5）服饰用色与染色植物文化调查、图像记录。

（6）民族造型艺术中的色彩习俗。

具体调查内容和目的前文已有介绍，这里不再赘述。与前项调查的区别是"区域色彩地理景观素材调查"的主要调查手段是图像记录，是所有调查工作的核心和灵魂，当然这类调查往往是随着前项调查进行的过程中完成的。在本节主要深入讲解采取这些具体图像记录的方式和注意事项。

全年光照度与气象环境是区域色彩形象，尤其是景观色彩形象的重要表现基础。色彩设计和色彩景观素材的调查，都要充分考虑到该区域在这方面的特点，以及对区域色彩审美意识的影响。例如，在光照度够强的区域，色彩中的一些微妙的灰度美感，才能够被人所感知；反之，在许多平原地区景观色彩的纯度就应当适当提升。另外，全年雨季的天数和晴朗天气的比例也很重要，滇西南大多数地区全年降雨天数都在半年左右或半年以上：西双版纳多数地区的平均年降雨日数为170~200天[1]；临沧市耿马县的平均年降雨日数为177天[2]、沧源县为140天[3]；思茅市的澜沧县平均年降雨日数为160天，最长记录为209天、最短记录为93天[4]。以澜沧县为例，全年干季日为200天左右，这段时间里的降雨量很少，仅占全年降雨量的13%[5]。然而上午多雾，日照强度受到很大的影响，尤其在坝区，这种影响更为强烈。平均计算，澜沧县的全年日照时数为2118.9小时，年日照率为48.7%[6]。同时，即使是在雨季，通过调查组在澜沧县各地7月、8月两个月份的观察，也并不是全天始终处于阴云笼罩之下，尤其在下午时分，往往会恢复一段日照。再加上澜沧县日照度强，景观色彩的反射率自然很高。同时，这项调查也应把天气当做一种背景景观资源来看待，考评蓝天、白云景观质量，对于景观色彩设计有很重要的参考价值。总体来看，滇西南大多数地区的光照度强，景观线性锐利度比较高，纬度日照角度多大于60°，景观底面自然会形成较大阴暗面，构成明暗反差强烈的景观条件。因此，设计滇西南地区的景观色彩关系，必须考虑如何协调日照强烈环境下的受光面色彩与背光面色彩的协调性问题。例如设计项目中的"模拟项目：拉祜衣装"（见表4.6、图4.5），其主体块面色与框架色的整体明度反差达到69[7]。在这种明度反差的色调中，日照的反差不能影响整体的色彩关系。当然，如果设计方案必须采用低明度反差的色彩关系时，就要模拟强光照效果，尽量使得色彩方案在强烈光照条件下也能达到理想的色彩组合效果。

---

[1]　《西双版纳国土经济考察报告》编写组，《西双版纳国土经济考察报告》，云南人民出版社，1990年，第23页。

[2]　《耿马傣族佤族自治县概况》编写组，《国家民委民族问题五种丛书之一、中国少数民族自治地方概况丛书——耿马傣族佤族自治县概况》，云南民族出版社，1986年，第12页。

[3]　《沧源佤族自治县概况》编写组，《国家民委民族问题五种丛书之一、中国少数民族自治地方概况丛书——沧源佤族自治县概况》，云南民族出版社，1986年，第5页。

[4]　《澜沧拉祜族自治县概况》编写组，《国家民委民族问题五种丛书之一、中国少数民族自治地方概况丛书——澜沧拉祜族自治县概况》，云南民族出版社，1985年，第6页。

[5]　同上。

[6]　中国社会科学院民族研究所编，葛公尚、朱伦等撰，《中国少数民族现状与发展调查研究丛书——澜沧县拉祜族卷》，民族出版社，2002年，第4页。

[7]　其中块面色1明度值为20%，框架色1明度值为89%，二者相减，得出差数为69。

　　光照度与环境条件以下的五项土壤地表、建筑、植物、服饰与造型艺术都是直观的景观色彩素材。前面强调过，出于色彩本身的视觉性要素考虑，区域色彩民俗地理研究的重点仍然是色彩的直观视觉性，即更强调色彩的视觉审美而不是社会文化的符号审美。后者对于传统民俗学研究很有意义，如白庚胜的色彩与纳西族民俗研究，前者则对于区域民俗文化形象的确立有很重要的实践意义。前面提到过的有关国色的文化讨论，大家总是能够很轻易地举出对中国人很有意义的色彩的色名，但是到底应是一个什么样子的颜色？似乎没有人敢于做决断。例如大家都在说中国红，但是中国红究竟应该是什么色相呢？其实一直都没能拿出一个标准来。2005年上半年，中国流行色协会在北京、上海、广州三地做过关于中国国色问题的问卷调查，从1200份问卷答案中得出的结果是67.2%的人认为是红色。[1]但是，这个代表了接近七成观点的"国色红"究竟是一种什么红色？恐怕就没有这么多人可以清晰地说出来了。许平、杭梅在《北京的表情》一文中，总结了"中国红"的文化符号来源约有宫墙红、灯笼红、春联纸红、婚礼礼服红。[2]总结起来，其实就是建筑涂料、服饰绸布料、装饰品材料、纸张材质四大项。然而这四项归结起来，其传统色相并不统一，尤其纸张和纺织品的染色、纯度和今天所使用的区别很大。但是目前得到设计家一致认可的"中国红"是一种具有很高纯度的大红色。例如2005年11月11日发布的2008年北京奥运会吉祥物"福娃"系列中的"欢欢"，即采用的中国红为主色调，其红色的标准数值范围见下表：

表5.2　2008年北京奥运会吉祥物"福娃"系列"欢欢"的红色数值范围

类别		色度[H.V.C][C.M.Y.K]							标准色样	
类型	编号	H度	V%	C%	C%	M%	Y%	K%	R%	[R.G.B]显示
块面	A1	06~08	91~80	75~100	00~03	84~86	84	00~01	≈60	
	A2	357~358	58~55	80~54	27~32	99~81	94~67	26	≈10	
饰	S1	23~19	87~100	79~80	09~00	73~61	96~87	01~00	≈3	

　　其中A1显然是中国红来源的纺织、纸张染色中所常用的大红色，A2即宫墙红，S1设计作者的具体意图还不明确，估计可能是装饰艺术中表现火焰色彩的模仿。但"欢欢"即采用的中国红具体色相目前肯定还不能被广大设计同仁认可，至于百姓心目中的中国红就更难以统一了，之所以出现这类现象，与色彩学学者关于国色的视觉体系还没有开始研究有关。《美术观察》2006年第1期、第2期，热点述评栏目专门开设了"中国人的色彩生活"专题，发表文章中多数都提到了国色中的中国红问题，但没有

[1]　宋建明著，《关于国色的思考》，载于《美术观察》，2006年第1期，第7页。
[2]　许平、杭梅著，《北京的表情》，载于《美术观察》，2006年第1期，第19页。

一篇文章真正谈到了色彩视觉体系的标准确认问题，只是在"红"的概念上做文章，而没有真正进入"红"的视觉认知体系。这就涉及到色彩设计研究的一个很重要的原理——色彩素材调查时期的色相体系确认。中国红的标准一时难以确认，主要是因为还缺少对传统中国红色相的铺开调查，对传统染色文化调查的缺憾，导致还不能得到一个明确的可参考的视觉资料，自然无法确立视觉数据的标准。因此，在区域色彩民俗地理研究的调查工作中，笔者主张应该将调查的重点放置在视觉图像资料的搜集上，而不是民俗的观念上。对这一精神的把握，就形成了对地表土壤、建筑、植物、服饰与造型艺术等项目的调查方法。

土壤地表色彩素材的搜集有两个重要的作用。其一，是对主要环境色彩素材的调查、记录；其二，是对建筑墙体景观色彩素材的间接记录。自然景观色彩主要由土壤、岩石地表色彩与植物景观色彩组成，在大多数地区，民居建筑材料都是从本土的土壤和岩石材料中选择、提取的，因此地表色彩直接决定了区域建筑外观色彩的主色调。郎科罗的色彩地理学即以这种材料调查为主要工作。土壤地表色彩素材的搜集除了拍摄图像资料以外，还特别学习了法国郎科罗的实物搜集方法，直接采集了一些土壤样品，回到北京后在摄影棚内用标准的光源色温完成对样品的图像记录，最后还可以根据样品的实际观感，来对图像数据进行适当的校正，校正技术在本章第5节中再做详细的介绍。

建筑外观色彩素材调查是最直接的一种色彩素材调查，在各个景观色彩设计方法的论著中都是普遍受到重视的。一般来说，少数民族地区传统民居建筑的景观色彩都是原始材料的基础色，应用建筑染色的民族地区建筑种类并不占多数，只有蒙古包和藏族民居是比较突出的，另外白族、纳西族传统建筑中使用的粉墙模式也是一种典型汉化的类型。大多数少数民族民居建筑景观色彩都由建筑材料色彩直接呈现。因此，其区域地理特征就非常明显。土基房是滇西南地区传统民居建筑中应用最广泛的一个类型，无论山区还是坝区，都可以看到以土基房为主的村社景观。在实践调查中笔者还发现，天气的景观对于房屋色彩的影响非常重要，在调查中还总结了一套分析不同自然环境背景、光线条件的调查方式，详细见区域民居建筑景观色彩素材调查方法表：

表5.3　区域民居建筑景观色彩素材调查方法（简化示例）

村名：			行政区划属：			民族构成：
建筑群区位	材料类型	晨昏受光角度视觉评价	晨昏背光角度视觉评价	正午总体视觉评价	阴云天气总体视觉评价	最佳背景预期

在这份调查表中，实际需要记录的是图像，评价的基础是图像所反映的视觉直观审美效果。澜沧县同以土基房景观为主的村落，专门拍摄了不同时间段和不同天气背景情况下的建筑景观色彩效果，供参考。

图5-5 土基房在黄昏（左）、下午蓝天背景（中）、正午（右）不同的景观色彩效果

图5-6 土基房村落在黄昏时分的最佳景观色彩效果预期

在民居建筑景观色彩素材的调查中，得到了在不同时间段、不同天气背景条件下建筑色彩的视觉效果评价，通过综合指标的比较，以下午黄昏时候的色彩景观为最佳景观时间。在这个时候，由于光线色温环境的偏差，致使土基墙色彩的土红色得到很好的纯度表现，同时背景天空呈温和的淡紫色色彩，色彩的冷暖反差适中（见图5-6）。而稍早两个小时的时候，即下午15点~17点左右，顺光角度的背景往往呈现纯度很高的蓝天景观，在雨季的时候白云景观更是经常出现（见图5-5中）。虽然在这个时间段的整体色彩纯度和对比度的评价也都比较高，但是色彩的冷暖反差过大，效果过于强烈，与区域整体形象的意味差距比较大，故此没有作为最佳景观时间段。与之相比，正午时候的光线以大于60°角的垂直性照射造成屋檐下面形成阴影，这些阴影直接影响了建筑景观色彩的纯度和明度反差效果。同时，即使是直接接受光线照射的部分，也由于照度过高而出现眩目的效果，视觉读取色彩信息不良（见图5-5右），而立墙色彩由于光照角度的影响，也不会有好的表现。肉眼所感知的色彩与物体接受光照的角度和视点之间的角度有直接的关系，入射角与反射角之间的关系是恒定的，一般人所处的视点都是与建筑物呈水平稍下的空间关系，因此恰恰是清晨、黄昏时候的反射角可以将质量较高的色彩传递到观察者的眼中。再与天空背景因素综合考虑，通过评价决定将该区域的最佳景观色彩效果时间设定在清晨和黄昏时候。

图5-7 建筑物表面色彩反射质量与入射角度的关系示意（顺光角度）

　　在建筑色彩素材调查中所要注意的事项，在村社植物景观的调查中也同样需要注意。通常情况下，植物景观色彩都是点缀性的景观色彩元素，所占的比例并不很重要，但在一些特殊的地方也可能会变得非常重要。比如在澜沧县西南部拉祜族聚居地糯福乡有一个名叫南波底的拉祜族村寨，属于典型的坡地聚落形态，村社建设在坡度比较大的半山坡上，村社景观自身的纵深落差就比较大。村寨的前沿面对的是深箐竹蓬，背后是原始森林，大佛堂就建立在身后的密林之中。村社内部的植物茂盛，往往依靠经济作物与观赏性植物进行道路、院落的分割，而且具有纵向的变化，聚落景观十分特殊。在这种特殊的聚落环境中，植物的色彩几乎占到视觉中的50%甚至更多。在未来的城市形象设计、景观设计中，色彩的许多调节要素都来自于植物。因此，对于植物的景观色彩作用在调查中应当给予重视。

　　服饰色彩也应被看做是一种特殊的景观色彩素材，即可变的、活动的景观色彩元素。这一点，在泼水节的时候感受最深。每年的泼水节就是傣族历法中的新年，按照民族传统习俗，除了我们熟悉的泼水、堆沙、插皂荚枝、插鲜花、赛龙舟、放高升等一些娱乐活动以外，青年男女还有在第二或第三天时丢包、游憩、采花等公众自由交往的节日习俗。据清王崧等编《云南通志》卷一百八十三、清李煦龄纂修的《普洱府志》卷十八、民国张问德修《顺宁县志初稿》、赵国兴《思茅县地志》等方志文献，都有关于各地傣族泼水节民俗的记录："以季春为岁首，男妇老幼，俱着新衣，摘取各种山花（果实）……"[1]在出外游园采花时，男青年习惯称作"串姑娘"或"钓小姑娘"，现在少女也经常戏称为"钓小伙子"，是他们一年中谈恋爱最重要、最期待的时机。记得2000年在硕士研究生的实习调查期间，我住在西双版纳勐腊县勐仑镇的曼打鸠傣寨咩温坚[2]家，咩温坚小女儿依香温在节日之前的几天里天天为自己的节日服装做装饰花纹，我们以此为话题和她逗乐的时候，看得出她眼中放出的光采。等到了泼水节的第三天，周围几个村寨村民老幼都着盛装赶来江边，龙舟竞渡以后，又一起散入山林，在这一天里，包括已婚男女也都按照各自年龄段的老庚结成3~10人左右的小团队出游娱乐。当时的情景真是难以形容的美观：在绿意葱翠的原始森林之中，三五成群的傣族小姑娘打着彩色的小花伞，穿着色彩斑斓的彩色衣裙，头上插满了鲜花……服饰的色彩在现代都市人的眼里可谓"艳俗"，但在版纳热带雨林的深绿色映衬下，其整体景观的色彩关系竟变得那么的清雅，透着十足的水气和灵秀。这些鲜艳的服饰色彩在整体民俗景观结构中犹如森林里的花卉一般，变成了非常重要的点缀色，是可移动的花卉。因此，我们对服饰色彩文化与染色技术的调查，并不仅仅把它看做是对民族服饰的研究，也把它看做是一种重要的景观色彩素材，更是区域色彩民俗的一个重要的调查内容。

---

[1]　云南省编辑组，《国家民委民族问题五种丛书之一、中国少数民族社会历史调查资料丛刊——云南方志民族民俗资料琐编》，云南民族出版社，1986年，第108页、第109页、第111页。

[2]　人名，"咩"即母亲之意，咩温坚即如汉族地区习惯称呼的"温坚妈"。傣族人自第一个孩子出生以后即按照孩子的名字改为男"波"（爸爸）、女"咩"为前缀的新名为大名。

图5-8　澜沧县惠民乡芒洪
八角塔散落文物清
理现场（左）、散
落于路边的佛像底
座（右）

　　少数民族工艺美术品、传统造型艺术一般都是按照传统的规范来进行制作的，在色彩应用方面，这种规范性表现为一些负有专项职务、专业手工匠人对技术的垄断现象。以建筑彩绘、漆艺为例，在滇西南地区的漆艺用色技艺多数来自于周边汉族地区流动的匠人组，从手艺上他们是依照汉族传统技艺模式来完成的，而从色彩搭配的规范上来说，他们多受当地少数民族贵族意愿的支配。因此，滇西南地区的漆艺用色一般都习惯于按照傣族贵族家具所常用的方式，而这种方式当然也被川、滇地区的彝族、白族、汉族等各民族群众所采用，至今具体起源还很难讲。目前在滇西南地区通过对傣族、布朗族小乘佛教寺院建筑的漆艺、佛龛装饰漆艺、一般漆器等综合调查，其基本色彩结构为黑色底色用朱红或大红漆描绘花纹，最后再用金粉勾勒装饰线条。一般缅寺建筑廊柱之间的彩绘都是采用红漆铺底色，用漏印涂金法装饰金水图案的方式。作为日用漆器的黑、红绘饰金习俗，在滇西南地区是非常普及的。我们在2004年夏季调查的过程中，在澜沧县南部惠民乡芒景村芒洪布朗族寨的八角塔[1]后，大缅寺遗址中挖掘出许多佛教寺院的装饰遗物，根据塔记记录，这些佛像、寺院建筑装饰物至少是清代中后期（约1780~1850之间）的文物，其中体量最大的一件是一座佛像底座的残角，约80cm×70cm，石质、漆饰，即为黑、红、金相间的色彩关系。

　　民族造型艺术中的色彩运用显然受到了当地的生态、地理条件的限制，在以材料原色为基础景观的建筑、装饰艺术中，特产的土、石、木以及木质材料在潮湿气候下的色彩衍变都是景观色彩素材中重要的元素。在景谷县的调查中，正巧当地百姓出资重新修缮缅寺建筑和塔身，刚刚采集来的红沙岩石料堆积在石塔之下，与原塔身的岩石色彩一致，其色彩景观的材料性一目了然。另外，传统绘画的色彩审美习惯也会对生活应用色彩产生一定的影响。我们在澜沧县调查县城文化局馆藏文物时，发现了一块保存完好的彩绘门扇木雕，其彩绘所使用的色彩搭配方式与傣族、布朗族小乘佛教所使用的从东南亚地区购买来的佛经彩绘插图完全一样。从调查中所接触到的各种情况综合比较来看，造型艺术中的色彩素材更具有区域性和跨民族性，因此，对这部分内容的调查结果是选定代表区域族际共享色彩特质的重要参考。

---

[1]　1985年3月被列为县级文物保护单位，但2004年的修复工作存在一些遗留问题，塔
　　身造型距原型有一些出入，一些重要的文物残片未予重视。

三、区域色彩文化心理与审美意识调查

本项调查最佳途径是通过广泛的实地问卷调查来积累。但是目前在许多边疆少数民族地区传统口传文化的失传现象严重，再加上调查条件的约束，民间文学、民俗仪式等民俗事象中的色彩文化心理和审美意识情况，如果完全依赖实地调查显然是不现实的，而且也不会全面。因此，在研究中所需要的能够反映区域色彩文化心理与审美意识的民俗事象，应主要依靠从前人调查资料中择取与实地调查相结合的方法。

一个典型的研究案例，可以说明这两种调查相结合的重要性。居住在我国云南和境外的拉祜族民族内部自称，其共分为如下几个重要的支系：

（1）拉祜纳

又称作"大拉祜"或"黑拉祜"，"纳"即拉祜语中黑的意思，旧写作"黑倮黑"。拉祜纳是拉祜族中人数最多、一般被认为是最"正宗"的拉祜族的支系。[1]现在云南境内的拉祜纳支系主要分布在滇西南地区的西北部以及北面许多地区，包括澜沧、双江、孟连、西盟、永康等地。

（2）拉祜西

又称作"小拉祜"或"黄拉祜"，常作"小黄拉祜"，"西"即拉祜语中黄色意，旧写作"黄倮黑"。现在云南境内的小黄拉祜主要分布在滇西南地区的东南部，包括澜沧县南部、景谷、普洱等地。

（3）拉祜普

又称作"白拉祜"，在拉祜语中，"普"即白色之意，也与银同意，因此译为"白拉祜"。在拉祜族的迁徙历史中与小黄拉祜支系的关系比较密切，散居地与小黄拉祜地理位置接近，人数很少。

（4）拉祜尼

又称作"红拉祜"，尼即红色之意。主要居住在缅甸东部、泰国北部等地。也有学者认为是从拉祜纳中分化出来的。[2]

（5）苦聪人

主要分布在云南的金平、绿春、新平、墨江、元江等地，其内部也分为三个支系：苦聪——他称呼黑苦聪、拉祜西——他称呼黄苦聪、拉祜普——他称呼白苦聪[3]。与拉祜族整体结构同。

拉祜族在唐代时期分布于金沙江的南北两岸，时史书中称为"锅锉""胡从"等，宋代时南迁至今云南的大理、楚雄各地，元代初期元军对未归附蒙古政府的少数民族族群实施大规模的屠杀，拉祜族主体躲避战乱而又再次南迁，并于此时开始分化为东西两大支系。东路一支即现在的拉祜西、拉祜普族系，他们顺着哀牢山和无量山的峡谷南行，逐渐散居于今景东、镇沅、景谷、普洱、思茅、墨江等县境内；西路的拉祜纳先从弥渡南下到了今临沧地区，古时称为"缅宁"，然后再渡小黑江到达了今

[1] 雷波、刘辉豪著，《拉祜族文学简史》，云南民族出版社，1995年，第5页。

[2] 雷波、刘辉豪著，《拉祜族文学简史》，云南民族出版社，1995年，第6页。

[3] 云南省编辑组编，《国家民委民族问题五种丛书之一、中国少数民族社会历史调查资料丛刊——云南方志民族民俗资料琐编》，云南民族出版社，1986年，第67页。

天的澜沧、孟连、勐海与缅甸东北各地。清雍正二年，由于中央政府强制改土归流的影响，拉祜西的多数族群再次避兵祸而走又从景谷迁徙到澜沧江西各地。其中最主要的支系是拉祜纳和拉祜西。

在实地调查中，关于两个支系的名称以色彩概念来区分和以黑为大、以黄为小的色彩观念是十分明显的，但是从实地调查中无法破译其中原因和民族色彩文化的深层心理反映。实地调查中很有价值的一个新发现是，以黄为小的概念在傣族当中也有所体现：在澜沧县上允镇的考察期间，发现上允老街村中按照迁徙来的历史顺序区分为六大族群（现分为六个生产小组），每两个同时迁徙来的族群各自建立属于本氏族的缅寺，其中最古老的缅寺称作"大缅寺"，另一座则称为"小黄缅寺"。那么色彩在这个区分族群、氏族的方法中究竟起源于一个什么样的心理基础呢？

调查工作结束以后，笔者开始翻阅关于拉祜族文化的所有重要文献，包括《云南方志民族民俗资料琐编》、《中国少数民族社会历史调查资料丛刊——拉祜族社会历史调查》、《云南省澜沧拉祜族自治县地名志》、《澜沧拉祜族自治县县志》、《中国少数民族现状与发展调查研究丛书——澜沧县拉祜族卷》、《拉祜族文化史》、《拉祜族文学简史》、《拉祜文化论》、《拉祜族史》等多部重要的著作，尤其是《中国少数民族社会历史调查资料丛刊——拉祜族社会历史调查》，集中了一些20世纪50年代~70年代珍贵的调查资料。其中最重要的历史文献为鄂尔泰在清代雍正年间编修的《云南通志》卷二十四中记录的"大倮黑，云州有之，……所食蔽稗，即为上品。其余树皮野菜藤蔓及蛇虫蜂蚁蝉鼠群鸟，遇之生啖，不茸庐舍，崖居野处，……小倮黑，习尚与大倮黑同，但形状差小[1]"一条，可见清代初期即已有分化成熟的大、小二支系，但从历史文献中未见黑、黄之说法，可能与语言交流不畅有关。在全部现代拉祜族文化研究的文献中，都缺乏对黑、黄——大、小这一民族区分族系功能概念的研究，普遍认为起源甚早，因而难以了解其具体的含义[2]。笔者试图通过色彩观念的研究突破这个谜团，首先从拉祜族文学中有关服饰题材的民间传说来进行分析，发现用黑和黄、白来区分族系的观念肯定与服饰色彩的族系区别没有关系，因为拉祜族关于服饰传说的核心都是在解释服饰样式中的应用功能，没有任何关于色彩、识别符号方面的内容。[3]结合实际调查的结果来看，拉祜纳与其他支系的服饰区别也主要是在款式上而不是色彩上，其基本色彩结构十分接近，都是以黑色作为最主要的底色，相比之下，拉祜西服饰佩饰中的银白稍微多一些，而拉祜纳服饰中的红色稍微多些。

从词汇的色彩观念入手实地调查问询而知，在拉祜语中，黑色确有尊贵、高尚、高大等含义，这一特点在彝族、纳西族等氐羌族系各遗裔民族的文化中都是很普遍的，纳西族语言中就有几乎相同明显崇尚黑色的意义。而且在纳西语中同时存在着

---

[1] 云南省编辑组编，《国家民委民族问题五种丛书之一、中国少数民族社会历史调查资料丛刊——云南方志民族民俗资料琐编》，云南民族出版社，1986年，第67页。

[2] 王正华等著，《拉祜族文化史》，云南民族出版社，2002年，第6页；《民族问题五种丛书》云南省编辑委员会编《中国少数民族社会历史调查资料丛刊——拉祜族社会历史调查》（一），第1页。

[3] 雷波、刘辉豪著，《拉祜族文学简史》，第192~196页。

图5-9　澜沧糯福拉祜西服饰（左）、阿永传统拉祜纳服饰（中）、富邦拉祜纳服饰（右）

对白色的贬低和对黄色所象征的死亡、结束、下流等含义的解释。[1]彝族也是贵黑贱白的，黑色在彝族文化中也象征着高大、庄重、深沉、强盛等积极的含义。[2]早在唐代，南下的氐羌民族与原来居住在金沙江流域和南北盘江流域的土著居民相遇融合以后，形成了今天彝族的先民"乌蛮"，氐羌的另一支"僰人"从四川南部南下经过滇东北、滇东再西迁到达洱海地区，途中与土著的昆明族人以及中原迁来的汉族先民等族群相融合，逐渐形成了新的民族共同体，他们在大量吸收了汉族人口和文化的基础上，构成了唐代的"西爨白蛮"。从彝族以黑虎为本族图腾和白族以白虎为图腾以及二族服饰上存在的明显对黑白喜好对立的现象来看，"乌蛮"与"白蛮"之间以色彩来划分族系的文化心理起源倒也有可能与服饰色彩有关。

彝族、白族的先民以色彩划分了不同族系的祖源区别，这个区别具有很强的生命力，一直延续了上千年而不断。但图腾说和词汇辅助都还没有完整地解释为什么拉祜族最后会形成"黑黄——大小"的色彩文化心理和"贵黑贱白"的审美意识，直观的服饰说又总显得证据不足。另外，傣族没有以黑为大的观念，却也存在着以黄为小的文化心理，那么，这是受拉祜族影响呢？还是拉祜族受到傣族的影响？在重新梳理文献结论的序列时发现，黑色在彝族、拉祜族等氐羌族系各遗裔民族的文化观念中还基本都与阴、母性、起源、鬼等概念相联系，与之相对应的白色即与男性、阳等概念相联。参证结构主义人类学学派的代表人物克劳德·列维—斯特劳斯[Claude Levi-Strauss]提出的人类学研究"结构分析法"中的图腾象征制度说，他把图腾看做是一种人类对自己逐渐增长起来的、庞大的氏族体系进行系统分类的方式，而不是一种宗教崇拜的制度。[3]那么，拉祜族的黑、黄、白、红族系是否也是这种色彩图腾象征体系的运用呢？古文献记载了上古九夷亦有黄夷、白夷、玄夷的色彩符号区分，北方狄人族系亦分赤、白二种，古羌人有牦牛羌（黑）、青羌、白马羌、黄牛羌等，[4]唐代傣

[1]　白庚胜著，《色彩与纳西族民俗》，社会科学文献出版社，2001年，第45~47页。

[2]　戴平著，《中国民族服饰文化研究》，上海人民出版社，2000年，第95页。

[3]　黄淑娉、龚佩华著，《文化人类学理论方法研究》，广东高等教育出版社，2004年，第256页。

[4]　白庚胜著，《色彩与纳西族民俗》，第63页。

图5-10 澜沧木戛拉祜纳服饰（左）、竹塘拉祜纳服饰局部（中）、富邦赛罕拉祜纳服饰（右）

族先民也有黑齿、金齿、银齿的区分，这些都是用色彩来作为区分族系单元的典型例证。在拉祜族苦聪人的内部分化也仍然沿用"黑大——黄（金）小——白（银）"的系统思维方式，也说明"黑"在族系区分中与族系之间服装用色的区别没有关系，而与一定的结构法则有关。否则黑苦聪与黑拉祜就应该是同一支系，而不是不同层次的族系单元了。不少学者认为羌人尚黑或尚白与族系分化为牦牛羌和白马羌或白狼羌有很密切的关系，[1]这个说法是解释为什么羌人族系以黑为大、高、祖源、母性最好的一种解释。尚黑的羌人族系各民族多把自己命名为"黑人"，将母亲河一概笼统称呼为"黑水"，将居住地称呼为"黑山"，这些地名在现在的云南西部很常见。那么，黑与白、黄、红各色之间的结构关系究竟是怎样构成的呢？有的学者认为是先具有了这种黑色崇拜文化心理基础，才选择了服饰的色彩。[2]罗钰、钟秋在《云南物质文化——纺织卷》中谈到云南山区植物品种中染黑色植物种类非常丰富且便于采集。[3]他们认为，从生活实用的角度来看，黑色也比其他颜色的衣服更耐脏。除蓝靛以外，滇西南地区山地中的植物品种中含单宁酸的植物如栎、栗、柿、五倍子、铁刀木等植物的根茎、枝叶、树皮、果实等都可以用很简单的办法提取出黑色的染料。因此，技术的便利和实用性功能导致实际在文化上并没有鲜明的"贵黑"观念的民族也多采用黑为服色。根据克劳德·列维—斯特劳斯[Claude Levi-Strauss]所揭示的原理，人类具有分类的天然模仿力，这个分类的关键并不是区分彼此，而是述源——描述系统的发生和发展关系。假设服饰色彩之间有一个先后被人类族群掌握的顺序，羌人先民最先掌握的是什么颜色？显然，牦牛族系首先掌握了黑色，因为他们所应用的最早的编织材料都是牦牛毛，其天然的色相就是黑色；而白马族系等白蛮先民首先掌握的是白色，从马或狼身上获取色彩材料的可能性比较小，从羊身上获取最早的色彩材料的可能性倒是比较大。也就是说，在古代尚黑羌人的色彩分类概念中，黑色是源，是母

---

[1] 任乃强著，《羌族源流探索》，重庆出版社，1984年。

[2] 戴平著，《中国民族服饰文化研究》，第95页。

[3] 罗钰、钟秋著，《云南物质文化——纺织卷》，云南教育出版社，2000年，第301页。

系；黄色、红色、白色或其他色彩都是后来的分支。尚黑羌人在南迁的过程中总有一支支氏族分化、迁徙离开总支去发展，在一定的循环碰撞之后，图腾的功能主要用来辨别族系之间的具体支系、脉络关系，以免在激烈的竞争中发生不该发生的冲突。在这样的需要下，总系统仍然维系着自我母系的地位，故习惯上自称为"黑系"（如拉祜纳），而其他系统分支则被冠以黄、白、红等等，因此"黑系"（如拉祜纳）习惯上往往自认为本族为本族中的正宗。这个关系实际上已经被记录在拉祜族和一切以黑为本原的民族服饰上了：无论这些民族服饰怎么变换细节，但有一个要素是不能被篡改的，就是以黑色为底色、根源色，以其他色彩为装饰色、点缀色。而不同小区域的服饰之所以产生了微妙的图形和色彩之间的差异，可能是在本族人口扩张、族群持续外迁分支的过程中，族群头人需要在服饰中记录分支出去的情况，由于记录时所采用的图形和构成方式逐渐有了改进和革新，所以各个大族群区域之间的细节是不同的。具体来说竹塘地区的拉祜纳服饰图形与彝族部分支系的方式很接近，使用了三角分割正方形的二方连续图案，而富邦赛罕拉祜纳服饰图形与佤族形式十分接近，裙脚图形是纯粹的四方形的二方连续图案，木戛拉祜纳服饰则又是简易的线条排列格式（见图5-10）。总之，拉祜族族系名称所反映的"黑大黄小"色彩文化心理同汉族古代的五行五色说文化心理基质完全相同，都是以色彩作为一种系统分类的工具，不同的是拉祜族黑、黄、红、白等色彩之间是一组总源与分流的关系，而五色是核心与外围之间协调转换的关系。

　　以上研究过程，充分证明了将历史文献、民族调查文献和实地调查相结合进行分析的必要性。如果仅仅片面依靠实地调查或文献查阅，都难以找到拉祜族族名色彩文化心理基质的合理解释，而这个解释实际上对于形象设计中标志色彩的选定有很重要的帮助，在一些专门作为整体标志的设计中，完全可以采用拉祜纳服饰色彩中黑底色添加红、白、黄等支系标志色彩的传统方式作为对拉祜族整体族系结构的一种象征。

第三节　区域色彩民俗地理研究成果在设计中的应用

　　区域色彩民俗地理研究的成果，主要应用在区域形象的具体建设中，吴必虎博士早已指出，这种区域形象实际与区域的旅游形象具有混同性，在多数情况下区域旅游形象即混同为区域整体形象。[1]但是，旅游形象设计可以成为促进具体利润增长的效益性设计，更多谈及的就是更具有实用性价值的旅游形象设计中的色彩设计。

　　色彩作为区域形象中的一个重要要素，首先必须能凝练地代表该地区的形象主体特征，这一点是一份设计方案能否成立的先决条件。区域色彩民俗地理研究首先解决的就是对该区域色彩特质的描述，即找到最能代表该地区典型形象的色彩方案，既要相对于其他区域构成其"特"点，还要在区域内部构成整体的概括性。其次，区域色彩民俗地理研究着重色彩的审美效果序列整理，从纯粹的理论角度来看，区域色彩特质原型不是区域色彩形象中最完美的一个组合方案。区域色彩民俗地理研究应当承担

---

[1]　吴必虎著，《区域旅游规划原理》，第201页。

这样的工作，即在区域色彩特质原型调查、研究的结果上再设定一个可选择的调整范围，这样就为接下来的设计——从视觉审美感受出发进行的色彩搭配组合开辟出一个有选择余地的空间。形象设计文本必须便于公众的识别和记忆，色彩设计必须遵守整体性和识别性的原则，整体性即全部形象的应用面建筑景观、标识体系、员工服饰、景点环境等等都必须能够构成一个整体，识别性即形状与色彩关系的简洁和特点突出。区域色彩民俗地理研究最终仍要回到这个简化、提炼区域景观色彩元素的工作上来。

一、区域色彩特质描述的组织结构与效率机制研究

对区域色彩特质的描述已经脱离了单纯的色彩民俗地理研究范畴，进入了设计的工作流程。首先必须明白的一点是，作为一个单纯的区域色彩民俗地理研究项目，未必需要对区域的色彩特质做准确的描述。因为每次研究项目的结果都是无法预料的，每次结束课题的结论很有可能是未来最终结论完成中的一站。但是作为一个为了实践项目而进行的前期研究，必须得出明确的关于该区域色彩特质描述的结论。

这是一组悖论。一方面，研究必须是严肃的，否则，设计项目失去了少数民族美术研究本身的价值，淡化了专业存在的意义；而另一方面，设计项目要求对前期调查、研究必须设定一个控制成本的标准，否则设计项目无限期地拖延下去，将无节制地增加成本。这两个结果都是人们不愿看到的，这也就涉及了一个很具体的技术性问题，即研究的成果标准应如何设定？达到什么样的程度可以开始进行设计？有没有一个方法可以保证每次研究都可以控制住时间和物质的成本水平？

当设计所需要的素材和描述全部完成了，表示研究工作可以结束了。究竟什么问题是研究所必须解答的？首先把可确定的素材和不可确定的素材以及资料在研究、设计中的必要性做个基本分类：

表5.4 区域色彩民俗地理研究资料类项分析表

调查项目类别		资料必要性	可确定性	不可确定性
色彩民俗	物质	★	★	★★★
	服饰	★★★	★★★	★★★★
	饮食	★★	★★★★★	★★
	建筑	★★★★★	★★★	★★★
	仪式	★★★	★★	★★★
	装饰	★★★★	★★★★	★★
景观色彩素材	日照	★★★	★★★★★★	★
	建筑	★★★★★	★★★★	★★
	地表	★★★	★★★★★	
	植物	★★	★★★★	★★★
	服饰	★★★★★	★★★	★★★★
	艺术	★★★★	★★	★★★★
色彩审美意识	名称	★★	★	★★★★
	哲学	★	★	★★★
	文学	★★★	★★★	★★★
	审美	★★★★	★★★★	★

　　上表对所需调查资料类项的必要性、可确定性、不可确定性做了基础的分析，分析的定量用★的数量来表示，必要性计量凡★★★★以上者（含★★★★）为研究中必须完成的研究类项；★★★以上者（含★★★）为必须进行的调查、研究类项；★★以下者为可以不进行的研究类项，如条件便利或区域具有独特特点的可以进行调查，如遇具体条件限制或时间约束，可以在调查中放弃。达到★★★★★标准的只有建筑民俗、建筑景观色彩素材、服饰色彩素材三项，表示在任何区域进行调查、研究时，都必须首先考虑对这三项内容的深入调查、记录与研究，这三项内容的研究成果必须达到计量评分的标准。

　　可确定性与不可确定性仍用★的数量来表示，可确定性★★★★以上者（含★★★★）的资料表示，被调查类项的对象可以找到明确的典型范例，有突出的特征，基本便于记录；反之不可确定性★★★★以上者（含★★★★）表示其确定性受到干扰的程度很强，是需要在调查和研究中特别注意的类项。从表中分析的结果看，不可确定性达到★★★★以上者又必须完成的研究类项包括服饰民俗、服饰色彩素材、造型艺术工艺色彩素材三类，这样的分析基于当代各民俗区传统服饰文化、造型工艺的脆弱性现状。殷会利在《云南少数民族传统图形中审美意象的延续与变迁》一文中，首次提到了"民族服饰文化变迁中的淘金河现象"，即民族群众在现代信息传播网络中逐渐丧失了对本族原始图形确认系统的信心，放弃了真正的传统服饰，而去赶其他族系传统服饰的"时髦"。[1]淘金河现象起源于20世纪80年代，作为佤族村寨中率先富裕起来的村寨，其实际的精神领袖牧师田大在外界宣传的影响下，认为佤族的"正宗"应该是邻县西盟县的佤族，而本村的佤族服饰与西盟的样式相差太远。于是从20世纪80年代末田大牧师开始从西盟买回来那边服装加工厂生产的服装给本村妇女学习制作，逐渐改变了本村的传统服饰样式。淘金河现象是一种持续性、连锁性的文化变迁现象，与城市中泛滥的文化同化现象性质一样，都是文化多元化遭到破坏性打击的一种反映。如果在调查中不幸选中了如淘金河一样的试点村寨，最终一定会严重影响到调查成果的质量，所以在此表中特别提出"不可确定性"的概念，是调查真正需要花费时间的地方。

　　通过整体的分析与计量统计，在调查和研究中可以提高效率的方法，首先将最重要的调查项目即研究最后所必须解答的问题作为第一批次的调查对象，综合起来为：

　　（1）服饰民俗与服饰色彩素材。

　　（2）建筑民俗与建筑色彩素材。

　　（3）装饰民俗与装饰艺术素材。

　　（4）民族色彩审美意识与观念。

　　这一批次的调查对象中建筑类、审美意识类的可确定性比较高，从目前的实践情况来看也很容易实现，因此调查质量和研究效率容易控制。服饰与装饰艺术类容易受

---

[1]　殷会利著，《云南少数民族传统图形中审美意象的延续与变迁》，2005. 5，中央民族大学2005届中国少数民族艺术专业博士学位论文，第三章、云南少数民族传统图形的地域性与时代性变迁/第二节、民族装饰文化中的时代性变迁/一、民族服饰文化变迁中的淘金河现象。

到不确定性的影响，是调查与研究中最主要的难题。其难度主要表现在以下三点：

（一）搜寻典型文本的难度

单就服饰而言，目前我国真正的少数民族系统化的服饰文化调查一直没有进行，现有的只是一些简单的"断章取义"式的以民族名体为分类需要的概括，这种做法显然是错误的，同时也是造成"淘金河现象"的罪魁。服饰式样的产生和演变与现代划分民族的根据不同，并不是有一个民族就有一个类似的服饰体系，实际情况远比此要复杂的多。2000年出版的由街顺宝撰文，程志方、李安泰主编的《云南民族服饰》[1]一书，是近年来唯一一部从民族服饰分布的规律来系统介绍民族服饰情况的专著，虽然在系统分类上还存在着粗略和资料匮乏，但已属罕见的宝贵资料集了。在调查实践中笔者的体会是，该区域最早形成的祖寨辐射周围的若干自然村构成一个亲缘氏族集团，往往这些亲缘氏族集团内的各寨在服饰上是属于一个统一系统的，这个系统可能产生跨族际的影响。服饰系统也存在着干、支、流的区别，前面讲过的淘金河与澜沧县北部的文东佤族服饰为同一支，而文东旧苦布朗族服饰也同属此支的分流，其祖干都在沧源、双江地区。

在如此复杂的服饰与装饰、造型艺术支干纵横的民族地区，需要有一个长期艰苦耐心的细致调查过程，才能从根本上解决服饰研究的主要问题。但在短时间的调查取证当中，就要采取一些有效的方法以迅速得到具有典型性、代表性的文本，就服饰而言，有如下要点：

1. 把握民族重要节日期间的资源

所有的民族盛装基本都是为重要的节日准备的，因此把握好调查的时间段最重要。仅就云南地区而言有个规律，百濮族系目前最重要的民族传统节日有汉族农历新年、9月~10月份的新米节；百越族系民族最重要的节日有4月中的泼水节，其他节日或集会也很多，但服饰现象不及泼水节；羌氏族系的节日主要以农历新年和7月~8月份的火把节为主。按照调查需要确定时间段，是抓住良好服饰资源的关键。

图5-11 佤族服饰文东支（左1）、淘金河流（左2）、旧苦布朗流（左3）、沧源祖干（右）

[1] 程志方、李安泰主编，《云南民族服饰》，云南民族出版社，2000年。

2．本土民族服装加工企业的资源

本土小型服装企业一般都是建国以后由政府组织的国有企业转制产生的，其主要生产的服装款式一般经过当地民族群众的讨论和遴选，具有一定的代表性。当然多数款式单一、装饰纹样变迁严重，因此对这部分资源一定给予重视，从中可以了解当地"淘金河现象"的基本方向。以避免调查的失误。

3．民族歌舞团与文化局、文物单位的资源

一般当地歌舞团的演出服装是根据民间传统服饰改造而成的，其中对于色彩的借鉴是值得参考的，同时文物、文化部门各单位还都有一批重要的服饰收藏，可以从中得到一些独特的资料。

4．圈定历史最久、距离中心城市30公里以上的古镇为调查点

确定调查地点是很重要的规划工作。多数少数民族地区交通不发达，调查地区的圈定以及路线的设计很关键，决定调查的效率和质量。一般情况下，距离中心城市越远的荒僻之地，其传统文化的成分越单纯，受现代文明冲击就越少，传统面貌受干扰也越少。但也往往是这样的地区由于技术水平的落后，没有能力制作精致的服装和装饰品。因此将第一站圈定一个距离中心城市30公里以上的乡镇，这样的地方一般也是古代的交通要道，往往在近代已经形成了自给自足的生产技术系统，原始手工业比较发达，传统根系比较深，又具有一定的经济实力。

就造型艺术而言，也有一些要点最需要注意的：

1．注意县级文物保护单位资源的调查

包括县文物单位保存的重要民族文物，例如在澜沧县文化局记录了重要的佤族西盟型铜鼓和门窗木刻彩绘，都是非常重要的民族造型艺术色彩素材。还有县级文物保护单位以上的文物建筑等，前边提到过的芒洪八角塔即重要的一例。如在澜沧下允佛寺和沧源广允缅寺的调查，基本上概括了滇西南北部傣族佛教艺术文本的全部重要内容。

2．注意对民间宗教场所内资源的调查

民族宗教场所往往是当地少数民族群众精神生活最集中的地点，因此也就是造型艺术保留最完整的地点。与惯见的物质文化中艺术性的造型不同，民间造型艺术是不具备实用性的，因此它本身也起源那些非物质生产过程中的需要，比如仪式、祭祀、符号性的纪念活动等。造型艺术品在民间宗教场所中往往比一般农民家庭中散落的要多得多，并且有可能形成一个系统形态，有助于继续进行研究。例如在缅寺的雕刻、壁画、建筑彩绘当中，都可以系统地了解到色彩习惯的形态。

3．注意对民间艺术传习者的调查

民间传统艺术究竟依靠什么样的方式传习到现在？这一点必须在调查中有如实的反映。比如在澜沧雪林乡的左都村的服饰图案艺术调查中，了解到其许多的新式样图案是少数妇女从城里购买了服装图案的参考书籍，自己学着编织而成的。那么这部分图案和色彩搭配方式就不能作为民族色彩素材来使用。而在两年来的调查中，发现了三位当地重要的民族民间艺术家。一位是澜沧下允村的刀老二，据缅寺中的佛爷和村中老人介绍，现在缅寺里的全部壁画和建筑木雕都是依靠他来设计和制作的。刀老二讲，他所画的壁画，无论色彩还是形象都是原来缅寺中的老样式，但每隔十几年的翻修，每

次重新绘画可能有所变化，但基本面貌是没有改变的。第二位重要的人物是澜沧糯福乡龙竹棚村的佛爷"卓八"李老大，他是个能工巧匠，继承了前代佛爷教给他的全部木刻的手艺，目前保存的唯一的拉祜族祖神木架"牡卡密卡"，就是由他制作的。第三位重要的人物是澜沧糯福乡南波底的大佛爷，目前保留下来的唯一的一面拉祜族大神鼓也主要是由他保存下来的，并带领村民传习着与神鼓有关的传统祭祖歌舞等民间艺术。

（二）淘金河现象的干扰

淘金河现象每年都在以难以想象的速度在民族地区扩张，对调查造成了很大的干扰。如果对当地少数民族色彩特质的描述是根据一种变迁之后的原始素材做出的，则应归罪于调查工作的失误。

不过，各个民族地区在这个问题上所表现出来的现象是各不相同的。例如澜沧东回乡阿永村的拉祜纳村民，现在已经普遍采用拉祜西的服装样式，在调查中就这个问题向当时身穿拉祜西服装的拉祜族姑娘鲍龙梅询问，她说：是喜欢这种样式，现在年轻人都开始穿这种样式的服装了，而拉祜纳的样式由于不流行，只有少数老年人还有，青年人大多都没有了。流行成为她们改变自己服装样式的理由，因为流行，年轻人就觉得这种新样式的服装更"好看"、更"时髦"。但是这种"好看"显然不是从视觉角度出发的感受。一个很重要的起因是作为一个拉祜族自治县，在县城里的宾馆、餐厅等重要的公共场所中，服务人员的拉祜族服装样式全都采用了这种"流行"的拉祜西样式。造成"淘金河"现象的根本原因实际是强势文化的视角。强势文化如何观看民族传统给予了民族族群另一个自我审美审视的角度，这个角度的影响力是很大的。建国以后的民族分类和民族政策的推行，使得少数民族群众对自身的民族性做了重新的认同定位，他们已经普遍地认识到自己是全国少数民族中的一员。但作为民族某一支系的群众，他们在多数的宣传媒体上见到的往往是与自己服装、语言有很大不同的另一个支系，发现另一个族群的文化被定位为本民族的"标准"。于是，他们也需要让自己更靠近这个标准，因为这个"标准"，可以满足民族的凝聚力和族群的关系认同。

规避淘金河现象干扰的方法，是在调查之前必须对该民族的支系分布情况、社会历史发展状况有一个深入的文献了解，其次在具体调查过程中不能轻易相信当地接待干部提供的信息，因为在他们的头脑中经常是早已形成了类似于淘金河现象中"标准"的概念，这个概念会对调查、研究产生极大的误导。

（三）制作技术链条的断裂

造成今天重新开展系统的少数民族地区的服饰工艺和造型艺术的调查研究肯定存在一些困难，尤其是传统技术的链条断裂问题，原来传统的手工生产产品逐渐被新型产品所取代，传统手工作坊受到了极大的冲击，这里面包括传统的染料制作等手工艺。

这是在调查、研究中令调查组很无奈的事情，作为研究者无法改变这种情况，也只能适当地注意调查的比例安排，在传统工艺已经发生严重消逝的地区，继续进行此类调查的成本会比较高，因此应尽量缩短调查的时间，把精力主要转移到可确定性强的类项中去。

无论条件是否允许，必须进行对第二批次调查类项的调查和研究，只是完成的质量比第一批次中的类项允许降低标准，第二批次的调查类项均为必要性分析★★★者：

（1）仪式民俗。

（2）全年光照度、气象环境条件。

（3）地表、土壤素材。

（4）民间文学。

在这一批次的调查类项中，日照气象和地表土壤的可确定性都达到了★★★★★，表示在实际调查中不会耽误调查的进度，研究中也比较容易从县志、县地理文献中获得关于气象和土壤的资料，不会成为增加研究负担的因素，也较少出现更多的意外。而仪式民俗和民间文学的调查和研究比较有偶然性，因此在不确定性分析中都达到了★★★。为了提高调查质量，要求在调查之前必须对当地或该民族的仪式、民间文学文献有一个基本的了解，以便加速调查中的理解。

其他类项都属于第三批次的调查对象，在调查时间和成本允许的情况下，适当做调查记录，如果条件有限，也可以放弃。总的来说，植物色彩素材和饮食习俗因为可确定性比较高，也属于比较容易完成的调查类项。

通过三个批次的调查类项分割，明确了调查、研究中的重点和难点，分清了调查进度的层次，便于在实践中控制时间。而第一批次就是调查、研究工作必须予以解答的问题，只有完整、系统化地解决了调查所提出的这些题目，我们才有可能描述区域文化的色彩特质。可以这样简要的概括，第一批次的建筑、服饰、装饰色彩民俗与素材和色彩审美意识四项，就构成了描述区域色彩文化特质的主要支点，而第二批次的类项所代表的都是一些必不可少的条件和重要的反映。在整体描述中各自所占的结构组成数据比例可用如下方式表示：

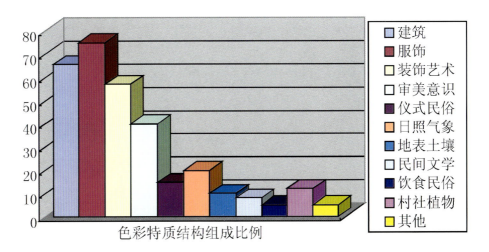

图5-12 区域色彩特质描述调查、研究类项的结构组成比例

如果在研究中能够充分考虑到这个数据在图表中所表示的主次层级关系，那么在任何一个具体的调查、研究工作中就易于规避一些难题和不确定性因素的干扰，便于控制实际的工作成本，提高调查效率、保证研究结论的质量。区域色彩特质所要描述的就是在区域传统文化中具有典型性的色彩应用模式，同时在这个典型性的基础上寻找与周边区域、其他区域的区别性——即独特性，在设计时予以突出表现。按照该

数据图表的显示，典型性的遴选最终需要从前四项内容中同类色彩应用模式的重复和类似比例来最终确定。例如：在澜沧县地区内，拉祜族、佤族、哈尼族服饰和傣族、拉祜族、佤族、布朗族的漆器工艺中反复高频率出现了以黑色为底色，以红色、黄色（金色）为装饰色的色彩搭配模式，那么这组搭配组合可以被描述为区域色彩特质的一组重要关系。这组关系中的装饰性红色具体色相有许多种，其中属玫瑰冷红的出现在同类区域（滇西南地区）出现的频次比较少，仅多见于本区，故突出其独特性。根据以上描述，确立区域色彩特质的描述谱系，再经过一定的色彩审美筛选，制订一组设计中可应用的色彩方案，即"表4.6澜沧县城市建筑色彩规划设计方案/民居住宅、公共建筑/拉祜衣装"所表示的色彩关系。

图5-13 "拉祜衣装"设计方案的原始素材：文东佤族服饰（上）、拉祜族上衣（下左）、"拉祜衣装"民居住宅公寓建筑的色彩设计效果局部（下右）

二、对区域色彩特质原型的视觉审美提升设计

区域色彩民俗地理研究的调查、研究工作结束，就意味着该区域色彩民俗、地理文化的"特质"已经描述完成，这时期所描述的区域色彩特质叫做"原型"，进行色彩设计时所依据的色彩特质谱系就是根据原型进行最后一步加工完成的。这最后一步即"视觉审美提升"。

（一）原型审美感受的综合评价

首先，是对这些原型材料进行视觉审美评价，即"好看"与"不好看"的问题。

在实际进行评价时，发现少数民族地区的视觉材料和美术事项中并不缺乏色彩美，无论服饰、工艺品、建筑装饰……不难找到优美色彩的表现，而真正缺乏的是色彩审美关系的整体序列性组合。例如，在景谷县的勐卧缅寺，门口的树包塔、塔包树双石刻砌塔，其菩提树的树叶与塔身的红沙岩以及僧侣的橘黄色僧袍色彩交织在一起，是一组非常漂亮的色彩关系。但是，这些局部非常精彩的色彩组合被杂处于一个序列感混乱的佛寺环境里：红沙岩塔身与菩提树构成一组协调的关系组；新修缮的主殿建筑和佛像、彩绘色调对比强烈构成另一组协调的关系组；戒堂建筑和门楼由于未经修整，还保存着红沙岩石刻的基座，与塔身达到一定程度的协调；佛殿内部的陈设由高纯度、高明度的彩色组成，以黄色为主色调，构成另一组关系。

图5-14　景谷勐卧缅寺树包塔景观（左），汉族工匠正在制作殿顶彩绘（中），未进行修缮的戒堂建筑——红沙岩的基座（右）

如果纯粹从视觉形式的角度进行评价，则红沙岩石刻塔身与菩提树的关系最佳，戒堂次之，新修缮的大殿最差。并不是因为喜旧厌新的情绪从中作怪，而是色彩关系的自然规律。郎科罗在从事色彩地理学和色彩设计研究的过程中，总结了一种解释色彩和谐规律的理论学说"色彩家族学说"，他将色彩按照不同的对比量关系划分为"同类色""同明度""同艳度""同强度"等家族，以家族属性的远近来形容色彩之间的和谐规律，并将这种和谐与一定的社会文化背景联系起来，捕捉色彩和谐的内在规律。[1] "色彩家族学说"与色彩调和理论都揭示了色彩的视觉形式规律，即以色彩的调和为色彩关系协调的基础，以色彩的对比为色彩关系中的兴奋点来把握色彩美感的形态。大殿内的色彩组合之所以评价降低，就因为缺少色彩之间的同类调和，人

---

[1]　宋建明著，《色彩设计在法国》，第12页。

为制造的兴奋点过多：大殿内至少包含了泰国进口的白石佛像色彩角色、本土傣族的陈设装饰系统、北部汉族与白族的现代建筑装饰色彩系统，以及传统的建筑红沙岩基座色彩系统。例如，在进行大殿修缮时重新粉饰的殿顶彩绘，多用冷对比色调，与门口的塔身色彩极不协调。

（二）原型色彩角色的重新组合

传统的色彩模式具有天然的协调性，染色材料的生态条件导致材料色之间都存在着一定的环境联系，如沙岩材料自然形成同类色关系。同时文化传统支持着这样一种相对固定的搭配方式，也获得了一种文化心理上的调和感，即色彩的家族关系。但现代装饰修整的过程打破了这种传统的家族关系，融入的新成员无法与保守势力协作，造成了色彩体系的冲突。为了弥合这种冲突，必须首先给不同色彩组合单元分配角色，通过角色的分配和前面做的审美评价对素材做必要的取舍。

在具体设计方案中采用素材谱系的时候，就要考虑到这种家族的关系，目的就是化解设计方案中的冲突性，让家族中的倾向性更为明显。当然，主要倾向就是让代表传统模式的势力具有权威性、获得决定权。比如在"澜沧县城市建筑色彩规划设计方案/风情餐厅/粉墙木掌楼"的设计中，主要参考了澜沧县上允镇老街村和下允河边寨、城子寨以及谦六古镇中的傣族、拉祜族传统民居的木掌楼模式。这种木掌楼中最古老的样式就是完全采用土基墙、木结构无漆饰的"祖型"。发展到近代，一些富裕家庭给前庭的木结构涂暗红漆，墙面做粉刷，即为"父型"。最近二十年，当地由于经济发展普遍开始邀请外地工匠来建造二层白瓷砖面的别墅式小楼，与传统景观发生了比较激烈的冲突，即"子型"。将这些同属于一类色彩素材群中的单元分类以后，明确关系，重新进行素材组合的时候调整其间的关系。我把"父型"与"祖型"进行了融合，只是缩小了土基色的面积，使白色粉墙占了比较大的面积，明确了这个设计方案适合现代街区风情餐厅的实用功能，并通过色调的微妙调整削弱"子型"因素在整体景观中的影响。

（三）原型调性设计方法

色彩的审美设计最后还需要在符合区域文化特质的基础上具有相当的美感效果。通过色彩民俗地理调查与研究，实际上就是从区域色彩景观特质的角度确认了色彩表现的基本色，一般以主块面色为基础色表现。

当主色确定后，完全可以根据主色色相和一些传统色彩模式的方向重新自由设计色彩的关系，选取色调效果更好的方案。有的时候还可以参考其他色彩作品的色调关系，只要基础色不变就是允许的。在平时应逐渐积累一个色彩资料库，按照色调关系进行分类建档，比如，赭灰色调，日本的浮世绘、中国的敦煌壁画中都有可供选择的很好的色彩关系。当具体设计方案需要参考赭灰色调的成功案例时，就可以调出素材库里的同类色调作品，从中吸取一些灵感。

而学会使用参考素材还只是设计的初步，设计师必须通过一定的设计训练提高自己对色调的敏感度，熟悉色调的变化，并善于想象色彩运用的效果。最佳的设计方法还是通过模型来做效果试验，为了节省时间一开始可以在纸面上用水粉画材料描绘环境效果来试验，最后将色彩方案导入数字三维模型，给予适当的光线照射，检验色彩空间搭配的实际效果。

在澜沧县的旅游景观形象设计中，有一些具有代表性的色调关系，在具体设计时可以根据这些色调属性参考其他资料或进行配色试验：

1. 自然景观色调

（1）冷高调和调（水田风光）

素材完全来自山地或平坝的水田风光色彩，水田在注水后形成高强度的镜面效应，使景观色彩明度提高，并以反射的蓝天色彩为主色调。整体倾向冷色调，构成冷调和调（参见图4-4）：

浅蓝（主块面色）+深青黑+深蓝+深铁红+灰

（2）暖灰中度调和调（山地红土景观）

素材来自山地土壤景观，选取日光充足环境下的具有一定灰度的红土色相，纯度反差低，无明显冷暖差异，无大面积重色，故为调和调（参见图4-15）：

中度土红（主块面色）+棕黄+灰白+黑

2. 服饰装饰色调

（1）冷玫重调和调（拉祜服饰）

素材来自拉祜族服饰色彩关系，兼参考了佤族、哈尼族等服饰色彩的基本关系。作为建筑景观色彩的设计，只能借鉴服饰色彩意象最主要的部分，不能使用其过多的高纯度色彩（参见图4-5）：

深红黑（主块面色）+冷玫+灰白+调和灰

（2）暖色系中度对比调（拉祜挎包）

素材来自拉祜族民间工艺挎包中的色彩，根据《拉祜族史》的介绍，过去拉祜挎包是没有色彩装饰的，只是一个实用的大挎包。现在大家看到的是建国以后逐渐形成的新工艺。因此，在设计中主要利用其中基本的意象（参见图4-15）：

洋红+大红+明黄+黑+土红

3. 传统建筑色调

（1）暖灰明度对比调（木掌楼）

素材来源是傣族、拉祜族民居的进步样式，由于墙体经过粉饰，构成了明度对比调（参见图4-14）：

暖味白（主块面色）+浅土红灰+深褐+褐灰+深棕红（顶）

（2）黄绿灰中度调和调（干栏竹楼）

素材来自南部民居建筑的主要模式干栏式竹楼，虽然竹楼的材料早已多选用木板，但竹楼给大家构成的色彩意象仍很有黄绿意味，因此以黄绿构成的调和色调为基调（参见图4-6）：

黄绿灰（主块面色）+土黄+乳白+明黄绿+宝石翠绿+中绿+青黑

（3）暖黄灰高调和调（干栏茅草房）

素材从中部、南部、西北部的茅草房整体色彩意象获取，表现了民居建筑中的生态材料色彩茅草、竹、木、石等（参见图4-8）：

土黄（主块面色）+浅黄+灰白+灰+黑+红深灰+干草黄

4. 宗教艺术色调

（1）赭中度调和调（佛堂建筑景观）

佛堂建筑本与茅草房色彩意象接近，但要考虑到对大乘佛教寺院建筑景观的综合性，将色彩的纯度和倾向做了综合（参见图4-7）：

浅土红（主块面色）+浅玫红+灰+白+明乳黄+黑

（2）黄红绿高纯度对比调（缅寺建筑装饰）

由于纯度对比量大，不容易与其他景观色彩环境相协调，这个色调不适合使用在外景观色彩设计中。

玫红+洋红+大红+明黄（主块面色）+橘黄+明黄绿+浅绿+深红+黑+白

三、区域色彩特质原型的形象符号性分类

每一块颜色究竟都代表着什么意义？作为区域形象设计和旅游形象设计方案，必须明确社会文化符号的象征意义。前面一直在讨论的"区域色彩特质原型"就是区域色彩社会文化符号的具体表现，本小节再对其中具体的符号性质分类做一个简单的阐述。

（一）原型的区域符号性

一个区域的整体形象设计和旅游形象设计，首先需通过定位确认其最基本的形象描述，在色彩设计中首先选取最能代表区域整体特征的元素。前面谈到过的漆艺用色模式就是一种典型的区域性文化，在各民族中广泛传播。

依据民族学研究的成果，形象符号的区域性由两种原因形成，一种是民族文化的普通接触、政治征服造成的交流、融合，构成这个区域中民族之间相似或相同的文化心理；另一种是迁徙民族为了适应区域生态条件向土著民族学习生存技能过程中的文化涵化以及土著民族向外来民族学习革新技术时受到的文化同化——具有一定流向的主动性。例如民居建筑中的土基房技术，具有佤族、傣族、布朗族、拉祜族的族际共享性，因此土基色彩模式就是一种象征本区域民居文化的一个形象符号。

（二）原型的民族符号性

原型未必都具有明确的"民族性"，"民族性"特征是在区域文化的细节差异中得以显现的。

"拉祜衣装"的设计方案必须显示出县域行政主体民族拉祜族的色彩特质，因此选取了冷玫色作为点缀的框架色，既能明确体现拉祜族服饰色彩的特点也能够感受到佤族、哈尼族服饰色彩的意象。但是，假如这个冷玫色变成大红色看上去就更像佤族的服饰色彩，而如果添加一点浅青蓝色就更倾向于哈尼族的服饰了。在处理这个关系时，色彩的民族性符号特征能起到关键的作用（参见图4-5、表4.4）。

（三）原型的历史传统符号性

并不是所有的民族色彩符号都是传统模式。前面在研究中整理的现代服饰与区域植物、花卉之间的直观对应色彩，就兼有现代色彩和传统色彩双重关系，仍然可以体现区域文化的整体特质和集体心理。但这些色彩并不能作为区域景观色彩的整体色调使用，只能作为点缀色，最好将傣族纯度比较高的服饰、装饰色使用在传播媒介中。

"历史传统符号性"色彩原型主要应用在区域色彩形象的整体定位上，比如前面

谈过的拉祜族以色彩区分族系的文化，即是一种最质朴的传统色彩文化的体现，运用其原有关系设计区域形象宣传品的色彩标识是再合适不过的素材了。传统符号在设计运用中需要占有一定的比例，这个比例主要应用在块面色的设计上，即传统符号性的色彩应占有最大景观色彩面积，这样的设计就可以保证区域景观色彩的基本属性。

四、景观色彩设计的技术标准

在第二章第四节中，已经就建筑景观色彩设计的基本方法和数据图表做了介绍，在第四章中还对色彩图表的使用做了详细的说明，这一部分内容就不再重复，本小节只在前面论述的基础上做一点补充。

色彩设计工作完成以后，就面临着如何将设计方案转化为实施方案，也就是如何确定工程中的检色标准问题。如果色彩数据的标准不能统一，则施工中很可能会发生比较大的色彩偏差，严重的甚至直接破坏景观质量。建筑专业的景观色彩规划设计一般建议采用中国建筑科学院编制的建筑色卡，该卡是专供建筑行业使用的色彩标准工具，通过目视比对得出材料与设计方案的差异。尹思谨提倡在设计中应用蒙塞尔表色体系的HVC色彩标注法[1]，即标注色彩的色度、明度、纯度三属性数据，这样可以直观地通过数据看到整体关系中的明度和纯度差异。在设计实践中仅使用视觉直观基础上的HVC色彩标注法，还不能体会到主要染料性色彩的数量比例，应在HVC色彩标注法的基础上增加CMYK的染料色标注法，用这7个数据联合说明色彩数据的标准。

另外，采用建筑色卡受到一定色度的限制并造成施工单位每次翻阅的麻烦。最佳方式还应该是由设计单位将标准数据核准后送数码彩印输出，自行制作视觉比对标准色卡。当然，这个过程就要求设计单位必须解决数码输出之间的色彩偏差问题，最终提供通行的标准。由于景观色彩的特性，实际上应允许具体设计时进行一些微妙的色相调整，细致的设计方案也不妨给出这个可调节的数据空间，为具体项目的设计师提供色彩设计的选择范围。

表5.5 拉祜民居方案中浅草黄灰的可调整色相范围示例

原数据		最低值[L]%	中间值[M]%	最高值[H]%	可调范围%	推荐方向%
C%	25	L.C=21	M.C=23	H.C=28	21~28	≥25
M%	20	L.C+M=18	M.C+M=22	H.C+M=25	18~25	≤20
Y%	35	L.C+M+Y=33	M.C+M+Y=37	H.C+M+Y=42	33~42	≥35
K%	00	L.C+M+Y+K=0	M.C+M+Y=00	H.C+M+Y=05	00~05	<05

[1] 尹思谨著，《城市色彩景观规划设计》，第194~197页。

结　语

一、教材编写的主要工作总结

本教材的编写，是在中央民族大学美术学院国家"十五"211工程建设项目子项目"滇西南少数民族生态文化艺术研究"和云南思茅市（今普洱市）澜沧拉祜族自治县政府工作项目"澜沧拉祜族自治县旅游景观形象设计（景观色彩设计部分）"，在这两个少数民族艺术理论研究和少数民族地区文化形象建设的基础上，继续深化理论研究、实践方法研究的直接成果。

教材课题所适用的课程主要涉及五个部分的专业教学，依序为：旅游形象设计的基础理论、色彩设计的基础理论与方法、少数民族地区色彩民俗地理研究方法、少数民族地区旅游形象设计方法和景观色彩设计方法。上述五个部分的整合是当代美术实践和少数民族美术高等教育教学创新的一个十分重要的突破点。方法的整合研究工作可以上溯至1999年笔者在硕士研究生学习期间的勐仑地区服饰色彩民俗研究，至2000年"色彩民俗地理研究"的思路已经基本形成，并开始积累研究素材。2003年~2005年是教材课题研究的主要阶段，70%以上的调查资料来自2003年7~8月、2004年6~8月、2005年1~3月中的实地田野调查工作。主要的理论研究是从2003年10月开始，当时首先从傣族服饰色彩与植物花卉的对应关系入手研究傣族生态审美意识，以此契机对色彩民俗地理研究的一部分成果做了总结。研究的高潮在2005年3月完成最后一次田野调查以后，一边参考调查资料进行景观形象的设计工作，一边总结设计的调查和理论依据、探讨设计的方法。2007年继首届少数民族美术教育论坛之后，开始以教材的需求对原研究成果进行修编，2008年1月完成全部教材的编写工作。

本教材共分五章来阐述研究的成果和学生修习专业所需的知识、技能：第一章对课题研究的理论背景"少数民族地区的旅游形象设计"各基本概念做简要的介绍，帮助大家从实践需要的角度来理解设计实施时的基本原则；第二章主要从发展史观的角度探讨色彩学研究和色彩设计方法的理论基础，重点介绍从法国色彩地理学到色彩民俗地理研究的发展脉络；第三章具体介绍作者在导师指导下所进行的"滇西南少数民族地区色彩民俗地理"课题研究的成果；第四章主要陈示了《云南澜沧拉祜族自治县旅游景观形象设计编修》（色彩设计部分），并增加了部分研究、设计时的心得体会；第五章为本教材未来教学实施的方法、技术阐述部分，具体论述了关于区域色彩民俗地理研究体系的启动、调查与研究方法、在设计中的应用研究，以及少数民族地区旅游形象设计中景观色彩设计的思维方法和技术标准等问题。

二、教材课题成果的要点

本教材设计属于紧密围绕着实践需求、实践方法的应用理论研究成果，属于少数民族艺术专业领域里具有社会实践应用性的探索，富有时代的前瞻性。

本教材设计方法的核心是"区域色彩民俗地理研究在少数民族地区旅游形象设计景观色彩设计中的应用方法"，也包括作者在导师指导下提出的"色彩民俗地理研究"的理论框架。通过设计项目的实践，从调查、编谱、研究、设计的经验中总结了少数民族

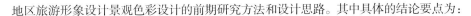

地区旅游形象设计景观色彩设计的前期研究方法和设计思路。其中具体的结论要点为：

（一）区域色彩民俗地理研究的调查方法

在民族艺术理论研究中总结了调查少数民族色彩文化的三个重要资料源类型。

1．区域色彩民俗事象调查。

2．区域色彩地理景观素材调查。

3．区域色彩文化心理与审美意识调查。

（二）区域色彩特质描述的组织结构。

创建了区域色彩特质描述的组织结构图表，通过图表关系概括了调查与研究事项的三个批次，即构成了描述区域色彩文化特质主要支点的第一批次建筑、服饰、装饰色彩民俗与素材和色彩审美意识四项；以仪式民俗、地表土壤、日照条件等构成的必不可少的第二批次类项和调查中允许放弃但也可能有所收获的第三批次调查对象。根据组织结构、理论研究找到了提高调查、研究效率的思路。

（三）区域色彩特质的视觉审美提升方法

首先提出区域色彩特质的"原型"概念，认为设计的灵魂就是针对原型的审美提升。包括三个基本步骤：

1．原型审美评价。

2．原型角色重组。

3．原型调性设计。

（四）区域色彩特质的社会文化符号研究

区域色彩特质原型就是区域色彩文化的符号性表现。本文除了用较广的篇幅讨论了区域色彩符号的描述、运用，还提出符号的区域性、民族性、传统性三个基础属性的概念。提倡在设计之前对色彩符号进行系统化的定位研究。

（五）建筑景观色彩设计的A.F.S.T结构设计表

笔者以自己多年的色彩设计实践经验，总结了一套适合于建筑景观色彩设计的技术手段，具体表现在A.F.S.T结构设计表中。该表首先明确了块面[area]、框架[framework]、饰带[sash]、屋顶[top]四个类项在设计方案中的规范，其次以H.V.C和C.M.Y.K两种色彩表示数据标定方案的色彩数据，是一种简便易用的色彩设计方案说明表。

三、教材课题的成果创新要点与前景展望

教材的课题研究，是紧扣当前少数民族地区建设发展需要的大课题进行的理论与实践相结合的研究方法，而这个大课题实际上也包括非常多的若干子课题。简要概括的话，就是在当前"全球一体化""现代化""民族旅游资源地开发""民族传统文化的剧烈变迁""民族地区生态环境保护"与"坚持可持续性发展"的时代背景下，现代少数民族族群文化的建构与民族经济的发展问题。

尹绍亭、李伟、郑凡、纳日碧力戈、曾德昌、杨寿川等许多专家学者，在各自的研究中都不同程度地触及了民族学、人类学研究在少数民族地区旅游发展中的介入问

题，并基本认同学术研究介入对文化保护所具有的积极性。[1]作者赞同学术介入对民族文化变迁的干预、减缓作用理论，同时主张少数民族艺术专业研究的实践介入应更为迫切。教材以"形象"在现代族群文化建构中所具有的重要意义为理论基础，通过对民族传统文化的形象要素研究，找到少数民族地区形象建设中对民族文化保护的途径。在前述学者研究的基础上，对旅游形象设计这一具体的设计方法进行了具有实践意义的推进性研究。

此前的少数民族艺术研究往往呈现出理论对实践的分离倾向，研究主流或是对各民族传统艺术现象的综合说明、解释研究，或是对某一艺术类型的归纳性研究，而如何将这些调查、归纳、解释性的研究运用到现代族群文化建构中，还始终没有形成学者们关心的焦点。教材课题的理论研究，时刻围绕着实践需要的中心，一切调查、研究都是在具体设计项目的具体需要基础上展开的，在少数民族艺术研究的方法论上是一次开拓性的研究。

旅游形象设计此前一直是旅游规划学学者所讨论的话题，而实际上旅游形象设计的整体结构中视觉艺术设计应占有决定性的比例。教材课题首次从视觉艺术设计的角度探讨旅游形象设计的问题，将城市建筑的景观色彩设计看做是旅游目的地接待城市的一个重要的形象资源，主张少数民族地区的城市应充分利用这种资源优势营造本区域在外界中的审美评价，借以提高知名度和美誉度。这次探讨尽管存在许多系统研究的不足之处，但对于民族地区旅游形象设计专业的外延拓展、方法研究都具有非常重要的创新性价值。

教材课题研究的理论核心是色彩民俗地理研究，这个理论体系来自于20世纪60年代产生于法国的色彩地理学的研究与设计应用。教材详细说明了从色彩地理学发展到色彩民俗地理研究对我国少数民族地区的实际意义，在色彩地理学研究方法的基础上，增加了色彩民俗事项的调查和色彩文化心理的研究内容。同时意味着区域色彩形象在设计中融合了地理景观素材和人文民俗素材，构成了现代区域景观色彩形象的复合内涵。

在澜沧拉祜族自治县旅游景观形象设计项目中，作者编制了一套适合于建筑景观色彩设计表现的A.F.S.T结构设计表，并通过色彩设计学原理论证了一般色彩规划方法所存在的弊病，属于实践方法上的一次创新探索。作者还从色彩学发展规律中总结了色彩设计的五项要素：识别性、概念性、符号性、审美性以及表色标准，为色彩设计制订了一个标准系统。

作为城市景观中一个重要的表现要素，色彩设计越来越受到人们的关注。笔者认为，从郎科罗教授20世纪60年代为日本东京提供的城市色彩报告，到2000年以后北京市建设将执行的色彩规划方案，城市色彩的表现都提供了一个这样重要的思路：现代

---

[1] 尹绍亭主编，《民族文化生态村云南试点报告》，云南民族出版社，2002年；李伟著，《民族旅游地文化变迁与发展研究》，民族出版社，2005年；郑凡著，《全球化视角中的中国云南》，中国社会科学出版社，2004年；纳日碧力戈著，《现代背景下的族群建构》，云南教育出版社，2000年；曾德昌、李子贤主编，《云南民族文化形态与现代化》，巴蜀书社，2002年；杨寿川主编，《云南民族文化旅游开发研究》，中国社会科学出版社，2003年。

城市建设的应用性需求永远是第一位的，那么所有建筑和景观的造型系统不可能也不应当承担过多的视觉传统文化责任，否则，那些洋楼顶着中式古代建筑屋顶的笑柄将以其他形式重复下去。而色彩设计正为此提供了解决这个矛盾的契机，色彩语言具有跨越时代和民族隔阂的先天优势，它的自我系统完全可以兼融历史传统的符号和现代前卫的城市趣味并满足美感欣赏的需要。而现代建筑和景观材料的色彩也完全有能力承担传达区域历史文脉特征的责任，还观众一个传统的、民族的、区域的、多样性的色彩景观，而不是单调的、抹杀区域个性的面貌。

对于少数民族地区，这个思路更重要。这个思路的推广和大量的实践，将会令形容中国少数民族"丰富多彩"的这个词汇不再是抽象的概念，在全国各个少数民族聚居的城市，都将直观感受到各个不同民族的形象面貌，而各族群众也将为自己民族可见的美丽城市视觉形象而自豪。笔者相信，这种来自实践建设中真正的尊重、准确的系统传播行为，将从文化的根系部分保护住民族文化的传承体系，并在现代传播中时刻昭示着民族精神的品格。

参考文献

色彩学基础理论与设计实践：

1. 张宪荣、张萱. 设计色彩学. 北京：化工工业出版社教材出版中心，2003年

2. 尹思谨. 城市色彩景观规划设计. 南京：东南大学出版社，2004年

3. 宋建明. 色彩设计在法国. 上海：上海人民美术出版社，1999年

4. 赵周明. 色彩设计. 西安：陕西人民美术出版社，2000年

5. 吴士元. 色彩构成. 哈尔滨：黑龙江美术出版社，1995年

6. 吴镇宝、张闻彩. 色彩理论与应用. 南京：江苏美术出版社，1992年

7. 色彩学编写组（陈夏洁、程杰铭、顾揩）. 色彩学. 北京：科学出版社，2001年

8. 古大治、傅师申、杨仁鸣. 色彩与图形视觉原理. 北京：科学出版社，2000年

9. 杜定宇译，[德]约翰内斯·伊顿. 色彩艺术. 上海：上海人民美术出版社，1985年

10. 李魁正主编. 时代与民族精神——中央民族大学美术学院李魁正教学新思维与创作研究论文集. 北京：中央民族大学出版社，2005年

11. 黄国松. 色彩设计学. 北京：中国纺织出版社，2001年

12. 杨冬江、周岚. 环艺色彩. 南昌：江西美术出版社，2002年

13. 东美红. 视觉传达基础设计. 广州：岭南美术出版社，2000年

14. 哈尔滨市城市色彩规划（报批稿）. 2004，哈尔滨城市规划局官方网站/规划成果/专项规划：http://www.upp.gov.cn/upp_web/d/d06/d06_022. htm

色彩民俗地理、色彩艺术传统：

15. 白庚胜. 色彩与纳西族民俗. 北京：社会科学文献出版社，2001年

16. 崔唯. 当代欧洲色彩艺术设计. 福州：福建美术出版社，2004年

17. 吴飞飞、谭宝全译，[美]莱斯利·卡巴伽[Leslie Cabarga]. 环球配色惯例. 上海：上海人民美术出版社，2003年

18. 吴彤译，[德]爱娃·海勒. 色的文化. 北京：中央编译出版社，2004年

19. 吴诗池. 中国原始艺术. 北京：紫禁城出版社，1996年

20. 宋建明. 关于国色的思考. 载于《美术观察》2006年第1期，第6~9页

21. 陈建军. "国色"，不"流行". 载于《美术观察》2006年第1期，第14~15页

22. 连冕. 一种属于这个时代的色彩观. 载于《美术观察》2006年第1期，第16~17页

23. 许平、杭梅. 北京的表情. 载于《美术观察》2006年第1期，第18~19页

24. 陈林. 色彩背后的文化意义. 载于《美术观察》2006年第2期，第7页

25. 乔晓光. 心灵的谱系：不同民族乡村生活中的色彩象征. 载于《美术观

察》2006年第2期，第8~11页

26. 杨斌. 红色就是我们的国色. 载于《美术观察》2006年第2期，第12~14页

27. 宋文雯. 中国红的魅力. 载于《美术观察》2006年第2期，第15~16页

28. 王文娟. 五行与五色. 载于《美术观察》，北京，2005年第3期，第81~87页

29. 王悦勤. 中国史前"尚黑"观念源流试论. 载于《民族艺术》1996年第3期，第24~33页

30. 李峥嵘. 色彩之城——采访日本色彩专家. 2003. 1. 2，中华读书网/咨讯播报：http://www.booktide.com/news/20030102/200301020035. html

区域文化、景观设计、人文地理：

31. 张鸿雁. 城市形象与城市文化资本论. 南京：东南大学出版社，2002年

32. 高正文、赵俊臣、陈绍田主编. 2004~2005云南生态情势报告. 昆明：云南大学出版社，2005年

33. 蒋新林主编. 绿色生态住宅设计作品集. 北京：机械工业出版社，2003年

34. 北京大学景观设计学研究院俞孔坚、李迪华主编. 景观设计：专业学科与教育. 北京：中国建筑工业出版社，2003年

35. 过伟敏、史明. 城市景观形象的视觉设计. 南京：东南大学出版社，2005年

36. 王文彤译，[英]贝尔. 景观的视觉设计要素. 北京：中国建筑工业出版社，2004年

37. 刘红婴、王健民. 世界遗产概论. 北京：中国旅游出版社，2003年

38. 杨慧等主编. 旅游、人类学与中国社会. 昆明：云南大学出版社，2001年

建筑学与区域民居建筑研究：

39. 荆其敏、张丽安. 中外传统民居. 天津：百花文艺出版社，2003年

40. 刘敦桢. 中国住宅概说. 天津：百花文艺出版社，2003年

41. 杨昌鸣. 东南亚与中国西南少数民族建筑文化探析. 天津：天津大学出版社，2004年

42. 张增祺. 云南建筑史. 昆明：云南美术出版社，1999年

43. 蒋高宸. 云南民族住屋文化. 昆明：云南大学出版社，1997年，第218页

44. 高芸. 中国云南的傣族民居. 北京：北京大学出版社，2003年

45. 杨大禹. 云南少数民族住屋. 天津：天津大学出版社，1997年

46. 单德启. 从传统民居到区域建筑. 北京：中国建材工业出版社，2004年

区域旅游规划：

47. 丁季华. 旅游资源学. 上海：上海三联书店，1999年

48. 孙文昌、郭伟. 现代旅游学. 青岛：青岛出版社，2000年

49. 邹统钎. 旅游开发与规划. 广州：广东旅游出版社，1999年

50. 钟林生、赵士洞、向宝惠. 生态旅游规划原理与方法. 北京：化学工业出版社环境科学与工程出版中心，2004年

51. 吴必虎. 区域旅游规划原理. 北京，中国旅游出版社，2001年

52. 曾德昌、李子贤主编. 云南民族文化形态与现代化. 成都：巴蜀书社，2002年

53. 纳日碧力戈. 现代背景下的族群建构. 昆明：云南教育出版社，2000年

54. 郑凡. 全球化视角中的中国云南. 北京：中国社会科学出版社，2004年

55. 尹绍亭主编. 民族文化生态村云南试点报告. 昆明：云南民族出版社，2002年

56. 杨寿川主编. 云南民族文化旅游开发研究. 北京：中国社会科学出版社，2003年

57. 吴必虎. 地方旅游开发与管理. 北京：科学出版社，2000年

民族学、人类学理论基础与研究方法：

58. 黄淑娉、龚佩华. 文化人类学理论方法研究. 广州：广东高等教育出版社，2004年

59. 马学良. 世纪之交的中国民俗学研究. 载于《民族艺术》1998年第3期，第71~90页

60. 彭兆荣. 旅游人类学. 北京：民族出版社，2004年

61. 林耀华主编. 民族学通论.（修订本）. 北京：中央民族大学出版社，1997年

滇西南少数民族社会历史文化与艺术：

62. 李昆声. 云南艺术史. 昆明：云南教育出版社，1995年

63. 思想战线编辑部. 西南少数民族风俗志. 昆明：中国民间文艺出版社（云南版），1981年

64. 付爱民. 独步中国——云南. 北京：中国旅游出版社，2004年

65. 黄桂枢. 新编思茅风物志. 昆明：云南人民出版社，2000年

66. 武定云. 新编临沧风物志. 昆明：云南人民出版社，2000年

67. 《西双版纳国土经济考察报告》编写组. 西双版纳国土经济考察报告. 昆明：云南人民出版社，1990年

68. 丁世良、赵放主编. 中国地方志民俗资料汇编·西南卷. 北京：北京图书馆出版社，1991年

69. 街顺宝. 绿色象征——文化的植物志. 昆明：云南教育出版社，2000年

70. 胡绍华. 傣族风俗志. 北京：中央民族大学出版社，1995年

71. 《民族问题五种丛书》云南省编辑委员会编. 中国少数民族社会历史调查资料丛刊——拉祜族社会历史调查. (一)、(二). 昆明：云南人民出版社，1982年

72. 《民族问题五种丛书》云南省编辑委员会编. 中国少数民族社会历史调查资料丛刊——西双版纳傣族社会综合调查. (一)、(二). 昆明：云南民族出版社，1984年

73. 《民族问题五种丛书》云南省编辑委员会编. 中国少数民族社会历史调查资料丛刊——佤族社会历史调查. (一)、(二)、(三). 昆明：云南人民出版社，1983年

74. 云南省编辑组编. 中国少数民族社会历史调查资料丛刊——布朗族社会历史调查. (一). 昆明：云南人民出版社，1981年

75. 《民族问题五种丛书》云南省编辑委员会编. 中国少数民族社会历史调查资料丛刊——布朗族社会历史调查. (二). 昆明：云南人民出版社，1982年

76. 云南省编辑组编. 国家民委民族问题五种丛书之一、中国少数民族社会历史调查资料丛刊——云南民族民俗和宗教调查. 昆明：云南民族出版社，1985年

77. 云南省编辑组编. 国家民委民族问题五种丛书之一、中国少数民族社会历史调查资料丛刊——中央访问团第二分团云南民族情况汇集. (上)、(下). 昆明：云南民族出版社，1986年

78. 云南省编辑组编. 国家民委民族问题五种丛书之一、中国少数民族社会历史调查资料丛刊——云南少数民族社会历史调查资料汇编》(一). 昆明：云南人民出版社，1986年

79. 云南省编辑组编. 国家民委民族问题五种丛书之一、中国少数民族社会历史调查资料丛刊——云南方志民族民俗资料琐编. 昆明：云南民族出版社，1986年

80. 澜沧拉祜族自治县人民政府. 云南省澜沧拉祜族自治县地名志. 1986年

81. 中国社会科学院民族研究所编，葛公尚、朱伦等撰. 中国少数民族现状与发展调查研究丛书——澜沧县拉祜族卷. 北京：民族出版社，2002年

82. 《澜沧拉祜族自治县概况》编写组. 国家民委民族问题五种丛书之一、中国少数民族自治地方概况丛书——澜沧拉祜族自治县概况. 昆明：云南民族出版社，1985年

83. 《西盟佤族自治县概况》编写组《国家民委民族问题五种丛书之一、中国少数民族自治地方概况丛书——西盟佤族自治县概况》，昆明：云南民族出版社，1986年

84. 《孟连傣族拉祜族佤族自治县概况》编写组. 国家民委民族问题五种丛书之一、中国少数民族自治地方概况丛书——孟连傣族拉祜族佤族自治县概况. 昆明：云南民族出版社，1986年

85. 《耿马傣族佤族自治县概况》编写组. 国家民委民族问题五种丛书之一、中国少数民族自治地方概况丛书——耿马傣族佤族自治县概况. 昆明：云南民族出版

社，1986年

86. 《沧源佤族自治县概况》编写组. 国家民委民族问题五种丛书之一、中国少数民族自治地方概况丛书——沧源佤族自治县概况. 昆明：云南民族出版社，1986年

87. 《沧源佤族自治县概况》编写组. 国家民委民族问题五种丛书之一、中国少数民族自治地方概况丛书——沧源佤族自治县概况. 昆明：云南民族出版社，1986年

88. 《双江拉祜族佤族布朗族傣族自治县概况》编写组. 国家民委民族问题五种丛书之一、中国少数民族自治地方概况丛书——双江拉祜族佤族布朗族傣族自治县概况. 昆明：云南民族出版社，1990年

89. 《景谷傣族彝族自治县概况》编写组. 国家民委民族问题五种丛书之一、中国少数民族自治地方概况丛书——景谷傣族彝族自治县概况. 昆明：云南民族出版社，1990年

90. 《普洱哈尼族彝族自治县概况》编写组. 国家民委民族问题五种丛书之一、中国少数民族自治地方概况丛书——普洱哈尼族彝族自治县概况. 昆明：云南民族出版社，1990年

91. 《墨江哈尼族自治县概况》编写组. 国家民委民族问题五种丛书之一、中国少数民族自治地方概况丛书——墨江哈尼族自治县概况. 昆明：云南民族出版社，1990年

92. 王正华等. 拉祜族文化史. 昆明：云南民族出版社，2002年

93. 雷波、刘辉豪. 拉祜族文学简史. 昆明：云南民族出版社，1995年

94. 政协澜沧拉祜族自治县委员会编. 拉祜族史. 昆明：云南民族出版社，2003年

95. 曹成章、张元庆. 傣族. 北京：民族出版社，1984年

96. 苏国文编选. 芒景布朗族历史传说. 澜沧县，1995年

97. 艾荻等编. 佤族民间故事. 昆明：云南人民出版社，1990年

98. 罗之基. 佤族社会历史与文化. 北京：中央民族大学出版社，1995年

99. 魏德明. 佤族文化史. 昆明：云南民族出版社，2001年

100. 中国云南思茅《中国普洱茶》编辑委员会. 中国普洱茶. 香港：香港乐施会出版社，2003年

101. 杨学政. 原始宗教论. 昆明：云南人民出版社，1991年

102. 殷会利. 云南少数民族传统图形中审美意象的延续与变迁. 2005. 5，中央民族大学2005届中国少数民族艺术专业博士学位论文

少数民族色彩文化、艺术参考资料：

103. 廖伯琴. 朦胧的理性之光——西南少数民族科学技术研究. 昆明：云南教育出版社，1992年

104. 《中国少数民族艺术词典》编纂委员会编. 中国少数民族艺术词典. 北

京：民族出版社，1991年

105. 罗钰、钟秋. 云南物质文化——纺织卷. 昆明：云南教育出版社，2000年

106. 熊子仙. 云南资源植物学. 昆明：云南教育出版社，2002年

107. 澜沧拉祜族自治县土壤普查办公室. 云南省第二次土壤普查资料088——澜沧土壤. （内部资料）. 澜沧县：澜沧拉祜族自治县土壤普查办公室编辑出版，1987年

108. 何丕坤等主编. 森林树木与少数民族. 昆明：云南民族出版社，2000年

109. 许又凯等著. 热带雨林漫游与民族森林文化趣谈. 昆明：云南科技出版社，1998年

110. 姚荷生所著. 水摆夷风土记. 昆明：云南人民出版社，2003年

111. 武全安. 中国云南野生花卉. 北京：中国林业出版社，1999年

112. 街顺宝. 云南民族服饰. 昆明：云南民族出版社，2000年

113. 陈力. 云南民族包. 昆明：云南人民出版社，2004年

114. 孙和林. 云南银饰. 昆明：云南人民出版社，2001年

附录

一、人类认识色彩、色彩学研究与色彩艺术发展史大事年表[1]

时间	区域	历史事件与色彩史意义
前22000年~前12000年	欧洲	西班牙拉斯科、法国阿尔塔米拉洞窟的原始先民掌握了使用矿物、动物材料为颜料绘制岩画。
前11000年~前18000年	中国	北京地区山顶洞人掌握了染色装饰手法，主要染料为赤铁矿粉。
前6000年~前2000年	中国	新石器时期的人群开始流行彩陶艺术，由单色到多色的发展过程说明当时已经具有了色彩审美意识的初期形态。[2]当时所掌握的颜色为：红、黑、白、褐、紫、黄、橙七种。后期彩绘木器中出现了蓝、绿色。[3]
前5000年~前4000年	中国	浙江余姚县河姆渡遗址第三文化层中发掘到一件木碗，外壁有朱红色涂料。经科学鉴定，涂料物质性能与汉代漆器的漆皮相似。漆器首次出现。
	中国	陕西宝鸡北首岭仰韶文化遗址中发现多种颜料锭，共有红、黄两色，红色居多。据分析该墓穴主人为女性原始艺术匠师。[4]
前5000年~前3000年	中国	河南仰韶文化中出现了彩陶文化，并有彩绘艺术。色彩主要使用红、白、黑、褐色。
前5000年~前1000年	环地中海	古代埃及、爱琴海地区、美索不达米亚地区的居民开始在建筑、工艺品、壁画中运用纯度比较高的色彩。
前4300年~前2400年	中国	新石器时期大汶口等文化遗址出土中发现最早的天然矿物颜料赭石、赤铁矿、石墨。初步考察矿石多非当地产，分析很可能来自交换所得。
前3000年前后	中国	屈家岭文化遗址中出土有运用晕染着色法的彩色器皿。但未见旁例。

---

[1] 表中主要资料来自台湾"云科大视觉传达研究所设计与文化研究室年表构建"项目：http://163．23．171．222/tsengch/good-a；

色彩学书目主要资料来自约瑟·路易斯·凯法诺[José Luis Caivano]色彩学英文书目网站[Chronological Bibliography on Color Theory]：

http://www.fl.ulaval.ca/hst/visio/biblio_couleur.htm http://www.fadu.uba.ar/sicyt/color/bib1．htm、bib2．htm，作者简译。

事件资料：赵周明著，《色彩设计》，陕西人民美术出版社，2000年，第6~8页；吴镇宝、张闻彩著，《色彩理论与应用》，江苏美术出版社，1992年，第16~20页。其他资料为本文作者查阅相关文献所进行的初步整理。

[2] 此观点参见吴诗池著，《中国原始艺术》，第199页。

[3] 吴诗池著，《中国原始艺术》，第111页。

[4] 吴诗池著，《中国原始艺术》，第111页。

前2600年前后	古埃及	埃及人已经能够利用多种色彩准确地表现真实景象的概念色彩。主要采用天然矿物材料为颜料：如赭石、孔雀石。描绘物象色彩注重对自然的再现，男人的肤色由于经常晒太阳而画成棕红色；女人肤色就表现为黄色；神的肤色画成黑色或绿色。在约公元前2500年前后第四王朝首位法老之子费尔马特陵墓壁画中的大雁（一说为鹅），身上的色彩已经具有了适合的灰度色。
前2350年～前2050年	中国	新石器时代文化遗址中出现了调色盘，兰州东郊白道沟坪遗址窑场出土，陶质、碟形，遗留有紫红颜料。[1]
前1900年～前1600年	古巴比伦	巴比伦人首先开始使用釉料、玻璃和琉璃，在伊拉克西维埃出土的绿花釉小罐被认为是釉料和玻璃的最早标本。在巴比伦王尼布甲尼萨建造新巴比伦城的时候还使用琉璃砖砌成城门，成为建筑史上的创举。其间还建造了著名的世界七大奇迹之一的"空中花园"。
前1500年	爱琴海	爱琴海弥诺斯文明壁画中开始出现了具有一定灰度的色彩表现。
前16年～前11世纪	中国	商代已经出现了使用彩绘和镶嵌作装饰的漆器，黑、褐色地红纹或红地黑纹，镶嵌金箔、松石或蚌片等异彩装饰物。
前1000年～前612年	两河流域	亚述时期的"日古拉祭坛"建筑以色彩区分层级，次序为红、白、蓝、褐、黑、银白、金黄。
前11世纪～前221年	中国	古代最早的史书《尚书·虞书·益稷》记载尧帝作服的言论："予欲观古人之象，日、月、星、辰、山、龙、华、虫、作会、宗彝、藻、火、粉、米、黼、黻、絺、绣，以五采彰施于五色，作服，汝明。"首次出现"五色"的提法，但不明五色的具体所指。战国时人托古附会其中的《夏书·禹贡》也有土之五色说法。
	中国	《仪礼·觐礼第十》中记载当时的诸侯觐于天子礼仪："为宫方三百步，四门坛十有二寻，深四尺，加方明于其上，方明者，木也。方四尺，设六色：东方青；南方赤；西方白；北方黑；上玄下黄。"
前11世纪～前771年	中国	周代已经出现了彩绘陶俑，典型为秦始皇兵马俑，面部、衣饰都有彩绘色彩，是在底层材料上加涂了一层生漆和颜料层构成的，并发现了20世纪80年代才被人们认识的紫色硅酸铜钡颜料。
前650年～前200年	古希腊	形成了具有鲜明色彩特点的陶器、瓶画艺术，分黑绘式和红绘式两类，以黑、红、白等色为主。亚里士多德论述色彩，欧几里德著《光学》。
前530年～前479年	中国	春秋末期思想家、教育家孔子[前551～前479]在《论语》中论及色彩的文化意义，如周人色彩风俗尚赤——"犁牛之子骍且角"，当时用色彩表示身份、礼仪、地域性特征的规则——"君子不以绀緅饰，红紫不以为亵服"以及明确的色彩等级观念——"恶紫之夺朱"，认为红色是正色，紫色是闲色（朱熹注释语），说明已经形成了色彩系统认识。可见当时对服饰色彩的礼仪规范。

---

[1] 吴诗池著，《中国原始艺术》，第111页。

前476年~前221年	中国	古代战国时人在《周礼卷六·冬官考工记》中发表了最具代表性的中国传统色彩观念："画缋之事，杂五色：东方谓之青；南方谓之赤；西方谓之白；北方谓之黑；天谓之玄；地谓之黄。青与白相次也；赤与黑相次也；玄与黄相次也。青与赤谓之文；赤与白谓之章；白与黑谓之黼；黑与青谓之黻；五采备谓之绣。土以黄，其象方；天时变，火以圜；山以章，水以龙，鸟兽蛇，杂四时五色之位以章之，谓之巧。"其中将绘画色彩定义为五基本色相混合的结果，此五色正是三原色——青、赤、黄与光色的两极——黑、白。其中还增加了另一色天——玄色，所以也应认为是六色系统。
	中国	《周易·说卦传》第十一章中记录了上古以色彩为卦象征的意识："乾为天、为圜、为君、为父……为大赤；坤为地、为母……其於地也为黑；震为雷、为龙、为玄黄……巽为木、为风、为长女……为白；坎为水……其於人也……为血卦、为赤"。也提出了五色：大赤、黑、玄黄、白、赤。《第二卦坤卦》篇中又说："夫玄黄者，天地之杂也，天玄而地黄。"与《周礼》同。
	中国	《春秋左传》中也反复出现作为礼仪重要要素的五色："五色比象，昭其物也。""设乘车两马，系五色焉。"
	中国	《老子》中提出"五色令人目盲"的思想。
	中国	已经出现了技法系统比较成熟的布帛绘画，有设色简练的彩绘。
	中国	已经出现了比较成熟的彩色丝织品。
前468年~前376年	中国	墨子钻研光与影子的规律，在《墨子》中记录了他明确反对以五色附会五方的迷信说法。
前5世纪后期	欧洲	意大利伊特鲁里亚文明出现了以概念色彩表现的壁画艺术，色彩种类丰富并具有一定灰度色彩的表现。
前4世纪	中国	战国中期出现了铅釉陶。
	中国	出现了彩绘漆器，至少使用了鲜红、暗红、浅黄、黄、褐、绿、蓝、白、金等九种颜色。金、银装饰色已能够熟练使用。
前350年前后	古希腊	壁画出现了表现真实光影的灰度色彩。
前206年~23年	中国	汉代发明了铅釉彩釉陶，以黄褐色、绿色釉为主。
前15年~60年	古罗马	湿壁画里出现了丰富的真实空间的色彩表现，色彩纯度的变化开始为表现空间前后服务，在《采花少女》中人体阴影部分的表现出现了隐约的冷暖色不同用法。

0年～100年	古罗马	肖像壁画中人物面部已经有明确的冷暖色用法表现肤色和光线的变化。
25年～189年	中国	东汉王延寿在《汉鲁灵光殿赋》中云："随色象类，曲得其情。"说明此时绘画中以色彩标定主题的类别。
	中国	许慎在《说文解字》里记载了已为当时人所熟知的39种色彩名称。
	中国	我国的正史史书编撰从《后汉书》开始专门开设了"舆服志"作为"礼仪志"的补充，对当时规定的车舆装饰、冠带、绶带、佩饰、服装等色彩规范做详细的记录。
190年～589年	中国	魏晋南北朝时期铅釉陶中出现了多色釉，黄、绿、褐三色同时使用。这种复色釉工艺最终在唐代发展成为绚丽多彩的唐三彩艺术。
200年～300年	两河流域	波斯王朝贾普尔一世的宫殿中出现了彩色釉料、玻璃和琉璃镶嵌设计制作的马赛克壁画。
300年～600年	日本	和服色彩史上的"民族色彩时代"。以民族民俗思想、审美习惯为基础的总结确认时期。
313年～13世纪	欧洲	早期基督教艺术及中世纪艺术时期，绘画中出现程式化的设色方法。
346年～407年	中国	东晋画家顾恺之[约346～407]在《论画》中记叙了设色技法程序。清淡与厚重分开。
400年～1400年	欧洲	拜占庭艺术中以小块彩色玻璃和石子镶嵌而成的建筑装饰绘画成为教堂装饰的主要形式。绘画不再强调体积描绘，而是努力增强平面化装饰效果，追求色彩的独立审美，将明度对比与纯度值提高，创造了华丽与审美的美感。
532年～552年	中国	南齐谢赫在《古画品录》中记录品评绘画优劣的"六法"，其中第四法为"随类赋彩"。
600年～1186年	日本	色彩史上的"宫廷色彩时代"，在佛教文化和大唐文化的影响下，大和贵族色彩全面形成的全盛期。
603年	日本	推古天皇十一年十二月圣德太子推出和服冠位十二阶制度，即大德、小德、大仁、小仁、大礼、小礼、大信、小信、大义、小义、大智、小智等十二阶，每一阶都使用当色来制作冠帽。据考证，所谓的当色，即指与阶位相当的色彩，当时的色阶共有六色，由上而下是紫、青、赤、黄、白、黑，由此推算，每一种色彩应对应两个官阶。[1]
607年	中国	隋朝皇家建筑师宇文恺在榆林设计、建造皇帝"行城"，是一种板装木构围城，并以彩绘布屏装饰：其城"周二千步（每步六尺），以板为干，衣之以布，饰以丹青，楼橹悉备"。（《资治通鉴》第180卷）是中国古代最早有明确记载的建筑色彩设计案例。
618年～907年	中国	唐代著名的复色釉工艺彩陶"唐三彩"形成，主要色彩为：黄、绿、白、赭、蓝。
647年	日本	大化三年制定了和服的七阶十三色制度，由上而下为深紫、浅紫、绯、绀、绿、黑，后来又有所增减，但基本变化不大。[2]

[1] 资料来源：中国服装网/服装文化/服装技术《和服技艺——印染、刺绣、色彩》2001.11.24 http://www.efu.com.cn/info/technique/2001-11-24/5547. htm。

[2] 资料来源同上：中国服装网《和服技艺——印染、刺绣、色彩》。

847年~859年	中国	唐朝美术理论家张彦远完成《历代名画记》，其中主张重用墨色，轻视浓丽色彩的艺术价值。他说："山不待空青而翠，凤不待五色而綷，是故运墨而五色具，谓之得意。意在五色，则物象乖矣。"
1000年~1100年	中国	北宋科学家沈括在《梦溪笔谈》中分析了虹光的成因。杨亿也提出了阳光的色散现象。
1100年	中国	北宋建筑学家李诚完成《营造法式》，1103年经过皇帝批准，以小字刻板刊印，按照通用的敕令，公诸于世。书中详细地介绍和规定了当时的建筑彩画作制度：绘制彩画的格式、使用的颜料及操作方法的制度。并有绘制图样。曾谈到建筑色彩设计可调整的非规范性特征，主张在一定规范约束下，建筑色彩应具有自由发挥的空间。李诚也是中国历史上为数不多的建筑师兼画家的官员。
1147年	中国	南宋孟元老在记录北宋东京开封地理节物、里巷风俗、朝典祀礼的著作《东京梦华录》中写到："东都外城，方圆四十余里。城壕曰护龙河，阔十余丈。壕之内外，皆植杨柳，粉墙朱户，禁人往来。"[1]可以说是较早的城市景观色彩规划设计的效果记录。
1100年~1400年	欧洲	哥特式艺术时期绘画受到玻璃镶嵌画流行的影响色彩表现极其强烈。在镶嵌画的色彩运用中找到了色彩对比的模糊规律，通常采用深暗而强烈的色彩，如以蓝色为背景，以墨绿、金黄为主调，以紫罗兰色为补色，以褐色和桃红色表现肉体。
约1100年~1900年	日本	和服色彩史上最重要的"武家型时代"，色彩的制度逐渐松懈，上下开始混乱，民间流行蓝、茶、白、黑等更为自然的色彩，特别是蓝的应用。到幕府末期及明治时候，和服用色越趋华丽。"友禅染"的发明，使手绘技术达到了登峰造极的地步，各种华丽的色彩都在使用，甚至连金箔银箔也被大量使用，因此当时发布很多禁奢侈令。[2]
1133年	中国	北宋矿物岩石学家杜绾完成《云林石谱》，其中重点介绍了石头的光色变化、对石头颜色的描述很多，并对不同色彩石头的用途做了具体的设计，如砚台、假山等。
1367年	中国	南京建成祭祀国内四方土地、谷物神灵的"五色土"太社稷坛，1377又予以改制。
1421年	中国	北京建成目前世界最大的环境艺术彩色平面设计"五色土"太社稷坛，象征国土完整。
1490年~1519年	意大利	文艺复兴时期著名画家列奥纳多·达·芬奇[Leonardo da Vinci 1452~1519]在《论绘画》[3]中发表对色彩的观点，认为色彩系统主要分为六种简单色：白、黄、绿、蓝、红、黑。关于色彩与艺术的关系，他认为浮雕效果比色彩更重要，"一幅画即使抹上丑陋的颜色，仍能以浮雕假象使观众信服。"[4]

---

[1] 李士彪注，孟元老撰，《东京梦华录》，山东友谊出版社，2001年，第1页。

[2] 资料来源：中国服装网《和服技艺——印染、刺绣、色彩》。

[3] 列奥纳多·达·芬奇的绘画论文集，他死后由弟子们整理成书。

[4] 戴勉译，《芬奇论绘画》，人民美术出版社，1979年，第142页。

1548年	日本	天文十七年以京都西军所置阵地——西阵为中心的丝织物生产基地形成，盛行高楼提花技术，生产织金、缎子、唐织、纱绫等高档织物，形成京都著名的纺织艺术品"西阵织"。
1625年	中国	明朝黄成的著作《髹饰录》被加注发行，是我国一部非常重要的记录漆工历史和漆器技艺的专著。有专门的漆色工艺介绍。
1631年	中国	明朝园林景观设计学家计成的著作《园冶》完成，四年后刊刻发行。以"巧于因借，精在体宜"为原则，色彩设计合于选材，多为借用自然景物原始色彩，部于巧绘。是中国古代景观设计生态学派的代表，其园林景观设计深受山水画的审美意识影响。
1637年	中国	明朝手工业技术、农学、经济学、文学家宋应星的科学著作《天工开物》刊刻发行。其中"丹青"一章专门介绍了松烟及油烟制墨与银朱（硫化汞）等供作颜料用的制造技术。[1]
	中国	《天水冰山录》中，色彩名称已达57种。
1643年	中国	明、清物理学家方以智《物理小识》完成，1664年刊行。方以智的学术受到西方自然科学知识影响很深，书中记述涉及力、光、声、热、磁等分支，记有棱宝石、三棱水晶能把光分成五色，并指出这与五色彩虹同理的见解。是中国最早的光色研究文献。[2]
1666年	英国	英国数学家、科学家、哲学家艾萨克·牛顿[Isac Newton 1642~1727]用三棱镜实验发现了七色光光谱的存在，人类光学色彩学的研究取得了决定性的进展。牛顿在研究中绘制出了牛顿色环。
1672年	英国	牛顿在皇家学会哲学年报中发表《光与色彩的新理论》。
1678年		惠更斯[C·huygens 1629~1695]发表光的波动学说。
1688年~1704年	日本	元禄时代的扇绘师宫崎友禅斋创造著名的"友禅染"（又写作友仙、友染、幽禅、幽仙等）。友禅染是以糊置防染印花方法为主而形成纹样的技法之一，其特色是形成多彩华丽的手绘纹样，在近代的染织和服史上，特别是小袖纹样的发展中起着重要的作用。[3]
1704年	英国	牛顿在论文《光学》中述及色彩与光的反射、折射原理。
1715年~1774年	法国	路易十五[Louis XV 1710~1774]时期，受到中国瓷器色彩的影响欧洲开始流行轻柔、雅致的洛可可[Rococo]艺术风格，衍生于建筑、绘画、手工艺、音乐诸门类，视觉艺术以色彩的精微细致、金镶修饰精妙著称。

---

[1] [明]宋应星著，《天工开物》，明崇祯十年（1637）原刻本影印，中华书局，1959年。

[2] [明]方以智著，《物理小识》，商务印书馆，1937年。

[3] 资料来源：中国服装网/服装文化/服装文化《和服技艺——织造》2005.5.12
http://www.efu.com.cn/info/technique/2005-5-12/27152_2. htm。

1725年	英国	画家雅格布·克里斯托弗·勒·布隆[Jacob Christoffel Le Blon]（或詹姆士·查尔斯福·卢·布隆[James Christoph Le Blon]）发表《着色法》，公布了他在牛顿七色光光谱研究基础上发现的色彩减法混合三原色[R.G.B]原理以及它在彩色印刷中的应用。一说于1731年发表。
1743年	中国	清朝陶瓷工艺师唐英的《陶冶图编次》完成，并呈阅乾隆皇帝。书中请名画家绘图，对采石、制泥、淘炼泥土、炼灰、配釉、吹釉、成坯入窑、烧窑、洋彩、束草装桶等工序进行了科学形象的记载，是中国陶瓷色彩技术的重要文献。[1]
1756年		Mickail Vasilievich Lomonosv 发表色彩感觉的三原色论。
1766年	美国	科学家摩西·哈里斯[Moses HARRIS]发表《色彩的本质系统》，用色相环表示色彩的组织结构。
1777年	英国	乔治·帕勒墨[George Palmer]发表《色彩与视觉的理论》谈及色觉的三原色说。
1802年	英国	物理学家托马斯·杨恩[Thomas.Young 1773~1829]在《英国皇家学会哲学会刊》1802年第1期发表《光与色的理论研究》[On the theory of light and colours]讨论光色三原色理论。之前，他曾经用干涉实验验证了光的波动性。
1807年	德国	画家菲力普·奥托·龙格[Philippe Otto Runge 1717~1810]发表用球体色标表示的色彩系统，是最早的色彩立体系统研究。一说在1810年。
1810年	德国	文豪、哲学家、科学家约翰·沃尔夫冈·冯·歌德[Johann Wolfgang Von Go-ethe 1749~1832]发表《色彩论》，全书分为三部分，第一部是对色彩论的阐述，第二部是对牛顿的宇宙机械观理论提出批判，第三部是色彩论的沿革。
1825年	英国	简·依曼格里斯特·伯金赫[Jan Evangelista Purkynie]发表《感觉生理学研究》发现色彩薄幕现象。
1831年	欧洲	布瑞斯特[D.Brewster]发表颜料的原色理论。
1837年	英国	设立第一所专业标准设计学校"Normal School of Design"。
1838年	欧洲	Gustav Theodor Fechner在其色彩学的报告中提及"发生主观色的色环"。
1839年	法国	化学家迈克尔·尤金·雪弗里奥 [Michel Eugene Chevreul 1786~1889]（另译为米咖勒·尤金·谢弗鲁尔）发表《色彩调和与对比的法则：及其在艺术中的应用：绘画、室内装饰、马赛克、挂毯与壁毯编织、棉布印花、女性服装、纸品印刷等》，他在著作中深刻揭示了色彩的"同时对比法则"，其思想对后来的印象派画家产生很大的影响。
1847年	英国	亨利·高尔[Henry Cole]创立"盛夏艺术工厂"[Summerly's Art Manufactures],说服了实用美术家参与工业产品设计工作。

---

[1]　参考《景德镇陶瓷》，1982 年第2期，纪念唐英诞生三百周年专辑。

1852年	英国	标准设计学校[Normal School of Design]成立"实用艺术部"，次年改称之为"科学与艺术部"。
	德国	生物学家赫尔曼·V·海姆霍茨[Hermann Ludwig Ferdinand von Helmholtz1821~1894]在阐述托马斯·杨恩观点的基础上提出光色视觉知觉三原色理论，形成光色理论的杨·海（赫）学说。
	中国	清朝，《雪宦绣谱》已出现各类色彩名称共计704种。
1853年	德国	海姆霍茨在其所发表的《色彩的混合理论》中阐述了新成果：色彩混合存在着加法混色与减法混色的基本不同规律。
1854年	德国	数学家荷尔曼·甘特·格拉斯曼[Hermann Günter Grassmann 1809~1877]研究色彩混合现象时归纳得出被称为格拉斯曼定律[Grassmann's Law]的加法混合规则[colour additive mixture]。
1856年	英国	建筑学家欧文·琼斯[Owen Jones]出版《装饰法则》，对传统建筑色彩和在现代的应用都有深刻的研究论述。
	欧洲	威廉·亨利·帕克因[William Henry Perkin]首次发现化学合成染料。
1860年	英国	詹姆士·C·麦克斯韦尔[James Clerk Maxwell 1831~1879]在《色彩的合成理论与光谱色彩的关系》论文中发表光谱混色曲线的测定研究。
1865年	英国	詹姆士·C·麦克斯韦尔发表光的电磁波学说，并在年内设计出旋转混色盘。
1870年	德国	生理、心理学家赫林[E.Hering 1834~1918]发表心理四原色理论。
1873年	德国	色彩学家威廉·V·B[Wilhelm von Bezold]发表《混色法则与生理性原色》，介绍色彩应用的实践方法。
1874年	德国	生理学家Eward提出了色彩系统"Das natürliche System der Farbempfindungen"的构思。
1878年	英国	威廉莫里斯引用东方的民族色彩成为地毯设计的色彩风格。
1879年	美国	物理学家路德[O.Rood]著作《现代色素》出版，对印象派之后画家的色彩表现产生影响。
1884年	英国	英国印染人员协会SDC成立。
1904年	欧洲	洛林斯[G.E.M Rawlins]开始用油色法[the oil-pigment process]制作感光材料。
1905年	美国	画家、美术教育家艾伯特·亨利·蒙塞尔[Albert Henry Munsell 1858~1918]发表《色彩编码：举例说明全部色彩的系统定义以及色调标准量度、饱和度、数值和它们之间的关系》，制作色环图，即蒙塞尔色彩表色体系的理论基础。
1907年	美国	《蒙塞尔色彩体系图谱》正式发行。
1911年	德国	心理学家大卫·卡特兹[David Katz 1884~1953]出版《色彩表现方法的模式与个人体验的影响》，人类首次系统对色彩知觉心理学进行深入的探索研究。

1912年	美国	罗伯特·瑞德格威[Robert Ridgway1850~1929]在其著作《色彩标准与色彩术语名称》中建立了美国博物学用色票系统。
1913年	全球	CIE 国际照明委员会成立。
1916年	德国	化学家、诺贝尔奖项的获得者弗里德里希·威廉·奥斯特瓦尔德[Friedrich Wilhelm Ostwald 1853~1932]开始发表《色彩科学》系列论文,至1923年逐步将更为科学的奥斯特尔德色彩体系公布于众。
1917年	荷兰	De Stiel成立,展开新造型运动[Neoplasticism],代表性人物为荷兰画家蒙德里安[Mondrian],在De Stiel杂志上阐述其创作理念,并以原色与几何图形数理性地从事创作活动。
	荷兰	荷兰Gerrit Thomas Rietveld以方块板材创作了红蓝椅[Red and Blue Chair]。
1919年	德国	Gropius于魏玛[Weimar]成立包豪斯[Bauhaus]设计学校,3月16日被任命为第一任校长。现代色彩设计专业教学于此发轫。
1920年	瑞典	斯堪的纳维亚色彩研究所[Scandinavian Colour Institute：SCI]开始组织当时的色彩学、心理学、物理学以及建筑学等十几位专家合作研发了NCS自然色彩系统。
1921年	日本	公布色彩标准规格JES。
	德国	保罗·克利[Paul Klee]受聘至包豪斯。
	美国	纺织品色彩技术协会AATCC成立。
1923年		亚当斯[E.Q.Adams]于《色觉的理论》中论及色觉阶段说。
1926年	美国	通用汽车公司成立艺术与色彩设计部门。
1927年	日本	画家和田三造设立日本标准色协会（现日本色彩研究所[Japan Color Research Institute：JCRI]前身）。
1928年		Siegfried Rch在《色彩的记号》中论及相对明度的概念,并建立RCH色立体。
1929年		查尔斯汀·拉得·福兰克林[Christine Ladd_Franklin]发表《色彩与色觉理论》阐述色觉的发生学说。
	美国	蒙塞尔色彩公司正式发表《蒙塞尔色彩体系手册:定义、释义、基础特征的修订图谱》。
1931年	英国	CIE 国际照明委员会通过剑桥第8届会议发表《XYZ的色彩表示系统》。
1933年		石原式色觉检查表成为国际色觉检查标准,用以检验色盲、色弱等非正常色彩视觉。

1934年	英国	色彩评议会BCC [BRITISH COLOUR COUNCIL]发布《色彩标准词典2卷》[Dictionary of colour standards]。
	美国	色彩学家费伯·比恩[Faber Birren1900~1988]发表《色彩量：色彩调和的设计新原则及有实践意义的色值公式》、《印刷色彩艺术：关于印刷工艺色彩调和原则的数据范围》等探讨依据色彩体系模型发展的色彩调和理论以及色彩调和色值公式，是色彩调和探索逐渐走出直观感性经验积累向科学和标准化发展的标志。
1937年	英国	色彩评议会BCC发布《英国传统色彩惯例》[British Traditional Colours]
1938年	德国	色彩学家曼非尔德·理查[Manfred Richter 1905~1990]研制DIN色彩系统成功。
1940年	英国	英国色彩协会[Color Group of Great Britain：CGGB]成立。
1942年	欧洲	理查德·塞沃·亨特[Richard Sewall Hunter 1909~1991]开发光电三色色彩量度计。
		杰克逊[E.Jackson]与格兰比尔[W.C.Granville]根据奥斯特瓦尔德色彩体系发表《色彩调和便览手册》，科学的色彩体系研究开始发挥功能。
1943年		JES确立无彩色标准色票。
1944年	美国	美国光学学会根据蒙塞尔色彩体系发表蒙塞尔修正色彩体系。
		蒙[P.Moon]和斯宾塞[D.E.Spencer]发表色彩调和论。
1945年	日本	日本色彩研究所创立。
1946年	日本	色彩科学协会成立。
1947年	中国	温肇桐编著《色彩学研究》。
1949年	日本	工业规格JIS制度化，发行色相别标准色，明度别标准色。
1950年		H.Hartridge在《视觉生理学的进展》中说明色彩的多色说。
1951年	日本	日本色彩研究所发行《色彩标准》。
1953年		色彩科学杂志《CHROMA》发刊。
	日本	日本流行色协会[JAFCA]成立。
1955年	德国	曼非尔德·理查"德国标准色票DIN（德国工业规格）"发表。
		色彩科学协会新闻创刊。
1957年	日本	日本色彩研究所计划改定蒙塞尔系统的色票。
	瑞典	Sven Hesselgren开发色彩系统。
1958年	日本	日本JIS Z8721制定了《依据三属性的色彩表示法》（根据蒙塞尔色彩修正体系）。
1959年	日本	日本JIS Z8721出版《JIS准据标准色票》。
1960年		彩色电视开播。

1961年		第一次国际色彩会议召开。
20世纪60年代	法国	郎科罗开始"色彩地理学"［法：L a Geographe de La Couleur]学说的研究和实践。
1963年	法国	国际流行色协会成立。
1964年	日本	日本色彩研究所制定PCCS色彩表示系统。
	日本	日本JIS Z8105确立"色彩的相关用语"。
1966年	日本	日本色彩设计研究所[Nippon Color & Design Research Institute ·NCD]创立。
1967年		国际色彩学会AIC成立。
1989年	中国	中国流行色协会成立。
1980年	中国	广州美术学院尹定邦教授率先引进西方色彩构成理论，全国艺术类院校开始进行系统色彩教育。
1993年		国际色彩联盟ICC成立。

二、历史上色彩学与色彩艺术、色彩设计研究的主要参考文献与书目（1660~2003）[1]

1. 罗伯特·波依尔[Robert BOYLE]. 关于色彩的实验与体会[Experiments and considerations touching colours]（1664）. 伦敦：亨利海力蒙原版，纽约：詹森再版集团，1964

2. 艾萨克·牛顿[Isac Newton 1642~1727]. 关于光与色的新理论[A new theory about light and colours]（1672）. 皇家学会哲学会刊VI（80）. 2月号. 3075~3087[Philosophical Transactions of the Royal Society VI（80），February, 3075~3087]

3. 艾萨克·牛顿. 光学——折射、反射、映像与光源色彩的研究[Opticks: or, a treatise of the reflections, refractions, inflections and colours of light]（1704）. 纽约：多佛出版社，1952年. 取自第四版. 伦敦：1730

4. 摩西·哈里斯[Moses HARRIS]. 色彩的自然系统[Natural system of colours]（1766）. 伦敦：Laidler，再版. 纽约：Van Nostrand Reinhold，1963

5. 约瑟教士[PRIESTLEY, Joseph]. 光与色——古今与视觉有关的探索2卷[The history and present state of discoveries relating to vision, light and colours, 2 vols.]（1772）. 伦敦：詹森出版集团公司

6. 乔治·帕勒墨 [George Palmer]. 色彩与视觉的理论[Theory of colours and vision]（1777）. 伦敦：S. Leacroft

7. 爱德华·Bancroft[Edward Bancroft]. 关于不变色原理的研究实验2卷[Experimental researches concerning the philosophy of permanent colours, 2 vols.]. 伦敦：费城：1814

---

[1]　色彩学书目主要资料来自http://www.fl.ulaval.ca/hst/visio/biblio_couleur.htm、http://www.fadu.uba.ar/sicyt/color/bib1. htm、...... /bib2. htm，作者独立简译，受英语翻译的水平限制，或有错误，诚请读者谅解并予以指正。

8. 托马斯·杨恩[Thomas.Young 1773~1829]. 光与色的理论研究[On the theory of light and colours]. 伦敦：皇家学会哲学会刊92. 1802第1期. 12~48页[Philosophical Transactions of the Royal Society of London 92, part I, 1802, 12~48.]

9. 詹姆士·Sowerby. 棱镜工具的创造——色彩的新阐释[A new elucidation of colours, original, prismatic and material]（1809）. 伦敦

10. 约翰·沃尔夫冈·冯·歌德[Johann Wolfgang Von Go-ethe 1749~1832]. 色彩论 [Zur Farbenlehre, 2 vols.]（1808~1810）. Tübingen. 德国：Cotta. 版次. 1910、1963、1971、1979、1988、1991. 翻译：英国、美国、法国、意大利、葡萄牙、西班牙、瑞典

11. 乔治·菲尔德[George Field]. 色彩学——类似色与调和色研究[Chromatics, or, an essay on the analogy and harmony of colours]（1817）. 伦敦

12. 约瑟·瑞德[Joseph Reade]. 光与视觉——色彩学新学说的实验性提纲 [Experimental outlines for a new theory of colours, light and vision]（1818）. 伦敦：Longman, Hurst, Rees, Orme and Brown

13. 查尔斯·海特[Charles Hayter]. 三原色的新实践研究（1826）. 伦敦：[HAYTER, Charles. 1826. A new practical treatise on the three primitive colours （London）]

14. 乔治·菲尔德. 色谱法——色彩与色素材料研究[Chromatography or a treatise on colours and pigments]（1835）. 伦敦：查尔斯Tilt

15. 迈克尔·尤金·雪弗里奥[Michel Eugene Chevreul1786~1889]. 色彩调和与对比的法则以及它们在艺术中的应用：绘画、室内装饰、马赛克、挂毯与壁毯编织、棉布印花、女性服装、纸品印刷等[De la loi du contraste simultané des couleurs et de l'assortiment des objets colorés considéré d'après cette loi dans ses rapports avec la peinture, etc.]（1839）. 巴黎：法国Pitois-Levrault出版公司，翻译：英国、美国、德国

16. 大卫·R·HAY. 适用于室内装饰的色彩和谐法则（1847）. 伦敦：[HAY, David R. 1847. The laws of harmonious colouring, adapted to interior decorations （London）]

17. 詹姆士·C·麦克斯韦尔[James Clerk Maxwell]. 色彩知觉理论（1856）苏格兰王室艺术会刊. 第四期. 第394~400页[MAXWELL, James Clerk. 1856. "Theory of the perception of colours", Transactions of the Royal Scottish Society of Arts 4, 394~400]

18. 威廉·V·Bezold[Wilhelm von J. F. Bezold 1837~1907]. 色彩理论：艺术与艺术工业的关系（1874）. Brunswick,德国Georg Westermann. 翻译：美国 [BEZOLD, J. F. Wilhelm von [1837~1907]. 1874. Die Farbenlehre im Hinblick auf Kunst und Kunstgewerbe. German （Brunswick, Germany: Georg Westermann）. 2nd ed. （Brunswick: Friedrich Vieweg & Son, 1921）.English translation by S. R. Koehler, with an introduction and notes by E. C. Pickering, The theory of color; and its relation to art and art-industry （Boston: Prang, 1876）]

19. 路易斯·布昂[Louis Prang]. 色彩应用教材（1893）. 波士顿[PRANG, Louis. 1893. Color instruction （Boston）]

20. 安森·肯特·克劳斯[Anson Kent]. 师生学习手册——色彩研究（1900）. 波士顿[CROSS, Anson Kent. 1900. Color study, a manual for teachers and students （Boston）]

21．弗里德里克·尤金·埃维斯[Frederic Eugene Ives]．三色（彩色）摄影术光学（1900）摄影杂志40．第99~121页．[IVES, Frederic Eugene．1900．"The optics of trichromatic photography", Photographic Journal 40, 99~121]

22．詹姆士·瓦德[James Ward]．色彩调和与对比——艺术专业学生使用（1902）．伦敦：[WARD, James．1902．Colour harmony and contrast for the use of art students（London）]

23．亚历山大·沃勒斯[Alexander Wallace]．色彩——音乐，色彩流动的艺术（1912）．伦敦：Hutchinson & Co. [RIMINGTON, Alexander Wallace．1912．Colour-music, the art of mobile colour （London: Hutchinson & Co.）]

24．弗里德里希·威廉·奥斯特瓦尔德[Friedrich Wilhelm Ostwald 1853~1932]．画家理论与作画的笔记（1904）．莱比锡：德国Hirzel出版公司，翻译：英语[OSTWALD, Friedrich Wilhelm [1853~1932]．1904．Malerbriefe．German （Leipzig, Germany: Hirzel）．{general, optics, applied chemistry, painting}.English translation by A. W. Morse, Letters to a painter on the theory and practice of painting （New York: Ginn & Co., 1906）]

25．艾伯特·亨利·蒙塞尔[Albert Henry Munsell1858~1918]．色彩编码：举例说明全部色彩的系统定义以及色调标准量度、饱和度、数值和它们之间的关系（1905）．波士顿：麻萨诸塞州．美国Ellis 公司，共经过1907、1913、1916、1923、1941、1947、1961、1988等15版次[MUNSELL, Albert Henry [1858–1918]．1905．A color notation．An illustrated system defining all colors and their relations by measured scales of hue, value, and chroma．English （Boston, Massachusetts, USA: Ellis）．2nd ed．1907．3rd ed．1913．4th ed．1916．5th ed．and ff （Baltimore, Maryland: Munsell Color Company）．5th ed．1923．9th ed．1941．10th ed．1947．11th ed．1961．15th ed．1988．{order systems}]

26．保罗·塞尚[Paul Cézanne 1839~1906]．保罗·塞尚笔记（1906前）．艾克斯镇：普罗旺斯；巴黎：法国manuscript．翻译：英国[CÉZANNE, Paul [1839~1906]．1906 （before）．[Letters]．French （Aix-en-Provence, Paris, France: manuscript）．{arts, painting}.English translation by Marguerite Kay, Paul Cé zanne, Letters （Oxford, England: Bruno Cassirer）]

27．艾伯特·亨利·蒙塞尔．蒙塞尔色彩体系图谱（1907）．Malden，麻萨诸塞州：美国Wadsworth, Howland[MUNSELL, Albert Henry [1858~1918]．1907．Atlas of the Munsell Color System [a portfolio with 8 charts]．English （Malden, Massachusetts, USA: Wadsworth, Howland）．New ed．with 15 charts, 1915．{order systems, atlas}]

28．G·哲基尔[G.Jekyll]．园林色彩设计（1908）．伦敦：英国Country Life [JEKYLL, G．1908．Colour schemes for the flower garden．English （London, England: Country Life）．{gardening}]

29．罗伯特·瑞德格威[Robert Ridgway1850~1929]．色彩标准与色彩术语名称（1912）．华盛顿DC，美国author[RIDGWAY, Robert [1850~1929]．1912．Color standards and color nomenclature．English （Washington DC, USA: The author）]

30．弗里德里希·威廉·奥斯特瓦尔德．色彩科学基础：奥斯特瓦尔德色彩系统初论

（1916）．莱比锡：德国Unesma [OSTWALD, Friedrich Wilhelm [1853~1932]. 1916. Die Farbenfibel. German （Leipzig, Germany: Unesma）. 7th ed. 1922. New ed. 1924. A total of 15 editions until 1931. English version edited by Faber Birren, The color primer; a basic treatise on the color system of Wilhelm Ostwald （New York: Van Nostrand Reinhold, 1969）]

31．马太·鲁莱士[Matthew Luckiesh]．色彩的语言（1920）．纽约：ISCC[LUCKIESH, Matthew. 1920. The language of colors （New York: ISCC）]

32．罗兰·路得[Roland Rood1863~1927]．绘画中的光与色（1927前）．纽约：美国哥伦比亚大学出版社[ROOD, Roland [1863~1927]. 1927 （before）. Color and light in painting, edited by George L. Stout. English （New York, USA: Columbia University Press）]

33．Helmuth Bossert [1889~1956]．中世纪早期装饰色彩百科全书注释本（1928）．纽约：美国E. Weyhe，{内部装饰业} [BOSSERT, Helmuth Theodor [1889~1956]. 1928. An encyclopaedia of colour decoration from the earliest times to the middle of the XIX century, with explanatory text by Helmuth Bossert. English （New York, USA: E. Weyhe）. {interior design}]

34．L·布林·Desbleds[L. Blin Desbleds]．色彩精确匹配规范说明（1928）．巴黎：法国科技工业部[DESBLEDS, L. Blin. 1928. Exact color matching and specifying. French （Paris, France: Technological and Industrial Service）]

35．约翰·Littlejohns[John Littlejohns1874~?]．色彩系统的本质——功能与价值（1928）．伦敦：英国Winsor & Newton 出版公司[LITTLEJOHNS,John [1874~?]. 1928. The essential colour system; its use and value. English （London, England: Winsor & Newton）]

36．威廉·Gillum．色彩的秘密（1929）．密苏里州：美国杂志印刷公司[GILLUM, Lulu Williams. 1929. Color secrets. English （Kirksville, Missouri, USA: The Journal Printing Company）]

37．Marion Monroe[1898~?]．少年儿童绘画的色彩趣味（1929）．芝加哥：美国芝加哥大学打印资料，色彩视知觉与心理学[MONROE, Marion[1898~?]. 1929. The drawings and color preference of young children. English （Chicago, USA: University of Chicago, typescript）. {psychology, color perception}]

38．Tinley, Humphreys, and Irving．园林色彩设计（1929）．伦敦：英国[TINLEY, HUMPHREYS, and IRVING. 1929. Colour planning of the garden. English （London, England）]

39．查尔斯汀·拉得·福兰克林[Christine Ladd_Franklin]．色彩与色觉理论（1929）．纽约：美国Harcourt, Brace & Co [LADD–FRANKLIN, Christine. 1929. Colour and colour theories （New York: Harcourt, Brace & Co.）]

40．蒙塞尔色彩公司．蒙塞尔色彩体系手册：定义、释义、基础特征的修订图谱（1929）．巴尔的摩：马里兰：美国蒙塞尔色彩公司[MUNSELL COLOR COMPANY. 1929. Munsell book of color, defining, explaining, and illustraiting the fundamental characteristics of color; a revision and extension of "The atlas of the Munsell color system" by A．H．Munsell．English（Baltimore, Maryland, USA: Munsell Color Company）．New ed．1942．New ed., Munsell book of color, glossy finish collection（Baltimore, Maryland: Munsell Color, Macbeth Division of Kollmorgen Corporation, 1976）．New ed．（New Windsor, New York: GretagMacbeth, 1999）．{order systems, atlas}]

41．威廉·Gillum．色彩与设计——实用艺术书（1931）．堪萨斯市：密苏里州：美国Gillum出版社[GILLUM, Lulu Williams．1931．Color and design, a practical art book．English（Kansas City, Missouri, USA: The Gillum Publishing Company）]

42．约翰·M·Holmes．室内装饰色彩（1931）．伦敦：英国建筑出版社{内部装饰行业}[HOLMES, John M．1931．Colour in interior decoration．English（London, England: The Architectural Press）．{interior design}]

43．L·F·理查[L.F.Richardson]．色调、明度、饱和度的感觉（1932）．剑桥：英国自然科学与光学视觉学会，剑桥大学出版社[RICHARDSON, L．F．1932．The measurability of sensations of hue, brightness or saturation．English（Cambridge, England: Physical and Optical Societies, Cambridge University Press）]

44．安娜·Marie[1890~?]．色彩设计概述（1933）．纽约：美国布鲁斯出版公司[ANDERSON, Anna Marie [1890~?]．1933．Syllabus of design and color．English（New York, USA: The Bruce Publishing Co.）]

45．德里克·帕特蒙[Derek Patmore]．时尚家庭装饰的色彩设计（1933）．[PATMORE, Derek．1933．Colour schemes for the modern home．English（London, England: The Studio）]

46．托马斯·巴提亚[Thomas Baty]．学院传统色彩（1934）．东京：日本Kenkyusha出版公司[Baty, Thomas．1934．Academic colours．English（Tokyo, Japan: Kenkyusha Press）]

47．英国色彩评议会[BRITISH COLOUR COUNCIL]．色彩标准词典2卷（1934）．伦敦：英国色彩评议会[BRITISH COLOUR COUNCIL．1934．Dictionary of colour standards, 2 vols．（London）]

48．费伯·比恩[Faber Birren1900~1988]．色彩量：色彩调和的设计新原则及有实践意义的色值公式（1934）．芝加哥：美国深红出版公司[BIRREN, Faber [1900~1988]．1934．Color dimensions：creating new principles of color harmony and a practical equation in color definition．English（Chicago, USA: The Crimson Press）]

49．费伯·比恩．印刷色彩艺术：关于印刷工艺色彩调和原则的数据范围（1934）．芝加哥：美国深红出版公司[BIRREN, Faber [1900~1988]．1934．The printer's art of color: a comprehensive treatise defining those principles of color harmony that relate specifically to the craft of printing．English（Chicago, USA: The Crimson Press）]

50．M．E．Stebbing．园林色彩设计（1934）．伦敦：英格兰[STEBBING, M．E．1934．Colour in the garden．English（London, England）]

51．J·斯考特·Taylor [J Scott Taylor]．奥斯忒瓦尔德色彩立体系统的简要说明（1935）．伦敦：英格兰Winsor & Newton 公司[TAYLOR, J．Scott．1935．A simple explanation of the Ostwald colour system. English（London, England: Winsor & Newton）. {order systems}]

52．亚瑟·C·哈黛．比色法手册（1936）．剑桥：麻萨诸塞州：美国：MIT 公司[HARDY, Arthur C. 1936. Handbook of colorimetry. English（Cambridge, Massachusetts, USA: The MIT Press）]

53．亚瑟布鲁斯·艾仑．色彩调和的理论与实践（1937）．伦敦：英格兰Frederick Warne 公司[ALLEN, Arthur Bruce [1903~?]. 1937. Colour harmony, its theory and practice. English（London, England: Frederick Warne）]

54．费伯·比恩．神奇的三原色RYB——红、黄、蓝（1937）．纽约：美国McFarlane, Warde, McFarlane[BIRREN, Faber [1900~1988]. 1937. The wonderful wonders of RYB（red-yellow-blue）. English（New York, USA: McFarlane, Warde, McFarlane）]

55．费伯·比恩．色彩的遗迹（1938）．纽约：美国McFarlane, Warde, McFarlane [BIRREN, Faber [1900~1988]. 1938. Monument to color. English（New York, USA: McFarlane, Warde, McFarlane）]

56．曼非尔德·理查[Manfred Richter 1905~1990]．歌德的色彩理论学说（1938）．德累斯顿：德国，德累斯顿大学博士论题[RICHTER, Manfred [1905~1990]. 1938. Das Schrifttum über Goethes Farbenlehre. German（Dresden, Germany: Technischen Universität Dresden, doctoral thesis）]

57．K·P·卡特非尔德[K. P. Kartfeld]．自然色彩的摄影技术实现（1938）．慕尼黑：德国Knorr & Hirth [KARTFELD, K. P. 1938. The Leica book in color; the technique and possibilies of photography in natural colors, translated from the German by H. W. Zieler. English（Munich, Germany: Knorr & Hirth）. {photography}]

58．J·D·米勒[J. D. Miller]．时尚家居的色彩设计（1938）．伦敦：英格兰[MILLER, J. D. 1938. More colour schemes for the modern home. English（London, England）. {interior design}]

59．费伯·比恩．美国色彩学家——令色彩调和及色彩识别的实践研究（1939）．纽约：美国Prang [BIRREN, Faber [1900~1988]. 1939. The American colorist; a practical guide to color harmony and color identification. English（New York, USA: Prang）. 2nd ed. 1948. New ed. 1962.]

60．麦特兰德·Graves[Maitland Graves1902~?]．色彩设计艺术（1941）．纽约：美国McGraw-Hill [GRAVES, Maitland [1902~?]. 1941. The art of color and design. English（New York, USA: McGraw-Hill）. 2nd ed. 1951]

61．理查德·塞沃·亨特[Richard Sewall Hunter 1909~1991]．三色光电色彩量度计（1942）．华盛顿：美国国家Bureau of Standards[HUNTER, Richard Sewall [1909~1991]. 1942. Photoelectric triestimulus colorimetry with three filters. English（Washington DC, USA: National Bureau of Standards, Circular 429）]

62．威廉·F·莱盖特．远古及中世纪时期的染料（1944）．布鲁克林：美国[William.F Leggett][LEGGETT, William F. 1944. Ancient and Medieval dyes. English

（Brooklyn, USA）. {dyes, colorants}]

63．Fiatelle. 色彩的故事（1945）. 新泽西州：美国N．J．Fiatelle, Inc. [FIATELLE, Inc. 1945. The story of color. English（Ridgewood, New Jersey, USA: N．J. Fiatelle, Inc., Color Research Laboratory）]

64．C·E·布恩[C．E.Bunn]. 自然色彩调校处理（1945）. 波士顿：麻萨诸塞州：美国[BUNN, C．E．1945．Natural color process．English（Boston, Massachusetts, USA）]

65．D·Leechman. 北美培育的植物染料（1945）. 保罗：明尼苏达州：美国{染料、着色剂}[LEECHMAN, D．1945．Vegetable dyes from North American plants．English（St．Paul, Minnesota, USA）. {dyes, colorants}]

66．德里克·帕特蒙[Derek Patmore]. 现代家具的色彩设计（1945）. 伦敦：英国Studio 出版公司[PATMORE, Derek. 1945．Colour schemes and modern furniture．English（London, England: The Studio）. 2nd ed．1947．{interior design}]

67．马可·波尔[Marcel Boll 1886~?]、Jean DOURGNON．色彩的秘密（1946）. 巴黎：法国Universitaires出版公司[BOLL, Marcel [1886~?], and Jean DOURGNON．1946．Le secret des couleurs．French（Paris, France: Presses Universitaires de France）. 2nd ed. 1948．]

68．Avenir Lehart．色彩调和光谱（1946）. 波士顿：麻萨诸塞州：美国摄影出版社[LEHART, Avenir．1946．Color harmony spectrum．English（Boston, Massachusetts, USA: American Photographic Publishing）]

69．Jacques Henri Bustanoby．色彩与色彩混合法则（1947）. 纽约：美国McGraw-Hill出版公司[BUSTANOBY, Jacques Henri．1947．Principles of color and color mixing．English（New York, USA: McGraw-Hill）]

70．英国色彩评议会．英国色彩评议会室内装饰色彩词典3卷（1949）. 伦敦：英格兰：英国色彩评议会[BRITISH COLOUR COUNCIL．1949．The British Colour Council dictionary of colours for interior decoration, 3 vols., edited by Robert Francis Wilson and B．K．A．Battersby．English（London, England: British Colour Council）. {dictionary, interior design}]

71．路易斯·Cheskin[1907~?]. 色彩设计、色彩识别、色彩混合、印刷色彩匹配中的色彩系统标记法（1949）. 芝加哥：美国色彩研究会[CHESKIN, Louis [1907~]. 1949．Notation on a color system; for color planning, color identification, color mixing-matching, printing with color．English（Chicago, USA: Color Research Institute of America）]

72．Klaas Tjalling Agnus [1896~?]. 色彩理论史（1949）. 阿姆斯特丹：荷兰Swets & Zeitlinger出版公司[HALBERTSMA, Klaas Tjalling Agnus [1896~?]. 1949．A history of the theory of colour．English（Amsterdam, The Netherlands: Swets & Zeitlinger）]

73．A．Kargere. 色彩与个性（1949）. 纽约：美国哲学书库[KARGERE, A. 1949．Color and personality．English（New York, USA: Philosophical Library）]

74．本杰明·J·Kouwer[Benjamin J．Kouwer]. 色彩的心理学特性研究（1949）.

海牙：荷兰M．Nijhoff 出版公司[KOUWER, Benjamin J．1949．Colors and their character, a psychological study, translated by H．C．Bos-van Kasteel．English（The Hague, The Netherlands: M．Nijhoff）]

75．William Levwyn[1899~?]．广告设计中的色彩运用（1949）．纽约：美国 Pitman [LONGYEAR, William Levwyn [1899~?]．1949．How to use color in advertising design, illustration and painting．English（New York, USA: Pitman）]

76．费伯·比恩．色彩心理学与色彩治疗：色彩对人类生活影响的事例研究（1950）．纽约：美国McGraw-Hill，再版信息略[BIRREN, Faber [1900~1988]．1950．Color psychology and color therapy: a factual study of the influence of color on human life．English（New York, USA: McGraw-Hill）．2nd ed.（New Hyde Park, New York: University Books, 1961）．New ed．1972．New ed．1977．New ed.（Secaucus, NJ: Citadel Press, 1978）．New ed. with the title The power of color: how it can reduce fatigue, relieve monotony, enhance sexuality and more, 1997．{psychology, health, chromotherapy}French translation by Rosemarie Bélisle, Le pouvoir de la couleur: vaincre la monotonie, réduire la fatigue, stimuler l'app é tit sexuel（Ivry sur Seine, France: Éditions de l' Homme, 1998）]

77．赫伯特·A Clairborne．维吉尼亚殖民地油漆色彩（1950）．波士顿：美国 Walpole Society [CLAIRBORNE, Herbert A．1950（after）．Some colonial Virginia paint colors（colors from Gunston Hall, Ampthill, Brandon, The Old Mansion, Claremont）．English（Boston, Massachusetts, USA: Walpole Society）]

78．Gordon James [1905~1991]．CIE国际色彩体系说明（1951）．Salisbury：英格兰Tintometer [CHAMBERLIN, Gordon James [1905~1991]．1951．The CIE international colour system explained; a simple explanation of the international system for the description of colour, written for the non technical reader, and showing its value for colour especification in industry．English（Salisbury, England: The Tintometer）．{order systems}.Italian translation, Il sistema internazionale CIE di misura del colore（Bologna, Italy: Zanichelli, 1955）]

79．路易斯·Cheskin [Louis Cheskin1907~?]．为了利润的色彩设计（1951）．纽约：美国Liveright [CHESKIN, Louis [1907~]．1951．Color for profit．English（New York, USA: Liveright）]

80．S.S.Alekseyev．色彩科学（1952）．莫斯科：俄国Isskustvo [ALEKSEYEV, S. S．1952．[Color science]．Russian（Moscow, Russia: Isskustvo）]

81．路易斯·Cheskin．色彩设计使用的色相环（1953）．纽约：美国MacMillan [CHESKIN, Louis [1907~]．1953．Color wheel for color planning．English（New York, USA: MacMillan）]

82．Fillette Many．园林、家居、女装中的色彩设计与个性（1953）．纽约：美国优势出版公司[MANY, Fillette．1953．Personality and color: in dress, in the home and in the garden．English（New York, USA: Vantage Press）]

83．鲁道夫·阿恩海姆[Rudolf Arnheim1904~?]．艺术与视知觉——视觉形象心理学．柏克莱：加利福尼亚州：美国加州大学出版社，再版与译版信息略[ARNHEIM,

Rudolf [1904~?]. 1954. Art and visual perception: a psychology of the creative eye. English （Berkeley, California, USA: University of California Press）. 2nd ed. 1957. New version, 1974. {psychology, perception, sight, arts, aesthetics} German translation, Kunst und Sehen （Berlin: de Gruyter, 1965）. New ed. 1978. Italian translation, Arte e percezione visiva （Milan: Feltrinelli, 1962）. Portuguese translation, Arte & percepção visual: uma psicologia da visão criadora （Sao Paulo, Brazil: Pioneira, 1980）. 8th ed. 1994. Spanish translation by María Luisa Balseiro, Arte y percepción visual （Madrid: Alianza, 1979）. Spanish translation by Rubén Masera, Arte y percepción visual. Psicología de la visión creadora （Buenos Aires: Eudeba, 1987）. New ed. （Madrid, 1988）]

84. William Horace[1901~?]. 园林景观色彩（1954）. 波士顿：麻萨诸塞州：美国Little, Brown & Co [CLARK, William Horace [1901~?]. 1954. Gardening for color. English （Boston, Massachusetts, USA: Little, Brown & Co.）]

85. 约瑟·Vydra [Joseph Vydra]. 斯洛伐克蓝靛染色艺术（1954）. 布拉格：捷克Artia 公司[VYDRA, Joseph. 1954. L'imprime indigo dans l'art populaire slovaque. French （Prague, Czech Republic: Artia）. {dyeing, folklore}.English edition, Indigo blue print in Slovak art.]

86. 艾力克·伊文森[Erik Iversen]. 古埃及绘画颜料研究辞典（1955）. 哥本哈根：丹麦I Kommissionnos Munksgaard[IVERSEN, Erik. 1955. Some ancient Egyptian paint and pigments, a lexicographical study. English （Copenhagen, Denmark: I Kommissionnos Munksgaard）]

87. Ernest Biggs. 广告色彩（1956）. 伦敦：英格兰 Studio Publications [BIGGS, Ernest. 1956. Colour in advertising. English （London, England: Studio Publications）]

88. 约翰·J.· Mellinger [John J. Mellinger 1925~?]. 色彩空间心理调查（1956）. 芝加哥：美国芝加哥大学摄影研究所书库[MELLINGER, John J. [1925~]. 1956. An investigation of psychological color space. English （Chicago, USA: Chicago Library, Dept. of Photographic Reproduction, University of Chicago）]

89. Edith Jean Sinclair[1924~]. 色彩的知觉优势关系（1956）. 芝加哥：美国芝加哥大学摄影研究所书库[SINCLAIR, Edith Jean [1924~]. 1956. The relationship of color and form-dominance to perception. English （Chicago, USA: Chicago Library, Dept. of Photographic Reproduction, University of Chicago）]

90. Howard Ketcham [1902~?]. 工业和商业色彩设计（1958）. 纽约：美国Harper [KETCHAM, Howard [1902~?]. 1958. Color planning for business and industry. English （New York, USA: Harper）]

91. 丹东·亚当斯[Danton Adams]. 色彩乐感——艺术家色彩设计的创新方法（1960）. [ADAMS, Danton. 1960. Musical colour, a new and revolutionary method of creating colour schemes for the artist. English （London, England: Douglass & Gilson）]

92. 费伯·比恩. 色彩、形状与空间（1961）. 纽约：美国Reinhold 出版公司[BIRREN, Faber [1900~1988]. 1961. Color, form and space. English （New York, USA:

Reinhold Publishing）]

93．爱德华·Friel[Edward Friel]. Friel色彩系统语言（1961）．西雅图：华盛
顿：美国E．Friel[FRIEL, Edward. 1961. The Friel system: a language of color. English
（Seattle, Washington, USA: E．Friel）]

94．道格拉斯·巴尔图[Douglas Bartrum]．园林艺术中的色彩对比设计（1962）．
伦敦：英国L．Gifford [BARTRUM, Douglas. 1962. Colours and contrasts in the garden.
English（London, England: L．Gifford）．{gardening}.

95．路易斯·Cheskin．如何让家庭装饰色彩协调（1962）．芝加哥：美国四角
图书出版[CHESKIN, Louis [1907~]. 1962. How to color-tune your home, revised edition.
English（Chicago, USA: Quadrangle Books）]

96．国家科研学会．建筑色彩设计（1962）．华盛顿DC：美国建筑研究学会
[NATIONAL RESEARCH COUNCIL. 1962. Identification of colors for building. Report
of a program held as part of the BRI 1961 Fall Conferences, Washington, DC. English
（Washington DC, USA: Building Research Institute）]

97．Frank A Taylor．艺术家、craftsmen和工业设计者的色彩表现技术（1962）．
伦敦：英国牛津大学出版社[TAYLOR, Frank A．1962. Colour technology for artists,
craftsmen and industrial designers．English（London, England: Oxford University Press）]

98．理查德·Gordon·Ellinger．色彩结构与设计（1963）．美国国际教科书再版
公司[ELLINGER, Richard Gordon. 1963. Color structure and design. English（Scranton,
Pennsylvania, USA: International Textbook Co.）．New ed.（New York: Van Nostrand
Reinhold, 1980）]

99．H．Klar．医药色彩学（1963）．Mannheim：德国Boehringer [KLAR, H. 1963.
Psychologie des couleurs et la médecine．French（Mannheim, Germany: Boehringer）]

100．D．H．Krantz．色彩的面积大小对比（1964）．费城：宾夕法尼亚州：美
国宾夕法尼亚大学PhD课题项目{精神物理学、比色法研究}[KRANTZ, D．H．1964.
The scaling of small and large color differences. English（Philadelphia, Pennsylvania, USA:
University of Pennsylvania, PhD thesis）．{psychophysics, colorimetry}]

101．Nik Krevitsky．蜡染的艺术与技艺（1964）．纽约：美国Reinhold出版公
司[KREVITSKY, Nik. 1964. Batik: art and craft. English（New York, USA: Reinhold
Publishing）．{dyeing, textiles, crafts}]

102．Massonet．色彩设计艺术（1964）．巴黎：法国H．Laurens [MASSONET.
1964. L'art du dessin et de la couleur. French（Paris, France: H．Laurens）]

103．E．H．Neil．社会习惯的色彩变化——Tilapia mossambica的分析研究
（1964）．柏克莱：加利福尼亚州：美国加州大学出版社[NEIL, E．H．1964. An
analysis of color changes and social behavior of Tilapia mossambica. English（Berkeley,
California, USA: University of California Press）]

104．Hugh Madison Smith [1922~?]、Robert E．Frye．鲜艳红色而美味的苹果对销
售的影响（1964）．华盛顿DC：美国农业部，经济研究服务部行销经济分所[SMITH,

Hugh Madison [1922~], and Robert E. FRYE. 1964. How color of red delicious apples affects their sales. English （Washington DC, USA: US Department of Agriculture, Economic Research Service, Marketing Economics Division）]

105．Julie Knight、A．V．S．Reuck, eds. 色彩视觉生理学与心理学实验（1965）. 波士顿：麻萨诸塞州，美国Little, Brown & Co.出版公司[KNIGHT, Julie, and A．V．S. REUCK, eds. 1965. Colour Vision Physiology & Experimental Psychology, Ciba Foundation Symposium, London, 1964. English （Boston, Massachusetts, USA: Little, Brown & Co.）]

106．Walter Brooks. 色彩混合的艺术（1966）. 纽约：美国Odyssey出版公司 [BROOKS, Walter [1921~]. 1966. The art of color mixing. English （New York, USA: Odyssey Press）]

107．艾伯特·格里高力[Albert Gregory]. 色彩符号（1966）. 剑桥：麻萨 诸塞州：美国[GREGORY, Albert. 1966. Numbers of colors. English （Cambridge, Massachusetts, USA）]

108．英国皇家园艺协会. RHS色彩图谱（1966）. 伦敦：英国皇家园艺协会 [ROYAL HORTICULTURAL SOCIETY. 1966. The RHS colour chart, 4 fans. English （London, England: Royal Horticultural Society）. {botanic, charts}]

109．Ralph Fabri[1894~?]. 艺术家对色彩运用的开拓（1967）. 纽约：美国 Watson−Guptill [FABRI, Ralph [1894~?]. 1967. Color; a complete guide for artists. English （New York, USA: Watson−Guptill）. {general, arts}]

110．亚历山大·查尔斯[Alexander Charles]、艾力克·D·玛瑞[Eric de MARI]等. 建筑色彩（1967）. 伦敦：英国L．Hill 出版公司[HARDY, Alexander Charles, and Eric de MARI, eds. 1967. Colour in architecture. English （London, England: L．Hill）. {architecture}]

111．Harold Hellman[1927~?]. 色彩的科学与艺术（1967）. 纽约：美国McGraw− Hill出版公司 [HELLMAN, Harold [1927~]. 1967. The art and science of color, illustrated by Mark Binn. English （New York, USA: McGraw−Hill）]

112．汉斯·恩特里特[Hans Hinterreiter1902~?]. 造型和色彩的理论研究（1967）. 巴塞罗纳：西班牙Ebusus出版公司[HINTERREITER, Hans [1902~?]. 1967. A theory of form and color. English （Barcelona, Spain: Ebusus）]

113．K·琼斯[K .JONES]. 色彩的故事读本（1967）. 伦敦：英国Nelson [JONES, K. 1967. Colour story reading. English （London, England: Nelson）]

114．Christer Leijonhielm. 色彩、图形、艺术之间的审美心理学研究（1967）. 斯 德哥尔摩：瑞典Almqvist & Wiksell公司[LEIJONHIELM, Christer. 1967. Colours, forms, and art. Studies in differential aesthetic psychology. English （Stockholm, Sweden: Almqvist & Wiksell）]

115．罗伯特·Cohen. 男人的色彩形象设计（1968）. 纽约：美国 Random House[COHEN, Robert. 1968 （circa）. The color of man, with an afterword by Juan Camos. English （New York, USA: Random House）]

116. 艾力克·帕克斯通·Danger. 使用色彩促销（1968）. 伦敦：英国Gower Technical 公司[DANGER, Eric Paxton. 1968. Using color to sell. English（London, England: Gower Technical Press）]

117. S.Thoss. 阿富汗、伊朗、土耳其伊斯兰建筑的色彩设计（1968）. 华盛顿DC：美国Smithsonian Institution 公司[SEHHER-THOSS, S. 1968. Design and color in islamic architecture, Afghanistan, Iran, Turkey. English（Washington DC, USA: Smithsonian Institution Press）. {architecture}]

118. 罗伯特·Jay ·Wolff. 感触蓝色 [WOLFF, Robert Jay [1905~?]. 1968. Feeling blue. English（New York, USA: Scribner）. {children}]

119. 费伯·比恩. 色彩的法则——传统与现代色彩调和理论的历史回顾（1969）. 纽约：美国Van Nostrand Reinhold[BIRREN, Faber [1900~1988]. 1969. Principles of color; a review of past traditions and modern theories of color harmony. English（New York, USA: Van Nostrand Reinhold）. 2nd revised ed.（New Chester, Pennsylvania: Schiffer, 1987）. {arts, aesthetics, harmony}]

120. 斯土亚特·罗宾逊[Stuart Robinson]. 纺织染料历史：染料、纤维、去皮、淀粉防腐剂添加、除汁、扎染，及深层起源的研究（1969）. 剑桥：麻萨诸塞州：美国MIT出版公司[ROBINSON, Stuart. 1969. A history of dyed textiles: dyes, fibres, painted bark, starch-resist, discharge, tie-dye, further sources for research. English（Cambridge, Massachusetts, USA: The MIT Press）. {dyeing, textiles, history}]

121. Y. Chocron. 色彩自然本质（1970）. 加拉加斯：委内瑞拉：蒙大拿Ediciones del Grupo [CHOCRON, Y. 1970. Color natural. Spanish（Caracas, Venezuela: Ediciones del Grupo Montana）]

122. Priscilla. Colt. 色彩与田野（1970）. 波士顿：麻萨诸塞州：美国World Wide 图书出版公司[COLT, Priscilla. 1970. Color and field. English（Boston, Massachusetts, USA: World Wide Books）]

123. 古代紫色作为身份象征形态的历史（1970）. 布鲁塞尔：比利时[REINHOLD, Meyer [1909~]. 1970. History of purple as a status symbol in antiquity. English（Brussels, Belgium: Latomus）]

124. Lucia A Salemme. 绘画色彩训练（1970）. 纽约：美国Watson-Guptill出版公司[SALEMME, Lucia A. 1970. Color exercises for the painter. English（New York, USA: Watson-Guptill）. {painting}]

125. L. R. Schall. 图形中色彩意象表现的作用——感应力传递兴奋信息时的理论研究（1970）. Bloomington：印第安那州：美国印第安那州大学PhD 论文[SCHALL, L. R. 1970. The influence of the expressive meanings of color on form, interpreted in terms on a sensory-tonic theory of perception. English（Bloomington, Indiana, USA: Indiana University, PhD dissertation）]

126. Lars Sivik[1933~?]. 色彩的含义（1970）. 斯德哥尔摩：瑞典斯堪的纳维亚色彩研究所，色彩报告F9 [SIVIK, Lars [1933~]. 1970. Om färgers betydelser [On colour

meaning]. Swedish （Stockholm, Sweden: Scandinavian Colour Institute, Colour Report F9）. New ed. 1979. {psychology, semiotics}]

127．B.R.Wooten. 彩色光谱中色彩的同时对比与连续对比的效果（1970）. 美国布朗大学PhD论文[WOOTEN, B. R. 1970. The effects of simultaneous and successive chromatic contrast on spectral hue. English （Providence, Rhode Island, USA: Brown University, PhD thesis）. {perception, psychophysics}]

128．Rita J. Adrosko. 自然染色和家用染色（1971）. 纽约：美国Dover[ADROSKO, Rita J. 1971. Natural dyes and home dyeing. English （New York, USA: Dover）. {dyeing, history}]

129．Arnold A.色彩作为绘画中首要表现语素地位的发展（1971）. 纽约：美国纽约大学，论文[AMSTER, Arnold A. 1971. The evolution of color as a primary element in painting, 1850~1970. English （New York, USA: New York University, dissertation）]

130．国际色彩协会. 色彩韵律学（1972）. Driebergen：荷兰[AIC （Association Internationale de la Couleur）[1967~]. 1972. Colour metrics, Proceedings of the Helmholtz Memorial Symposium, Driebergen, The Netherlands, September 1–3, 1971, edited by Johannes J. Vos, Ludwig F. C. Friele, and Pieter L. Walraven. English （mainly）, German, French （Soesterberg, The Netherlands: Institute for Perception TNO）]

131．温顿·布莱克[Wendon Blake]. 创造色彩：油画实用指导（1972）. 纽约：美国Watson–Guptill[BLAKE, Wendon. 1972. Creative color: a practical guide for oil painters. English （New York, USA: Watson–Guptill）. {painting}]

132．弗里德里克·W·克鲁罗[Frederik W. Clulow]. 色彩的应用与法则（1972）. 伦敦：英国摩根马公司[CLULOW, Frederik W. 1972. Colour: its principles and their applications. English （London, England: Morgan & Morgan）]

133．D·杰弗里·海瓦德[D. Geoffrey Hayward]. 环境规划与管理中光与色彩问题的生理学与心理学研究（1972）. Monticello：伊利诺斯州：美国Council of Planning Librarians [HAYWARD, D. Geoffrey. 1972. The psychology and physiology of light and color as an issue in the planning and managing of environments. English （Monticello, Illinois, USA: Council of Planning Librarians）]

134．汤姆·道格拉斯·琼斯[Tom Douglas JONES]. 光与色的艺术：色彩表达的流动特性，照明、跳跃的光源（1972）. 纽约：美国[JONES, Tom Douglas. 1972. The art of light and color; featuring mobile color expression, lumina, kinetic light –with instructions for the creation of dramatic color and light instruments, with an introduction by Faber Birren. English （New York, USA: Van Nostrand Reinhold）]

135．Raymond A. Eynard. 色彩的成像系统与理论（1973）. 华盛顿：美国摄影家与摄影师协会[EYNARD, Raymond A., ed. 1973. Color: theory and imaging systems. English （Washington DC, USA: Society of Photographic Scientists and Engineers）]

136．日本色彩研究会. 建筑色彩设计（1973）. 东京：日本Nihon Shikiken 企业 [JAPAN COLOR RESEARCH INSTITUTE. 1973. Design color for architecture. English

（Tokyo, Japan: Nihon Shikiken Enterprise）．{architecture}]

137．Dena S．Katzenberg．蓝色传统：蓝靛染织物与17~19世纪相关的钴蓝釉彩制陶术（1973）．巴尔的摩：马里兰：美国巴尔的摩艺术博物馆[KATZENBERG, Dena S. 1973．Blue traditions: indigo dyed textiles and related cobalt glazed ceramics from the 17th through the 19th century．English（Baltimore, Maryland, USA: Baltimore Museum of Art）．{dyeing, textiles, ceramics, history}]

138．E．Mathias Mildred主编．Ralph D．Cornell摄影．景观色彩：亚热带开花植物（1973）．洛杉矶：美国洛杉矶Beautiful出版公司{景观设计类landscape design}[MILDRED, E．Mathias, ed．1973（circa）．Color for the landscape: flowering plants for subtropical climates, photography by Ralph D．Cornell．English（Los Angeles, USA: Los Angeles Beautiful）．{landscape design}]

139．罗伯特·A·Nicholson．带有花和水果、树叶的冬季园林色彩（1973）．温哥华：加拿大道格拉斯大卫与查尔斯出版公司[NICHOLSON, Robert A．1973．Color in your winter garden with flowers, fruits and foliage．English（Vancouver, Canada: Douglas, David and Charles）．{gardening}]

140．Clark V．Poling．包浩斯艺术家的色彩理论（1973）．纽约：美国哥伦比亚大学PhD 论文[POLING, Clark V．1973．Color theories of the Bauhaus artists．English（New York, USA: University of Columbia, PhD thesis）．{arts, design}]

141．西方丛书编辑．园林色彩设计（1973）．Menlo Park：加利福尼亚州：美国Lane Books [SUNSET BOOKS, ed．1973．Color in your garden, 3rd ed．English（Menlo Park, California, USA: Lane Books）]

142．Ralph Merril Evans[1915~1974]．色彩的知觉（1974）．纽约：美国John Wiley & Sons [EVANS, Ralph Merril [1915~1974]．1974．The perception of color．English（New York, USA: John Wiley & Sons）]

143．Joseph A．Gatto．色彩与价值：设计原理（1974）．Worcester, 麻萨诸塞州：美国戴维斯公司[GATTO, Joseph A．1974．Color and value: design elements．English（Worcester, Massachusetts, USA: Davis）]

144．Antal Nemcsics [1927~?]．医院房间的色彩设计（1974）．布达佩斯：匈牙利HMV[NEMCSICS, Antal [1927~]．1974．[Colour design for hospital rooms]．Hungarian（Budapest, Hungary: HMV）]

145．戴博拉·T·Sharpe．色彩设计心理学（1974）．芝加哥：美国Nelson-Hall [SHARPE, Deborah T．1974．The psychology of color and design．English（Chicago, USA: Nelson-Hall）．New ed．1982．]

146．Lars Sivik[1933~?]．色彩含义与色彩量度的知觉：外光色彩研究（1974）．歌德堡：瑞典歌德堡大学歌德堡心理学报告[SIVIK, Lars [1933~]．1974．Colour meaning and perceptual colour dimensions: a study of exterior colours．English（Gothenburg, Sweden: University of Göteborg, Göteborg Psychological Reports vol．4, Nr．11）．{psychology, semiotics}]

147．日本色彩研究会．色彩调和图谱（1975）．东京：日本[JAPAN COLOR RESEARCH INSTITUTE．1975．Harmonic color charts．English （Tokyo, Japan）]

148．Linda A．Clark．色彩治疗的古代艺术手段：包括宝石治疗法、气味和避邪护身符研究的最新报告（1975）．旧格林：康涅狄格州：美国Devin Adair Co． [CLARK, Linda A．1975．The ancient art of color therapy; updated, including gem therapy, auras, and amulets．English （Old Green, Connecticut, USA: Devin Adair Co．）．{health, chromotherapy}.Italian translation, Cromoterapia （1989）]

149．威廉·H·盖茨[William H.Gass]．蓝色存在的哲学问题（1975）．波士顿：麻萨诸塞州：美国D．R．Godine [GASS, William H．1975．On being blue: a philosophical inquiry．English （Boston, Massachusetts, USA: D．R．Godine）]

150．日本色彩研究会．色彩调和图谱（1975）．东京：日本[JAPAN COLOR RESEARCH INSTITUTE．1975．Harmonic color charts．English （Tokyo, Japan）]

151．Sol Lewitt．线与色彩（1975）．苏黎士：瑞士Annemarie Verna[LEWITT, Sol [1928~]．1975．Lines and color．English （Zurich, Switzerland: Annemarie Verna）]

152．Frank B.Smithe．自然主义色彩的开拓者（1975）．纽约：美国自然历史博物馆[SMITHE, Frank B．1975．Naturalist's color guide．English （New York, USA: American Museum of Natural History）]

153．罗伯特·巴多罗马[Robert Bartholomew]．自然环境规划的色彩运用（1976）．Monticello：伊利诺斯州：美国图书馆规划协会[BARTHOLOMEW, Robert．1976．The use of color in physical environment planning．English （Monticello, Illinois, USA: Council of Planning Librarians）]

154．Masao．Inui．建筑色彩设计（1976）．东京：日本Kajima 学会出版社[INUI, Masao．1976．Kenchiku-no shikisai-sekkei [Color design of buildings]．Japanese （Tokyo, Japan: Kajima Institute Publishing Co．）．{architecture}]

155．Lars Sivik．中间色距离——不同结构的比较（1976）．歌德堡：瑞典歌德堡大学[SIVIK, Lars [1933~]．1976．Distances between colors: a comparison of different structures．English （Gothenburg, Sweden: University of Göteborg）．{psychology, psychometry}]

156．Neil Thompson[1929~]．色彩与骚乱（1976）．伦敦：英国[THOMPSON, Neil [1929~]．1976．Colour and chaos．English （London, England）]

157．Geoffrey Wakeman．19世纪产品的色彩说明（1976）．Loughbourgh：英国Plough公司[WAKEMAN, Geoffrey．1976．The production of the nineteenth century colour illustration．English （Loughbourgh, England: Plough Press）]

158．Adolf.etal．Portmann．色彩象征——Eranos年鉴摘录6（1977）．达拉斯：美国[PORTMANN, Adolf, etal．1977．Color symbolism: six excerpts from the Eranos Yearbook, 1972．English （Dallas, USA: Spring Publications）]

159．大卫·A·Engdahl．彩色印刷的材料、程序、色彩管理（1977）．纽约城市花园：美国摄影图书出版公司[ENGDAHL, David A．1977 （circa）．Color printing:

materials, processes, color control, 4th ed. English（Garden City, New York, USA: American Photographic Book Pub. Co.）. {printing industry, graphic arts}]

160．托马斯·Lorie SAATY和保罗·C．KAINEN．四色问题：进攻与征服（1977）．纽约：美国McGraw-Hill [SAATY, Thomas Lorie, and Paul C. KAINEN. 1977. The four-color problem, assaults and conquest. English（New York, USA: McGraw-Hill）. {mathematics}]

161．Van Zanten[1943~?]．1830年代的建筑色彩装饰（1977）．纽约：美国Garland出版社[VAN ZANTEN, David [1943~]. 1977. The architectural polychromy of the 1830's. English（New York, USA: Garland Publishing）. {architecture}]

162．H.鲍尔温．16~19世纪建筑色彩（1978）．英国牛津工业大学，建筑系[BALDWIN, H. 1978. Colour on buildings: 1500~1800. English（England: Oxford Polytechnic, Department of Architecture）]

163．Tapo Nath chakravarti色彩世界：古代印度与现代西方的观点（1978）．加尔各答：印度Putul Chakravarti [CHAKRAVARTI, Tapo Nath. 1978. The universe of colour: modern Western and ancient Indian perspectives. English（Calcutta, India: Putul Chakravarti）]

164．T．Heath．景观建筑色彩设计（1978）．新西兰：林肯学院[HEATH, T. 1978. Colour for structures in the landscape. English（New Zealand: Lincoln College）]

165．乔伊斯·Storey．泰晤士与哈得逊河流域染织品手工艺（1978）．伦敦：英国泰晤士河与哈得逊河[STOREY, Joyce. 1978. The Thames and Hudson manual of dyes and fabrics. English（London, England: Thames and Hudson）. {dyeing}]

166．Kan．Tsukada．色彩美学（1978）．东京：日本Kinokuniya Shoten [TSUKADA, Kan. 1978. Shinrisai no Bigaku [Aesthetics of colors]. Japanese（Tokyo, Japan: Kinokuniya Shoten）]

167．乔治·A．Agoston．艺术设计的色彩理论与应用（1979）．柏林：德国Springer[AGOSTON, George A. 1979. Color theory and its application in art and design. English（Berlin, Germany: Springer）. 2nd revised and updated ed., 1987]

168．J．H．Hogg．色彩经验（1979）．伦敦：英国New Society[HOGG, J. H. 1979. The experience of colour. English（London, England: New Society）]

169．罗伯特·R．Buckley．数字色彩图像编码与色彩空间几何学（1981）．剑桥：麻萨诸塞州：美国麻萨诸塞州技术学会，PhD 论文[BUCKLEY, Robert R. 1981. Digital color image coding and the geometry of color space. English（Cambridge, Massachusetts, USA: Massachusetts Institute of Technology, PhD thesis）

170. Antal Nemcsics [1927~]. 建筑色彩协调的重要性（1981）．布达佩斯：匈牙利Publications of the TUB Scientific Session [NEMCSICS, Antal [1927–]. 1981. [Importance of color harmonies in architecture]. Hungarian（Budapest, Hungary: Publications of the TUB Scientific Session）. {harmony, architecture}]

171．HenriStierli主编．色彩的精神：Karl Gerstner的艺术（1981）．剑桥：麻萨

诸塞州，美国MIT 公司[STIERLIN, Henri, ed. 1981. The spirit of colours: the art of Karl Gerstner. English （Cambridge, Massachusetts, USA: The MIT Press）. {aesthetics}]

172．Jan Walraven. 色彩的感应（1981）. Utrecht：荷兰Utrecht 大学，博士论文[WALRAVEN, Jan. 1981. Chromatic induction. English （Utrecht, The Netherlands: University of Utrecht, doctoral dissertation）]

173．让·菲力普·郎科罗和夫人多美尼克·郎科罗. 法国建筑与景观色彩（1982）. 巴黎：法国Le Moniteur [LENCLOS, Jean-Philippe, and Dominique LENCLOS. 1982. Couleurs de la France. Géographie de la couleur. French （Paris, France: Le Moniteur）. English ed., The colors of France: architecture and landscape （Paris, France: Le Moniteur, 1982）]

174．汤姆·波特. 建筑色彩学：如何在建筑中运用色彩的设计指导（1982）. 纽约：美国惠特尼设计图书馆[PORTER, Tom. 1982. Architectural color: a design guide to using color on buildings. English （New York, USA: Whitney Library of Design）. {architecture}]

175．汤姆·波特色彩之外（1982），伦敦，英国Architectural 公司[PORTER, Tom. 1982. Colour outside. English （London, England: Architectural Press）. {architecture}]

176．克雷尔·Revelli. 色彩与你——即刻寻找能够使你看起来更好的适当色彩，改善你的更衣室、你的形象和你做的每一件事（1982）. 纽约：美国Simon & Schuster 袋鼠丛书[REVELLI, Clare. 1982. Color & you. Discover now the right colors can make you look your best, enhace your wardrobe, your image, and everything you do!. English （New York, USA: Simon & Schuster, a Wallaby book）. {dressing}]

177．斯堪的纳维亚色彩研究所. 1982年色彩节（1982）. 斯德哥尔摩：瑞典，斯堪的纳维亚色彩研究所，色彩报告F25[SCANDINAVIAN COLOUR INSTITUTE [1978~]. 1982. Färgdag 1982 [Color day 1982]. Swedish （Stockholm, Sweden: Scandinavian Colour Institute, Colour Report F25）]

178．温蒂·Steiner. 色彩修辞学（1982）. 芝加哥：美国芝加哥大学[STEINER, Wendy. 1982. The colors of rhetoric. English （Chicago, USA: University of Chicago）]

179．美国纺织品色彩技术协会. 纺织工业色彩技术（1983）. 北卡罗来纳州：美国纺织品色彩技术协会[AATCC （American Association of Textile Colorists and Chemists）, Committee RA36 on Color Measurement. 1983. Color technology in the textile industry. English （Research Triangle Park, North Carolina, USA: AATCC）. 2nd ed. 1997 {textiles}]

180．Manlio Brusatin. 色彩的历史（1983）. 都灵：意大利Einaudi翻译：英国1992、法国1986、西班牙1987[BRUSATIN, Manlio. 1983. Storia dei colori. Italian （Turin, Italy: Einaudi）. {history, arts, dyes}.English translation, A history of colors （Boston, Massachusetts, USA: Shambala, 1992）.French translation, Histoire des couleurs （Paris: Flammarion, 1986）. New eds., 1992, 1996. Spanish translation by Rosa Premat, Historia de los colores （Barcelona: Paidós, 1987）]

181．Leatrice Eiseman. 色彩与活力（1983）. Reston：维吉尼亚：美国Acropolis

丛书[EISEMAN, Leatrice. 1983. Alive with color. English （Reston, Virginia, USA: Acropolis Books）]

182．安徒生·哈德[1922~?]、斯维克·拉茨[1933~?]斯瓦德麦尔·阿克[1948~?]．光与色彩视觉II：普通occurring光源与不同的色彩的有彩色体研究（1983）．斯德哥尔摩：瑞典斯堪的纳维亚色彩研究所，色彩报告F23 [HÅRD, Anders [1922~], Lars SIVIK [1933-], and Åke SVEDMYR [1948-]. 1983. Belysning och färgseende II. Undersökning av färgade föremåls olika färg under tre vanligen förekommande ljuskällor [Light and color vision II. Study of colored objects' different color and the three commonly occurring light sources]. Swedish （Stockholm, Sweden: Scandinavian Colour Institute, Colour Report F23）. {psychology, color perception}]

183．Rolf G. Kuehni．色彩的本质与逻辑（1983）．纽约：美国Van Nostrand Reinhold公司 [KUEHNI, Rolf G. 1983. Color, essence and logic. English （New York, USA: Van Nostrand Reinhold）]

184．LEE,Mahn-Young．色彩色调命名方法原理研究（1983）．汉城：韩国大学哲学博士论文[LEE, Mahn-Young. 1983. A study of elemental hues with color-naming techniques. English （Seoul, Korea: Korea University, PhD dissertation）. {terminology}]

185．基斯·Mclaren[?~1990]．染料与色素的色彩科学（1983）．波士顿：英国Adam Hilger [McLAREN, Keith [?~1990]. 1983. The colour science of dyes and pigments. English （Bristol, England: Adam Hilger）. 2nd ed. 1986. {colorimetry, dyes, colorants, paints}]

186．约翰·D·Mollon．色彩视觉：生理学与精神物理学（1983）．伦敦：英国Academic 公司[MOLLON, John D., and Lindsay T. SHARPE, eds. 1983. Colour vision: physiology and psychophysics. English （London, England: Academic Press）. {physiology, vision, psychophysics}]

187．美国材料设备实验协会[ASTM]．ASTM标准色彩显示测量法（1984）．费城：宾夕法尼亚州：美国材料设备实验协会，第5次颁布1996，第6次2000[ASTM （American Society for Testing and Materials）. 1984. ASTM standards on color and appearance measurement. English （Philadelphia, Pennsylvania, USA: ASTM）. 5th ed. 1996. 6th ed., including a CD-ROM, 2000]

188．A．K．Bencuya．自然色彩NCS系统与蒙塞尔色彩系统之间的关系（1984）．纽约：美国Rensselaer 工艺学会，博士论文[BENCUYA, A. K. 1984. Relation between the Natural Color System and the Munsell color order system （Troy, New York, USA: Rensselaer Polytechnic Institute, PhD thesis）. {order systems}]

189．T．J．A．Bennett．著名色彩现象（1984）．剑桥：麻萨诸塞州：美国Whipple科学历史博物馆[BENNETT, T. J. A. 1984. The celebrated phenomena of colours. English （Cambridge, Massachusetts, USA: Whipple Museum of the History of Science）]

190．英国陶器研究会．陶器色彩标准手册系列2（1984）．Stoke-on-Trent，英国，英国陶器研究会[BRITISH CERAMIC RESEARCH ASSOCIATION. 1984. Ceramic colour standards manual, series II. English （Stoke-on-Trent, England: British Ceramic

Research Association）．{ceramics}]

191．Luigina De Grandis．色彩应用理论（1984）．米兰：意大利Arnoldo Mondadori翻译：英国1986，西班牙1985[DE GRANDIS, Luigina. 1984. Teoria e uso del colore. Italian （Milan, Italy: Arnoldo Mondadori）. {general, arts}.English translation by John Gilbert, Theory and use of colour （Englewood Cliffs, New Jersey: Prentice–Hall; New York: Harry N. Abrams, 1986）.Spanish translation, Teorí a y uso del color （Madrid: C á tedra, 1985）]

192．A．Frova．光、色彩、视觉（1984）．罗马：意大利Editori Riuniti[FROVA, A. 1984. Luce, colore, visione. Italian （Rome, Italy: Editori Riuniti）]

193．R．M．Frumkina．色彩、感觉、相似性：心理学分析观点（1984）．俄罗斯：Nauka [FRUMKINA, R. M. 1984. [Color, sense, similarity: psycholinguistic analysis aspects]. Russian （Russia: Nauka）]

194．奥古斯都·Garau．色彩调和（1984）．米兰：意大利Feltrinelli公司[GARAU, Augusto. 1984. Le armonie del colore. Italian （Milan, Italy: Feltrinelli）. New ed．（Milan: Hoepli, 1999）. {aesthetics, harmony}.English translation by Nicola Bruno, with a foreword by Rudolf Arnheim, Color harmonies （Chicago: The University of Chicago Press, 1993）.Spanish translation by Rosa Premat, Las armon í as del color （Barcelona: Paid ó s, 1986）. 2nd ed. 1992]

195．小林重顺[Shigenobu Kobayashi 1925~]．色彩图像调校手册（1984）．东京：日本色彩设计研究所[KOBAYASHI, Shigenobu [1925~]. 1984. Colour image coordination book. English （Tokyo, Japan: Nippon Color and Design Research Institute）. {aesthetics, harmony, psychology}]

196．迈克尔·兰卡斯特．视像英国的景观与色彩（1984）．伦敦：英国奎赖尔公司[LANCASTER, Michael. 1984. Britain in view. Colour and the landscape. English （London, England: Quiller Press）]

197．盖仑·F·Minah．色彩语言（1984）．西雅图：华盛顿：美国阿尔卡德公司[MINAH, Galen F. 1984. Color language. English （Seattle, Washington, USA: Arcade）]

198．Harold Linton [1947~?]．色彩环境模型：三维空间里的光与色彩设计（1985）．纽约：美国Van Nostrand Reinhold [LINTON, Harold [1947~]. 1985. Color model environments: color and light in three–dimensional design. English （New York, USA: Van Nostrand Reinhold）]

199．N．N．Stepano．内部装修的色彩设计（1985）．俄国：Visha Shkola 出版社[STEPANO, N. N. 1985. [Color usage in interior]. Russian （Russia: Visha Shkola Publishing House）. {interior design}]

200．Gösta Sandberg．蓝靛纺织物的历史（1986）．英国：A．& C．Black [SANDBERG, Gösta. 1986. Indigo textiles: technique and history. English （England: A. & C. Black）. New ed. 1989 {dyeing, colorants, textiles}]

201．迈克尔·Beaumont．色彩的类型（1987）．牛津：英国Quarto 出版社
[BEAUMONT, Michael．1987．Type & colour．English （Oxford, England: Quarto
Publishing）．{printing industry, graphic arts, typography}]

202．Hideaki Chijiiwa．色彩调和：如何创作色彩组合（1987）．Rockport：麻萨
诸塞州：美国 Rockport出版社[CHIJIIWA, Hideaki．1987．Color harmony．A guide to
creative color combinations．English （Rockport, Massachusetts, USA: Rockport Publishers）]

203．艾力克·帕克斯通·Danger．色彩标准（1987）．Aldershot：英国Gower
Technical公司[DANGER, Eric Paxton．1987．The colour handbook．English （Aldershot,
England: Gower Technical Press）]

204．Marcia B．Hall主编．意大利及其北方文艺复兴时期绘画中的色彩技法
（1987）．[HALL, Marcia B., ed．1987．Color and technique in Renaissance painting: Italy
and the North．English.]

205．詹姆士·M·Stanlaw．色彩、文化以及它们之间的联系：英语外来词汇与现
代日本色彩命名术语问题（1987）．Champaign：伊利诺斯州：美国伊利诺斯州立大学
哲学博士论文[STANLAW, James M．1987．Color, culture, and contact: English loanwords
and problems of color nomenclature in modern Japanese．English （Champaign, Illinois, USA:
University of Illinois, PhD dissertation）]

206．迈克尔·Wilcox．蓝色和黄色没有制造绿色：如何混合你每次所需要的色
彩（1987）．珀斯：澳大利亚艺术之路出版公司[WILCOX, Michael．1987．Blue and
yellow don't make green: or how to mix the color you want −every time．English （Perth,
Australia: Artways）．New ed．（Cincinnati, Ohio: F & W Publications, Inc., 1994）]

207．Wucius Wong．色彩设计法则（1987）．纽约：美国Van Nostrand Reinhold，
翻译：西班牙[WONG, Wucius．1987．Principles of color design．English （New York,
USA: Van Nostrand Reinhold）．2nd augmented ed., Principles of color design．Designing
with electronic color.Spanish translation by Emili Olcina i Aya, Principios del diseño en color
（Barcelona: Gustavo Gili, 1988）．2nd ed．1990．3rd ed．1992．4th ed．1995．5th
augmented ed., Principios del diseño en color．Diseñar con colores electrónicos （1999）.
New ed．2001]

208．邓尼斯·L·Sepper．歌德反对牛顿：新色彩科学的争论与阐述（1988）.
纽约：美国剑桥大学出版社[SEPPER, Dennis L．1988．Goethe contra Newton: polemics
and the project for a new science of color．English （New York, USA: Cambridge University
Press）]

209．罗伊斯·Swirnoff．空间色彩（1988）．波士顿：麻萨诸塞州：美国Birkhäuser,
Design Science Collection {心理学、知觉、环境、建筑}[SWIRNOFF, Lois．1988．Dimensional
color．English （Boston, Massachusetts, USA: Birkhäuser, Design Science Collection）.
{psychology, perception, environment, architecture}]

210．Alton Cook．色彩类型（1989）．Rockport：麻萨诸塞州：美国Rockport
Publishers{印刷工业、绘画艺术、印刷术} [COOK, Alton, and Robert FLEURY．1989.

Type & color. English （Rockport, Massachusetts, USA: Rockport Publishers）. {printing industry, graphic arts, typography}]]

211．C.Landesman．色彩与知觉：形而上学的尝试论说（1989）．费城：宾夕法尼亚州：美国圣堂大学出版社[LANDESMAN, C. 1989. Color and consciousness: an essay in metaphysics. English （Philadelphia, Pennsylvania, USA: Temple University Press）.

212．Jacqueline．Lichtenstein．色彩的说服力：法国古典时期的绘画修辞（1989）．巴黎：法国Flammarion翻译．英语、葡萄牙语 [LICHTENSTEIN, Jacqueline. 1989. La couleur éloquente: rhétorique et peinture à l'âge classique. French （Paris, France: Flammarion）English translation by Emily McVarish, The eloquence of color: rhetoric and painting in the French classical age （Berkeley, California: University of California Press, 1993）Portuguese translation, A cor eloqüente （Sao Paulo, Brazil: Siciliano, 1994）]

213．迈克尔·Pastoureau[1947~?]．色彩、图像、符号：人类学研究历史（1989）．巴黎：法国Le Léopard d'Or [PASTOUREAU, Michel [1947~]. 1989. Couleurs, images, symboles: études d'histoire et d'antropologie. French （Paris, France: Le Léopard d'Or）. {history, anthropology}]

214．Theano Fanny Tosca．建筑色彩的理论与设计（1989）．Thessaloniki：希腊 Editions Kyriakidis Bros [TOSCA, Theano Fanny [1955~]. 1989. Arkhitektoniko khroma. Theoria kai skhediasmos [Architectural color: theory and design]. Greek （Thessaloniki, Greece: Editions Kyriakidis Bros）. {architecture}]

215．R. Cumming和汤姆·Porter．观察色彩的眼睛（1990）．伦敦：英国广播公司出版社[CUMMING, R., and Tom PORTER. 1990. The colour eye. English （London, England: BBC Books）]

216．小林重顺．色彩图像量度（1990）．东京：日本Kodansha，翻译：英语 [KOBAYASHI, Shigenobu [1925~]. 1990. [Color image scale]. Japanese （Tokyo, Japan: Kodansha）. {aesthetics, harmony, psychology}English translation by Louella Matsunaga, Color image scale （Tokyo: Kodansha, 1991）]

217．Neville S. Smith．色彩符号变换程序（1990）．Middlesbrough：克里夫兰：英国Teesside大学，哲学博士论文[SMITH, Neville S. 1990. A colour notation conversion program. English （Middlesbrough, Cleveland, England: University of Teesside, PhD thesis）. {order systems}]

218．Margaret B. HALSTEAD、J. G. HOLMES主编．色彩的发展：英国色彩协会最初50年（1941~1991）的历史（1991）．伦敦：英国色彩协会[HALSTEAD, Margaret B., and J. G. HOLMES, eds. 1991. The advancement of colour: a history of the first fifty years of the Colour Group （Great Britain）1941~1991. English （London, England: Colour Group of Great Britain）]

219. John B. Hutchings [1932~?]、Juliette Wood．民间风俗中的色彩（1991）．伦敦：英国民俗学学会学院[HUTCHINGS, John B. [1932~], and Juliette WOOD, eds. 1991. Colour and appearance in folklore. English （London, England: The Folklore Society,

University College）．{folklore}]

220．John．Gage．色彩与文化：从古代到抽象派时期的实践和意义（1993）．伦敦：英国Thames and Hudson，翻译．德语、西班牙语[GAGE, John．1993．Color and culture: practice and meaning from antiquity to abstraction．English （London, England: Thames and Hudson）．{painting}.German translation, Kulturgeschichte der Farbe – Von der Antike bis zur Gegenwart （1994）.Spanish translation by Adolfo Gómez Cedillo and Rafael Jackson Martín, Color y cultura: la práctica y el significado del color de la antigüedad a la abstracción （Madrid: Ediciones Siruela, 1993）]

221．I．Gold．色彩和某些幻想：视觉的哲学理论（1993）．新泽西州：美国普林斯顿大学，博士论文[GOLD, I．1993．Color and other illusions: a philosophical theory of vision．English （New Jersey, USA: Princeton University, PhD dissertation）]

222．Marjo．Moeyes．泰国的自然染料（1993）．英语[MOEYES, Marjo．1993．Natural dyeing in Thailand．English．{dyeing}]

223．日本色彩科学协会．1994日本城市广场色彩报告（1994）．东京：日本色彩科学协会[CSAJ（Color Science Association of Japan）．1994．Proceedings, Color Forum Japan 1994．Japanese, English （Tokyo, Japan: Color Science Association of Japan）]

224．斯洛文尼亚色彩工作者协会．色彩与比色法第四次国际会议报告（1994）．Maribor：斯洛文尼亚Maribor大学[DRUSTVO KOLORISTOV SLOVENIJE （Slovenian Colorists Association）．1994．Proceedings, 4th International Symposium on Color and Colorimetry, Maribor, Slovenia, September 29 – October 1, 1994．English （Maribor, Slovenia: University of Maribor, Faculty of Technical Sciences）]

225．哈罗德·LINTON[1947~?].色彩预测：国际色彩行销考察（1994）．纽约：美国Van Nostrand Reinhold [LINTON, Harold [1947~]．1994．Color forecasting: a survey of international color marketing．English （New York, USA: Van Nostrand Reinhold）]

226．Sara O．Marberry．办公室的色彩：1950~1990以后的设计趋势（1994）．纽约：美国Van Nostrand Reinhold[MARBERRY, Sara O．1994．Color in the office．Design trends from 1950~1990 and beyond．English （New York, USA: Van Nostrand Reinhold）．{interior design}]

227．Sarah Rossbach、林云（音）．家居色彩：林云大师指导家居风水与色彩艺术（1994）．纽约：美国Kodansha，翻译．西班牙语[ROSSBACH, Sarah, and Lin YUN．1994．Living color: master Lin Yun's guide to Feng Shui and the art of color．English （New York, USA: Kodansha）.Spanish translation, Feng Shui y el arte del color （Buenos Aires: Emecé, 1999）]

228．苏W.中国色彩语意学（1994）．澳大利亚国家大学博士论文[XU, W．1994．Chinese colour semantics．English （Australia: Australian National University, PhD dissertation）]

229．Rita．Buchanan．染色作坊：从染料植物的种植、入缸到自然纤维染料的形成（1995）．英语[BUCHANAN, Rita．1995．A dyer's garden （from plant to pot, growing dyes for natural fibers）. English. {dyeing, gardening}]

230．日本色彩科学协会. 1995日本色彩管理讨论会报告（1995）. 东京：日本色彩科学协会[CSAJ（Color Science Association of Japan）. 1995. Proceedings, Color Forum Japan 1995. Japanese, English（Tokyo, Japan: Color Science Association of Japan）]

231．安德斯·哈德[1922~?]、阿克·Svedmyr[1948~?]. NCS色彩系统的构想、发展与应用（1995）. 斯德哥尔摩：瑞典建筑研究学会BFR T4 1995 [HÅRD, Anders [1922–], and Åke SVEDMYR [1948~]. 1995. Färgsystemet NCS. Tanke, tillkomst, tillämpning [The color system NCS. Idea, development, application]. Swedish（Stockholm, Sweden: Swedish Council for Building Research, BFR T4 1995）. {order systems}]

232．安德斯·哈德[1922~?]、里卡尔德·库勒,拉尔·Sivik [1933~?]、阿克 Svedmyr[1948~?]. 色彩与彩色环境的经验（1995）. 斯德哥尔摩：瑞典建筑研究学会BFR T5 1995 [HÅRD, Anders [1922~], Rikard KÜLLER, Lars SIVIK [1933–], and Åke SVEDMYR [1948~]. 1995. Upplevelse av färg och färgsatt miljö [Experience of color and colored environment]. Swedish（Stockholm, Sweden: Swedish Council for Building Research, BFR T5 1995）]

233．Jou．Kazuo．色彩之道（1995）. 东京：日本[KAZUO, Jou. 1995. [Cosmology of the color]. Japanese（Tokyo, Japan）]

234．Mei-Chun Lo．色彩定量模型Llab（1995）. 英国Loughborough大学博士论文[LO, Mei-Chun. 1995. The Llab model for quantifying color appearance. English（Loughborough University, PhD thesis）. {colorimetry, appearance}]

235．Charles A．Riley．色彩编码：现代色彩学及哲学、绘画、音乐、建筑、文学、心理学的理论（1995）. Hanover,麻萨诸塞州，美国新英格兰大学出版社[RILEY, Charles A. 1995. Color codes: modern theories of color in philosophy, painting and architecture, literature, music, and psychology. English（Hanover, Massachusetts, USA: University Press of New England）]

236．Pegie.Adam Stark．新设计中的色彩对比与量度——色彩及其应用理论的了解（1995）. St.彼得堡大街,佛罗里达州：美国The Poynter Institute for Media Studies [STARK ADAM, Pegie. 1995. Color, contrast, and dimension in news design, understanding the theory of color and its applications. English（St. Petersburg, Florida, USA: The Poynter Institute for Media Studies）]

237．Ian C．Bristow．1645~1840英国室内建筑色彩设计（1996）. 伦敦：英国耶鲁大学出版社[BRISTOW, Ian C. 1996. Architectural color in British interiors 1615~1840. English（London, England: Yale University Press）. {architecture, interior design}]

238．Karin Anter Fridell[1950~?]. 自然植物色彩——如何利用自然固有色设计路与地面（1996）. 斯德哥尔摩：斯堪的那维亚色彩研究所[FRIDELL ANTER, Karin [1950~]. 1996. Nature's colour palette. Inherent colours of vegetation, stones and ground. English（Stockholm, Sweden: Scandinavian Colour Institute）]

239．John B．Hutchings[1932~?]、Munehira Akita、Noriko YoShida、Geraldine

Twilley．色彩民俗——特有日本与英国的参考文献（1996）．伦敦：英国大学民俗学会[HUTCHINGS, John B．[1932~], Munehira AKITA, Noriko YOSHIDA, and Geraldine TWILLEY．1996．Colour in folklore with particular reference to Japan, Britain and rice．English（London, England: The Folklore Society, University College）．{folklore}]

240．Anton Trstenjak [?~2000]．色彩心理学（1996）．（Ljubljana,斯洛文尼亚Institut Antona Trstenjaka[TRSTENJAK, Anton [?–2000?]．1996．Psihologija barv [Color psychology]．Slovenian（Ljubljana, Slovenia: Institut Antona Trstenjaka）．{psychology}]

241．Joy．Luke．蒙塞尔色彩系统——色彩的语言（1996）．纽约：美国 Fairchild Publications [TURNER LUKE, Joy．1996．The Munsell color system．A language for color．English（New York, USA: Fairchild Publications）]

242．HA, Young–Duk.韩国传统色彩与色彩心理学（1997）．汉城：韩国MyungJi出版社[HA, Young–Duk．1997．Korean traditional color and psychology of color．English（Seoul, Korea: MyungJi Publisher）．{folklore, psychology}]

243．John Gage．艺术、科学与象征主义的色彩意义（1998）．伦敦：英国Thames and Hudson翻译：德语[GAGE, John．1998．Colour and meaning．Art, science and symbolism．English（London, England: Thames and Hudson）．New ed．（California: University of California, 1999）．{general, arts}.German translation, Die Sprache der Farben – Bedeutungswandel der Farben in der bildenden Kunst（Ravensburger, 1999）]

244．挪威国家艺术设计学院色彩学会．艺术与科学之间的色彩——奥斯陆国际色彩会议报告（1998，10，8~11）．奥斯陆：国家艺术设计学院色彩学会[NCAD（National College of Art and Design, Institute of Colour）．1998．Colour between art and science, Proceedings of the Oslo International Colour Conference, Oslo, October 8–11, 1998．English（Oslo, Norway: National College of Art and Design）．{psychology, arts, architecture, cinema}]

245．Nikolai Viktorovich Serov[1945~?]．传统色彩文化语义学（1998）．圣彼得堡：俄国圣彼得堡国家大学博士论题[SEROV, Nikolai Viktorovich [1945~]．1998．Semantica zveta v traditionnyck culturack [Semantics of color in traditional culture]．Russian（Saint Petersburg, Russia: Saint Petersburg State University, doctoral thesis）]

246．德贝大学色彩与图像研究所．国际色彩管理讨论会报告1999．3．24~25（1999）．德贝：英国德贝大学色彩与图像研究所[COLOUR AND IMAGING INSTITUTE, UNIVERSITY OF DERBY．1999．Proceedings of the International Colour Management Forum, Derby, March 24~25, 1999．English（Derby, England: University of Derby, Colour and Imaging Institute）．{computers, reproduction devices}]

247．Harold Linton [1947~?]．建筑色彩：建筑内外与城市空间的设计方法（1999）．纽约：美国McGraw–Hill [LINTON, Harold [1947~]．1999．Color in architecture: design methods for buildings, interiors and urban spaces．English（New York, USA: McGraw–Hill）．{architecture, interior design, urban planning}]

248．Lindsay W．Mac Donald主编．多媒体中的色彩图像（1999）．伦敦：英国

John Wiley & Sons [MacDONALD, Lindsay W., ed. 1999. Colour imaging in multimedia. English（London, England: John Wiley & Sons）]

249．德贝大学色彩与图像研究所. 色彩图像科学会议报告（2000．4．10~12）．德贝：英国德贝大学色彩与图像研究所[COLOUR AND IMAGING INSTITUTE, UNIVERSITY OF DERBY. 2000. Colour Image Science Conference, Proceedings, Derby, April 10~12, 2000. English（Derby, England: University of Derby, Colour and Imaging Institute）]

250．L．K．Peterson、Cherryl Dangel Cullen. 色彩：国际行销的色彩设计（2000）．Rockport：麻萨诸塞州：美国Rockport 出版社[PETERSON, L. K., and Cherryl Dangel CULLEN. 2000. Global graphics: color. Designing with color for an international marketing. English（Rockport, Massachusetts, USA: Rockport Publishers）. {graphic arts, graphic design}]

251．Roger．Pring. 适用于网页设计的色彩设计（2000）．剑桥，英国 The Ilex 公司，翻译：西班牙语[PRING, Roger. 2000. www.colour. Effective use of colour for web page design. English（Cambridge, England: The Ilex Press; London, England: Cassell & Co.）. {graphic design}.Spanish translation by Joan Escofet and Camila Enrich, www.color. 300 usos de color para sitios web（Mexico City: Gustavo Gili, 2001）]

252．Pichayada．Katemake. 油墨系统的色彩匹配（2001）．利兹：英国利兹大学，染料色彩化学系博士论文[KATEMAKE, Pichayada. 2001. Colour matching in printing ink systems. English（Leeds, England: University of Leeds, Department of Colour Chemistry and Dyeing, PhD thesis）. { colorimetry, reproduction devices, printing industry}]

253．Lindsay W MacDonald、 Ming Ronnier Luo [1958~?]. 色彩图像科学：数字媒体技术的开拓（2002）．Chichester：英国John Wiley & Sons 公司[MacDONALD, Lindsay W., and Ming Ronnier LUO [1958~]. 2002. Colour image science. Exploiting digital media. English（Chichester, England: John Wiley & Sons）. {computers, reproduction devices}]

254．ICI英国皇家化学工业有限公司[1926~]. 色彩的前景：国际色彩流行趋势预测（2003）．Slough, 波克夏：英国ICI涂料国际行销部[ICI（Imperial Chemical Industries）, Ltd. [1926~]. 2003. Colour futures. International colour trends. English（Slough, Berkshire, England: ICI Paints, International Marketing Department）. {marketing, design, paints}]

三、常用色彩名称中英文对照与标准数据表[1]

色相名称	颜色	16进制编码	RGB	CMYK	HSV	英语名称
红色		#FF0000	255, 0, 0	0, 100, 100, 0	0, 100, 100	red
猩红色		#FF2400	255, 36, 0	0, 86, 100, 0	8, 100, 100	scarlet

[1]　原始列表资料来自维基百科自由的百科全书网/动态列表/绘画术语/色彩/列表/色彩列表：http://zh.wikipedia.org/wiki/%E8%89%B2%E5%BD%A9%E5%88%97%E8%A1%A8。

朱红色		#FF4D00	255, 77, 0	0, 70, 100, 0	18, 100, 100	vermilion
橙色		#FFA500	255, 165, 0	0, 35, 100, 0	39, 100, 100	orange
琥珀色		#FFBF00	255, 191, 0	0, 25, 100, 0	45, 100, 100	amber
金色		#FFD700	255, 215, 0	0, 40, 100, 0	51, 100, 100	gold
黄色		#FFFF00	255, 255, 0	0, 0, 100, 0	60, 100, 100	yellow
柠檬绿色		#CCFF00	204, 255, 0	20, 0, 100, 0	72, 100, 100	lime
黄绿色		#66FF00	102, 255, 0	60, 0, 100, 0	96, 100, 100	bright green
绿色		#00FF00	0, 255, 0	100, 0, 100, 0	120,100,100	green
青色		#00FFFF	0, 255, 255	100, 0, 0, 0	180,100,100	cyan
蔚蓝色		#007FFF	0, 127, 255	100, 50, 0, 0	210,100,100	azure
蓝色		#0000FF	0, 0, 255	100, 100, 0, 0	240,100,100	blue
紫色		#8B00FF	139, 0, 255	45, 100, 0, 0	273,100,100	purple
品红色		#FF00FF	255, 0, 255	0, 100, 0, 0	300,100,100	magenta
栗色		#800000	128, 0, 0	0, 100, 100, 50	0, 100, 50	maroon
橙黄色		#FFCC00	255, 204, 0	?, ?, ?, 50	33, 100, 50	tangerine
橄榄色		#808000	128, 128, 0	0, 0, 100, 50	60, 100, 50	olive
春绿色		#00FF80	0, 255, 128	?, ?, ?, 50	106, 100, 50	spring green
鸭绿色		#008080	0, 128, 128	100, 0, 0, 50	180, 100, 50	teal
海军蓝		#000080	0, 0, 128	100, 100, 0, 50	240, 100, 50	navy
靛色		#4B0080	75, 0, 128	42, 100, 0, 50	275, 100, 50	indigo
白色		#FFFFFF	255,255, 255	0, 0, 0, 0	0, 0, 100	white
银色		#C0C0C0	192,192, 192	0, 0, 0, 25	0, 0, 75	silver
灰色		#808080	128,128, 128	0, 0, 0, 50	0, 0, 50	gray
暗灰色		#404040	64, 64, 64	0, 0, 0, 75	0, 0, 25	dimgray
黑色		#000000	0, 0, 0	0, 0, 0, 100	0, 0, 0	black
肉色		#FF8C69	255, 140, 105	0, 45, 59, 0	14, 59, 100	salmon
桃色		#FFE5B4	255, 229, 180	0, 10, 29, 0	40, 29, 100	peach
奶油色		#FFFDD0	255, 253, 208	1, 0, 22, 0	57, 18, 100	cream

米色		#F5F5DC	245, 245, 220	3, 1, 15, 0	60, 10, 96	beige
薰衣草色		#E6E6FA	230, 230, 250	8, 8, 0, 0	240, 8, 98	lavender
兰花色		#DA70D6	218, 112, 214	24, 66, 0, 0	302, 49, 85	orchid
粉红色		#FFC0CB	255, 192, 203	0, 63, 52, 0	350, 25, 100	pink
珊瑚红		#FF7F50	255, 127, 80	0, 128, 175, 0	16, 69, 100	coral
燃橙色		#CC5500	204, 85, 0	15, 78, 100, 4	25, 100, 80	burnt orange
古铜色		#B87333	184, 115, 51	23, 59, 93, 8	29,72,72	bronze
赭色		#CC7722	204, 119, 34	0, 85, 170, 50	30,83,80	ocher
墨褐色		#704214	112, 66, 20	39, 69, 100, 41	30,82,44	sepia
宝石绿		#50C878	80, 200, 120	60, 0, 40, 22	140,60,78	emernald
樱桃色		#DE3163	222, 49, 99	7, 95, 45, 0	343,78,87	cerise

四、古代主要动植物染料一览表

科学名称	科属	主要成分	颜色	染类
红花[Carthamus tinctorius]	菊科	红花素（C21H22O11）	胭脂红	直接
茜草[Rubia cordifolia L.]	茜草科	茜素（C14H8O4） 茜紫素（C14H8O5）	土红	媒染
苏木[Caesalpinia sappan L.]	豆科	苏木红素（C16H12O5）	多种深红色	媒染
冻绿[Rbamnus davurica Pall.]	鼠李科	（C42H28O27）.（C15H12O6）	绿	直接
荩草[Arthraxon hispidus Mak.]	禾本科	荩草素（C21H16O9）	黄、绿	直接、铜媒
菘蓝[Isatis tinctoria L.]	十字花科	菘蓝甙（IsatinB）	蓝	还原
蓼蓝[Polygonum tinctorium]	蓼科	靛甙（Indican）	蓝、绿	还原、直接
马蓝[strobilanthes cusia]	爵床科	靛甙（Indican）	蓝	还原
木蓝[Indigofera tinctoria]	豆科	靛甙（Indican）	蓝	还原
栀子[Gardenia jasminoides Ellis.]	茜草科	藏红花酸（C20H24O4）	黄、灰黄	直接、媒染
黄檗 [Phellodendron amurense]	芸香科	多种黄酮类化合物	黄	直接、媒染

姜黄[Curcuma longa L.]	姜科	姜黄素（$C_{21}H_{20}O_6$）	黄、橙黄	直接、媒染
郁金[Curcuma aromatica Salisb.]	姜科	姜黄素（$C_{21}H_{20}O_6$）	黄、橙黄	直接、媒染
石榴[Punica granatum L.]	石榴科	异槲皮黄素（$C_{20}H_{20}O_{13}$）	黄	直接
槐花[Sophora japonica L.]	豆科	芸香甙（$C_{27}H_{32}O_{16}$）	黄	媒染
紫草[Lithospermum erythrorhizon]	紫草科	乙酰紫草宁（$C_{18}H_{18}O_6$）	紫	媒染
五倍子[Melaphis chinensis]（动物类）	梧蚜科	（虫瘿没食子酸）鞣质	黑	铁媒染
皂斗[Quercus acutissima]	山毛榉科	（柞树果实）鞣质	黑	铁媒染
乌桕[Sapium sebiferum Roxb]	大戟科	鞣质（没食子酸）	黑	媒染
狼把草[Bidens tripartita L.]	菊科	鞣质（没食子酸）	黑	铁媒染

五、澜沧拉祜族自治县旅游资源一览（全部内容均属作者的独立调查成果）

类	基本类型	县域编号	资源点	资源形态	资源点号
1.地表类	101 类型地质构造	01	竹塘、战马坡	石灰岩喀斯特地貌景观	01
	104 自然灾变遗迹	02	战马坡	地震中心	02
	105 观赏岩洞	03	竹塘募乃仙人洞	溶洞群，山顶，钟乳石景观造型奇特	03
	107 峡谷风光	04	澜沧江峡谷	县域东部沿线	04
			小黑江峡谷	文东、旧苦周边	05
	108 峰林景观	05	竹塘姊妹峰等	石灰岩喀斯特峰崖	06
	120 其他-红土景观	06	东回班利村	缓坡山地土壤与农业结合景观	07
			上允镇那哈寨	红土民居与土壤结合景观	08
2.水体类	201 湖泊风光	07	淘金河水库	自然湖泊景观	09
			班崴水库	原始森林结合景观	10
			勐朗水库	公园娱乐场所	11
	204 风景河段	08	澜沧江虎跳石	澜沧江典型生态景观	12
			安康小黑江河段	石滩景观丰富河段	13
			上允河段	平坝农田景观与河道分割	14
	205 漂流河段	09	澜沧江漂流	待考	15

		10	糯福原始森林区	针叶思茅松与阔叶林混生景观	16
	301 森林风光		雅口后山	海拔2300米的山地阔叶林原始森林	17
			大黑山	同上	18
			营盘黑山	同上	19
	303 古树名木	11	上允老街村口	铁力木	20
			邦崴大寨山坡	野生与人工栽培过渡型千年古茶树	21
3.生物类	304 珍稀植物群落	12	发展河帕令黑山	天然野生古茶树群落，丛生原始森林中，发现高25米的野生茶树王	22
			发展河蚌塘后山	同上，我国面积最大的天然古茶树林－约2500亩	23
			雅口冲墙房后山	野生古茶树群落	24
			安康南栅山	同上	25
			东河王佛爷山	同上	26
			富东弯河山	同上	27
			雪林芒登后山	同上	28
			南岭麻栗山	同上	29
			南岭密巴谷山	同上	30
			富邦多依林后山	同上	31
			竹塘马鹿塘、光蜂箐	同上	32
			木戛哈卜马后山	同上	33
			旧苦村前山坡	同上	34
			邦崴大寨后山	同上	35
	305 特殊物候景观	13	上允平坝水田	春季白色鹭鸶徙居，与人居耕种相和谐景观	36
4.气象类	402 避寒胜地	15	县城及各乡镇	具有接待能力，娱乐设施丰富的城镇，目前未开发	37
	404 雾海	16	县域内各主要山峰区－文东等地	长年云雾弥漫，尤其雨季与清晨，但稳定性缺乏	38
5.历史类	501 古人类遗迹	17	澜沧江西岸新石器时期古人类遗址	出土文物若干，但遗址发现不足，未建设开发可利用博物规模	39
	503 古工矿遗址	18	募乃老银厂	明朝开设，历史悠久，现有财神宫功德碑及遗址	40
	504 古作坊遗址	19	芒景	布朗族古代茶叶加工，待开发传习	41
			下允河边寨	傣族土陶制作	42

			上允老街老路口	古代茶盐交易的重要驿站，保留有旧石板路遗迹	43
	505 历史交通贸易遗址	20	景迈村老路	古代茶叶贩运商道	44
			木戛	古代贩运货物入缅甸的必经之地，地点待考	45
	507 历代军事遗址	21	雅口仙顶营营盘遗址	雅口乡细允寨东北，民国时期拉祜族起义营盘	46
			尹帕谷山营盘遗址	拉巴乡平掌村西南，清朝末年拉祜族起义营盘	47
	508 历史纪念地	22	佛房山崖题刻	民国时期题刻"为民先锋"，原址为民国澜沧县政府所在地旁	48
5.历史类	516 古代宗教建筑	23	上允佛寺（3）	现存主寺院建于1744年，移建前年代不详，当地流传1000年，不确。有大殿、戒堂、传经房，建筑装饰有木刻、壁画	49
			下允佛寺（3）	主寺院建于1860年前，建筑装饰有动物木雕和玻璃镶嵌浮雕，极具特色	50
			竹塘东主佛堂	拉祜族大乘佛教寺院，大理工匠建造，修复后	51
			谦六庙房	仅余残殿构架，废弃	52
			糯福基督教教堂	美国浸信会牧师建于1921年，是基督教传入滇西南的大本营。建筑采用了民族样式，很有特点	53
			安康南栅佛房遗址	拉祜族大乘佛教寺院遗址，已废弃	54
			邦崴老寨佛堂	拉祜族大乘佛教寺院遗址，残存大殿、配殿、影壁，装饰木刻，至少100年历史	55
			芒洪八角塔	布朗族小乘佛教建筑，佛寺已毁，塔身的浮雕具有明显的北方大理风格，题材以佛祖传教故事、动植物传说、傣族历史故事等为主，手法写实，构图注意均衡，造型严谨精湛	56
			芒景缅寺	布朗族小乘佛教寺院，殿内存有古代布朗族傣文碑刻残片	57
			芒景翁瓦寨巴达岩子	布朗族佛教胜地，传说佛教初传布朗族领地的第一座缅寺所在，现寺院已无，仅余巨石遗址	58
			糯福南段拉祜族佛堂	拉祜族拉祜西支系佛教与原始宗教结合的典型形态佛堂，装饰造型艺术奇特	59

			糯福南段龙竹棚佛堂	有拉祜族最典型的木刻"牧卡密卡"	60
	516 古代宗教建筑	23	糯福芒糯大佛堂	隐秘于深山，过森林之门始进入，有池塘景观	61
			糯福南波底佛堂	拉祜族大神鼓	62
			富邦塞罕大寨佛堂	拉祜族拉祜纳支系原始宗教形态佛堂	63
			景迈傣族小乘佛教寺院	地区的官缅寺，建筑与村寨的聚落结构很具有典型性	64
5.历史类	520 摩崖石刻	24	整控渡摩崖石刻	元代历史文物	65
	522 古宅院	25	下允城子土司古宅	约80年历史，规格保持，仍居住使用，景观已遭破坏	66
			上允老街李荣华家老宅	65年历史，典型东传木掌楼格局	67
			谦六傣族、拉祜族土司老宅院	80年以上历史，有典型的石刻图案	68
	525 古城镇	26	上允老街-勐允古镇	至少500年的建镇历史，古城墙遗址、城门遗址、瓦竜寺、竜林、寨神树、多氏族寨心等都保留着，可以作为傣族古镇开发	69
			傣族古镇	古茶叶生产、加工基地，民族文化风情	70
			谦六傣族、拉祜族古镇	目前已废弃，但民居之间的格局仍保存，旧城墙遗址还能恢复	71
6.近现代类	605 水电工程	27	糯扎渡水电站	待考	72
	610 农、林场	28	富邦山地新茶地景观	山地间的远视角景观	73
			景迈新茶园与古茶园混杂景观	原始森林中的千年万亩古茶园与现代新茶园的结合景观	74
	615 休、疗养设施	29	勐朗镇温泉疗养	待开发	75
8.风情胜地类	803 民俗街区	30	上允老街集市	闻名滇西南地区的傣族街市，周边贸易兴盛，形式延续至今	76
	805 乡土建筑	31	糯福芒糯	拉祜族干栏式民居群落	77
			惠民芒洪	布朗族干栏式民居群落	78
			雪林左都	佤族鸡罩笼干栏式民居群落	79
			下允允象	佤族土基房民居群落	80
			文东旧苦	布朗族土基房民居群落	81
			上允老街	傣族木掌楼、挂墙房群落	82
			邦崴大寨	拉祜族闪片房	83

			惠民景迈	傣族干栏式民居群落	84
			富邦卡朗	拉祜族落地式土基房、木板房群落	85
	806 典型民族村寨	32	糯福南段	拉祜族原始文化完整的山寨	86
			雪林左都	佤族草顶民居群落比例较大多数的山顶村社	87
			糯福南段龙竹棚	拉祜族山寨典型双坡格局	88
			惠民景迈翁瓦	布朗族村寨，巨大的榕树景观	89
			勐朗上、下松山林	哈尼族风情饮食、舞蹈	90
			下允河边寨	傣族小型村寨、土锅制作风俗、集市贸易	91
			上允淘金河	佤族典型基督教信仰村寨	92
			文东东瓦寨	佤族布饶克人服饰、土基草房典型村寨	93
			文东旧苦寨	布朗族典型山顶结构村寨，坡下山地梯田景观	94
8. 风情胜地类			景迈曼岗	傣族传统河边平坡结构村寨，缅寺位置高于村寨	95
			木戛大班利	拉祜族拉祜纳支系典型缓坡弧型分布村寨	96
			上允那哈	佤族新旧双坡结构村寨，土基房、竹笆房群落	97
	807 城乡盛会	33	县城春节拜年活动	每年三个乡镇到县城拜年活动，歌舞联欢，是民族风情的现代发展	98
	808 节庆活动	34	拉祜族葫芦节		99
			佤族新米节		100
			傣族等各民族泼水节－傣历新年		101
			拉祜族等火把节		102
			拉祜族等九皇会	农历正月初九	103
	809 民间艺术	35	拉祜族原始宗教木刻	以龙竹棚佛堂最典型	104
			拉祜族原始宗教剪纸	同上	105
			拉祜族芦笙乐舞	全县各乡	106
			拉祜族摆舞	以东回班利为代表	107
			拉祜族神鼓舞	以糯福南波底为典型	108
			各民族圆圈舞跳歌	全县各乡	109
			拉祜族说唱"牡帕密帕"	民间流传待考，县歌舞队有整理后的表演节目	110
			拉祜族服饰与挎包	全县各乡	111
			拉祜族烤茶习俗	糯福乡各地	112

	809 民间艺术	35	佤族水酒习俗	上允、安康	113
			佤族服饰	文东、雪林地区为代表	114
			佤族基督教歌曲	上允淘金河	115
			傣族小乘佛教民间壁画	下允缅寺刀老二为代表	116
			傣族小乘佛教寺院玻璃镶嵌浮雕	下允缅寺	117
			傣族小乘佛教寺院建筑金水图案	各地傣族缅寺	118
8.风情胜地类			傣族堆沙艺术	景迈曼岗节庆时	119
			哈尼族舞蹈	上、下松山林等地	120
			哈尼族服饰	同上	121
	810 地方特产	36	古茶	景迈古茶园出产	122
			甘蔗	县域北部	123
			南药	砂仁、草果、杜仲、木香、三七等	124
			紫胶	江边河谷地带适宜发展生产基地	125
	811 名菜名食	37	鸡肉稀饭	佤族、拉祜族、哈尼族的民俗尊客食品	126
			米干卷粉	民族风味浓郁的小吃	127
			烧烤类	各乡镇均可开发	128
			生态江鱼	待考	129

六、澜沧拉祜族自治县周边县区重点旅游资源简表

类	基本类型	资源点	资源开发状态
1.地表类	105 观赏岩洞	景信仙女洞	孟连县景信乡，洞深数十公里，洞中的奇石造型别致，未开发
		崖画谷景区	沧源县，区内溶洞星罗棋布，厅堂暗河众多、千姿百态的石笋、石柱、石钟乳
		翠云仙人洞景区	思茅翠云区，喀斯特地貌溶洞群，澜沧江边
	120 其他-象形景观	西盟野牛山睡佛	西盟县勐梭龙潭畔
2.水体类	201 湖泊风光	勐梭龙潭	西盟县勐梭乡
	202 瀑布风光	勐马瀑布	勐马镇东南小寨
	204 风景河段	南垒河	孟连县县城
		南滚河景区	沧源县，南滚河国家级自然保护区，完整的原始植物群落景观
		拉勐河景区	沧源县，河段峭崖染碧、飞瀑高悬，环境静幽

3. 生 物 类	301 森林风光	曼搞西双版纳自然 保护区勐海县	勐海县
		腊福大黑山	孟连县
	303 古树名木	独树成林	勐海县打洛
		富岩乡大曼糯村榕 树王	孟连县，树幅宽属于目前所知最 大的榕树王，未开发
	304 珍稀植物群落	南糯山茶王树	勐海县
		万亩原生古茶树群	双江县勐库乡，约80000多株古 茶树
	404 雾海	勐坎云海	西盟县山地风光
5. 历 史 类	501 古人类遗迹	耿马石佛洞	耿马县西南，云南省规模最大的 洞穴遗址，属国家级文物保护单位， 新石器时代人类穴居遗址
	507 历代军事遗址	景真古代勐遮王与 景真王古战场遗迹	勐海县景真八角亭附近地段
	513 古桥梁	南约藤索桥	西盟县傈僳乡南卡河与南约河交 叉处，传说建于明代，不确
	516 古代宗教建筑	景真八角亭	勐海县属，毗邻惠民乡，傣族小 乘佛教经典建筑之一，已扩建开发
		孟连娜允佛寺	孟连县县城中，分上、中、下城 佛寺三座
		沧源广允缅寺	沧源县县城中，小乘佛教建筑与 大理白族、汉族建筑结合作品，精美 的壁画
	521 岩画	沧源岩画群	沧源县北部山区，中国岩画的代 表性类型，距今约1500年~3000年
	522 古宅院	孟连宣抚司署	孟连县最具有代表性的文物建 筑、博物馆
	525 古城镇	孟连娜允傣族古镇	孟连县县城，对外宣传为傣族最 后的古镇
6. 近 现 代	605 水电工程	佛殿山水库	西盟县，称"低山天池"
	615 休、疗养设施	芒蚌温泉	孟连县勐马镇，已开发
8. 风 情 胜 地 类	803 民俗街区	打洛边境贸易市场	勐海县
	806 典型民族村寨	布朗山布朗族山寨	勐海县
		勐外	孟连土司避暑山寨
		岳宋佤族山寨	西盟县，结构典型的阿佤方言支 系的村寨
		翁丁	沧源县，布饶克佤族的原始村寨
	808 节庆活动	佤族木鼓节	西盟县
		傣族泼水节	勐海县
	809 民间艺术	司岗里人类起源史 诗	西盟县佤族传统史诗传说
		佤族服饰	西盟县
		古典祭茶洞经音乐	思茅市
	810 地方特产	芒团白棉纸	耿马县孟定坝的芒团傣家人手工 技艺
		莫牙莆葵扇	耿马县孟定莫牙寨的莆葵扇，利 用当地生长的莆葵新叶编制而成的民 间传统工艺品

后记

少数民族美术是我国高等美术教育未来发展的一个非常重要的专业方向。

我国高等美术教育的形式近60年来一直维持着基本功加创作训练的早期模式，这类模式符合艺术教育的基本规律，在过去的教学中发挥了很重要的质量保障作用。但这一模式是形成于技术垄断时代的产物，是突出的技能培训型教育而缺乏创新研究型教育的要素，在一定范围内限制了人才培养的创新空间。笔者在近年来的教学实践中发现创作教学中一个愈来愈明显的瓶颈——学生对主题解题能力的深浅决定了作品的根本质量。也就是说，其解题的能力决定了创作能力。然而技能培训型的密集训练课程占据了他们感受主题的时间和空间，这一瓶颈现状往往表现为少数民族主题和少数民族美术形式越来越像是同学们作品中不得不出现的一个疏离其真实情感的视觉符号，成了另一种作秀的舞台道具。而这些并不只是教师不愿意看到，学生本身也不愿意看到。

所以，问题的关键可能并不是一般理解的时代差异或个人素质的问题，而是教育应当在一定试错宽度内展开必要的实验性探索来解决主题创作能力培养的实际问题。注重解题，将明确学生一个阶段的技能培训方向，恰恰有利于其协调基本功训练的程序，优化训练的程序方式和结构。因此，在民族美术院校，将少数民族地区的发展建设作为人才培养为教学中的一个主要方向，作为社会给学生们提出的第一个必须直面的课题，以解题为学习目的的学习将自然突破前述的那个瓶颈。当然还不能断定这个结论是否正确，但笔者从自己博士研究的过程里已经对这个教学模式的探索有所验证。

这部教材就是根据2006年笔者的博士学位论文改编而成的。较真地说，一篇博士学位论文应当与教材的要求距离很大，而教材出版也很少为正在研究当中的成果提供舞台，所幸是在这两个问题上各自发生了两个不同方向的趋同。导师李魁正先生确立的博士研究方向是实践理论的研究，他反复强调：研究不应仅仅是针对某个艺术现象的辨析，而应更进一步地从社会实践的需求出发去发现和找到能够指导实践发展的应用理论。而对于美术专业来说，这种应用型理论的研究必然来自对专门技能、方法的实践总结。因此，笔者所确立的研究课题从一开始就注定与未来的教学应用紧密相连。另一方面来说，这次少数民族高等美术教育系列教材的组编是我国建国以来的首创之举，所编定的教材整体上都具有一定的探索性和研究性。两方面的特例，促成了这部教材的出版。

与恩师李魁正先生结缘至今已整整16年，大学本科、硕士、博士——笔者的艺术人生中最重要的10年都是在李先生的教导下度过的，其间虽有4年间隔暂别，但也是聚多离少。在这16年中，师生之间的教学、艺术交流、理论研讨、活动策划……来来往往，饶是一言难尽：生活中，乐观多、哀怨少；繁忙多、清闲少；学术上，严谨多、粗率少；创新多、自足少！一直以来，学生深感无以为报，谨以尽最大热忱完成此课题的学位论文并编写成教材，期盼与先生的学术声望相称，不至辱没为怀。

在课题研究过程中，吕胜中教授从民间传说与民间形象关系视角解读民间美术现象的新方法对笔者的色彩民俗地理研究如何利用民间文学方法有很大的启发；张亚莎教授在课堂上理清了历史上少数民族美术的整体布局和传承关系系统，奠定了笔者在区域色彩民俗地理研究体系结构整理中的理论基础；罗世平教授在石窟宗教美术研究中对文献考据的系统和严谨、对艺术特点分析的不偏不执，是笔者做学术研究一世的楷模；龙憙祖教授是笔者多年的师长，他一直在图像学与摄影技术的掌握和钻研中给予毫不吝惜的指导。没有导师和各位专家在教学中的指导和帮助，笔者在学位论文完成的研究和这部教材的编写上根本不可能达到现在的水平，在此一并表示由衷的感谢！

笔者从1994年1月开始至今已经到云南进行民族艺术考察二十几次了，其间最长的一次是1999年春，长达四个月之久。之所以能够得到如此便利的调查条件，与笔者岳父杨忠先生、岳母万平仙女士、妻舅万平昌先生、万平安先生的帮助是分不开的。他们都长年居住在云南，岳父是20世纪60年代下乡支边的知识青年，曾经做了许多少数民族民间文学的调查整理工作，拉祜族的民间说唱史诗《扎努扎别》就是他当年调查整理出的作品，岳母是土生土长的佤族人，她对少年时候乡村民俗的记忆成了笔者现在最直接、最主要的调查材料。澜沧拉祜族自治县的李胜民书记果断地将这次难得的实践任务交给笔者来完成，没有这次际遇，后面的研究一直缺少真正意义上的实践积累。

在母校连续多年的学习期间，笔者的研究和创作一直得到了美术学院领导殷会利教授、何川书记、陈刚老师以及许多师长们的教导、鼓励和支持；教学来往之间的许多细节事务一直多有劳烦各位行政老师，在此对师长们表示衷心的谢意。

70高龄的父母亲一直为笔者的研究和设计项目默默地奉献着他们的劳动，两年来帮助笔者打理一切生活琐事，才使笔者能够有充足的时间用来做深入的调查和研究。特别是2005年得子以后，所有劳累辛苦都由父母和岳父母四位老人承担着，一直深感愧疚。师母如母，导师李魁正先生的夫人赵继娟女士也一直像自己的长辈亲人一样关心着笔者的学业、生活、健康，在笔者最困难的时候给予了最大的帮助，终生难忘。

最后，感谢笔者的妻子杨丽卿为笔者所做的一切，没有她的支持根本不会有今天的收获！还有那些在大山里陪伴笔者跋山涉水的各民族兄弟们，不知道什么时候还能再在山顶上并肩高唱？

由于笔者的实际研究水平所限和写作能力的鄙陋，在具体论述的时候还是遗留了大量的遗憾，论述推敲仍嫌啰嗦，难免存在一些精确不足的论证、自以为是的叙述……恳请拨冗阅读此文的师友们不吝赐教为盼！

付爱民

2008年3月22日于北京